福建省教育科学规划课题
学科分类　基础教育　立项编号　FJJKXB13-134

构建
语文综合课
新模式

家庭、社区、学校协同教学

GOUJIAN YUWEN ZONGHEKE XIN MOSHI
JIATING SHEQU XUEXIAO XIETONG JIAOXUE

黄瑞夷　著

江蘇鳳凰教育出版社
Phoenix Education Publishing, Ltd

图书在版编目（CIP）数据

构建语文综合课新模式：家庭、社区、学校协同教学 / 黄瑞夷著. —南京：江苏凤凰教育出版社，2017.8

ISBN 978-7-5499-6740-7

Ⅰ.①构… Ⅱ.①黄… Ⅲ.①语文课—教学研究—中小学 Ⅳ.①G633.302

中国版本图书馆 CIP 数据核字（2017）第 214133 号

书　　名	构建语文综合课新模式——家庭、社区、学校协同教学
作　　者	黄瑞夷
责任编辑	雷利军　任占弟
出版发行	江苏凤凰教育出版社（南京市湖南路1号A楼　邮编 210009）
苏教网址	http://www.1088.com.cn
照　　排	北京世纪鸿文制版技术有限公司
印　　刷	三河市九洲财鑫印刷有限公司
厂　　址	河北省三河市灵山大口
开　　本	787 毫米×1092 毫米　1/16
印　　张	18
字　　数	276 千字
版　　次	2017 年 12 月第 1 版　2017 年 12 月第 1 次印刷
书　　号	ISBN 978-7-5499-6740-7
定　　价	40.00 元
网店地址	http://jsfhjycbs.tmall.com
邮购电话	025-85406265,85400774　短信　02585420909
E - mail	jsep@vip.163.com
盗版举报	025-83658579

前 言

综观全书内容，自觉有以下创新之处。

一、理论创新

（一）语文课程资源中“人”的资源的开发创新

综观当前语文课程资源的开发，更多的是纸质内容的开发，少有音像内容的开发，更无“人”的资源的开发，无家庭与社区资源的开发。“人”的资源是最大的资源，是语文学科最丰富的资源。有些学校建立了家长学校，挂上了社区共建学校牌匾，可是家庭与社区的参与仅仅停留在管理层面或是德育与劳技层面，并没有真正深入学科。而语文课标定义的语文课程性质，要求教师不能仅仅是一个教书者，更要成为课程资源的创生者。

本书记录了五年来开发家长资源、开发社区资源的语文综合学习实践过程，在这个过程中，家庭、社区成为语文课程的重要元素。利用这些元素进行深入细致的语文课程学习与运用，并从中总结出一定的规律，使之成为开发语文课程资源的指导理论，就成为语文教学的需要。而这些理论内容很具体地告诉了教师们怎么去开发家庭与社区资源，以使其更好地为语文教学服务；告诉了教师们怎么利用这些资源让学生所学习的课堂语文有应用的场所，从应用中反激出学生学习语文的兴趣，让学生从应用中感受到语文与生活的密切联系，产生主动学习语文的动力。

（二）语文综合课与语文综合实践课的常态化创新

语文知识是学来用的，是要为生活服务的。家长、社区助教语文综合活动，利用设计教学法为学生创造了一个真实的言语使用“场”，让学生得以把真情实感注入情境中并在真实的生活中应用语文课本所学，进而使他们认识到学习语文的有用性，认识到语文学习与运用是一体的。

可是，就当前课程表看，没有一所学校能把家庭、社区助教列到语文课程表上，使这一教学方式常态化。同时，也没有教师能在三至六年级这四个学年中，把语文综合性学习、语文综合实践学习坚持下来。本书在这一点上是一个突破，告诉了教师们语文综合课、语文综合实践课完全可以常态化、可操作化，可以跟语文课本内容相结合，可以列入课表中成为学生乐而学之的课程。在课内开展综合性学习并不会增加学生的负担，也不会增加教师的负担。相反，实现综合课程常态化能够激发学生的学习欲望，增加学生学习语文的活力；也能够减轻教师上公开课的压力，减轻教师设计语文运用方案的负担。

（三）“设计教学法”新用的创新

20 世纪 20 年代兴起的设计教学法失传已久，现在赋予它新的意义，使用起来仍非常有效。具体落实为：

(1) 学习场中注入了新的元素。社区新环境或家长及家长带来的授课内容都是新鲜的学习元素，新元素能激起学生更大的好奇心、兴奋感，好奇与兴奋会调动学生更大的积极性，使学生在情境中的学习是自主的。因为家长或社区成员没有教师的特质，不会限制学生的思维或用自己的思考替代学生学习，家长或社区成员的主要教学目标是让学生用已学的语文知识来解释所看到的现象。这样一来，语文知识就与家长或社区成员的职业内容相遇，构成了综合性的学习内容。

(2) 家长、社区助教语用平台更有语用的氛围。家长或社区所教并不需要考试，所以学生的学习重点不是识记其传授的知识，而是感受，或是表达自己的理解。学习的重点不同，所调动的场内的要素也就不同，所以学生的合作能力、实践能力能够得到充分的发挥。学生在社区或是家长工作的公司、小店、摊点为社区或家长写广告词、对联，为家长的产品写说明书，以及为综合课准备邀请函、推荐信、欢迎词、主持串词、感谢信、活动策划书，等等，都是对语文知识的应用。

(3) 家长助教语用教学，场所是不确定的，可能在教室，可能在某个公司，可能在商店，可能在工厂车间，可能在社区里，也可能在学生家中。不同的物理环境影响着学生的学习心理环境，构成了很好的语用教学模式。学生与学生谈判、辩论，学生与家长、学生与社区领导等进行洽谈等都要用到语文，整个交流过程重在把所学知识应用到实际问题中，语文实践性就得到了充分落实。

（4）由于家长的职业有别，家长助教使得各种职业走进课堂，又使学生得以从课堂走进各种职业，这个过程中学生在反复地使用相关的语文知识，这就落实了语文的综合性。如在电厂工作的家长给学生讲授火力发电原理与环境保护，这就是物理、化学与语文的综合；在植物园工作的家长给学生讲花草的养植，这就是生物与语文的综合；做保安的家长给学生讲保安的职业要求，这就是品德与语文的综合；会手工的家长进课堂引导学生做手工，这就是美术、手工与语文的综合……其实语文的“综、实、用”也是一个整体，这一特征在助教活动中体现得更为清晰，比单一的教课本、读课文要明确得多。

二、实践创新

（一）实践模式的创新

每一种理论转化为实践，都会以相应的较为稳定的形式呈现，而这种形式就是这一理论的模式。“协调家庭、社区助教”语文综合课理论，转化为课堂教学实践，其结构模式在四年的实践中也基本稳定了下来，如下所示：

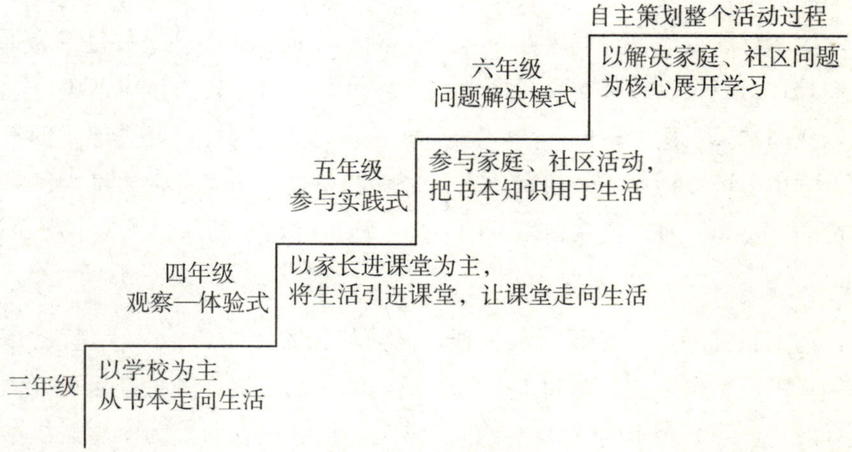

除此之外，每一堂课又有自己的结构，以家长助教课为例，课堂结构为：教师介绍上课嘉宾—嘉宾的子女主持课堂教学—学生读邀请函—家长

上课—学生读感谢信—教师指导写作—学生作文展示—校外实践学习—编写班报。这当中可以两节课连上，也可以一节一节上。总之，一次家长助教活动，学生可以进行多次口语交际、多次写作练习，可以展开一次或两次实践活动，可以学习有用的语文、应用所学的语文知识；语文本身与家长上课的内容经过综合、整饬，使学生真正实现了综合性学习。

（二）资源使用路径的创新

关于怎么开发与利用家长、社区资源，笔者已摸索到一些好操作又有效的路径，以家长助教为例：

1. 明助——职业进教室

“明助”就是让家长清楚自己是要给学生上课，是为了给学生写好作文提供帮助。家长要做的是走进教室为学生讲授自己职业领域里的某项内容，如职业心得、生活感悟等。

2. 趣助——才艺进课堂

“趣助”与“明助”相似，只是助教的内容不同而已。“趣助”是以家长的才艺作为课堂的授课内容，即请从事艺术类工作或有艺术专长的家长，到班级里给学生授课。

3. 暗助——作文进家庭

因为综合实践课课时量会相对大一些，所以，“明助”与“趣助”一个学期不可能很多，只能举办2～4次，对学生而言，习作最好是作为一种习惯存在。所以，教师在家长进学校之外对学生习作还应该有所补充。由此，我们选择采用“暗助”法，即让作文进家庭。家长可以进课堂助教作文，学生也可以把作文带回家，让父母协助完成，而父母在协助中却是不知情的，这是一种在真实情境下的协助，所以称为暗助。

4. 赞助——学生体验职业

请家长赞助，不是要家长捐钱，而是让家长出力，给学生提供方便。如担任工厂负责人或是车间工人的家长，可帮忙申请，经批准后可以为学生开放工厂或某个车间，让学生进厂参观，也可以在假期为学生提供参加职业体验的机会；许多家长有车，由于班级没有经费，家长可以为孩子当一次司机，带学生走进工厂；办公司的家长可以开放公司让学生参观；摆摊的家长可以组织学生分批次去观察了解相关情况；果园、农家更是广阔的空间，在这里学生可以投入大自然的怀抱，真切感受大自然。

5. 协助——学生自当家

学生在经历了一系列的助教活动之后，已经有了一定的实践能力，这时，教师与家长都应成为协助者，将活动交由学生自主策划、自主执行，培养学生的语文生活素养。

目录 Contents

上篇　理论篇

目录 Contents

目录 Contents

上篇　理论篇

第一章　概念引述

第一节　什么是语文综合性学习

作为语文教师，都有这样的体验：一个孩子如果语文成绩不好，想要通过补课在短时间内提升成绩，效果是微乎其微的。语文学习是一个日积月累的过程，日常生活中的所见所闻都会成为学习语文的基础，这就是母语的特征。

语文因其母语功能，使用范围极广，所吸收的内容繁杂，涉及方方面面，具有综合性的特色。可以这么说，要吸收方方面面的内容，就要具备方方面面的能力，即学习语文需要综合能力。可以说培养语文素养是用综合能力去获得综合性知识与技能的过程。语文学科的综合性特征，决定了语文学习一定是综合性的学习。

语文作为一门学科，把学习限制在教材里、教室里是为了省时高效，为了让学生在短时间里获得系统的知识。但学生只学教材，只在教室里学习，效率无疑又是极其低下的。从实际意义上看，教师需要把生活纳入学生语文学习的范畴，把各科知识融入学生的语文学习之中。

可是，现实又是难以把握的。当前语文教坛最响亮的改革口号恰恰是还语文教学以单纯性，即要把语文课上成语文课，不要种了别人的园荒了自家的田，主张语文课不是思品课、不是科学课、不是历史课。虽然这一响亮的口号有着特殊背景，但是在理解与运用上绝不可忽视语文的综合性特征。语文学习还是要重视其综合性特征的，否则语文学习就不像语文学习了。

一、我国语文综合性学习的概念

关于语文综合性学习的概念，笔者参阅了许多书，并没有获得准确的定义，这里只能引用一些专家的解释。

北京师范大学出版社课程标准小学语文教材主编郑国民认为，语文综合性学习“以培养学生的创新精神和实践能力为主要目标，以学生自主、合作、探究学习为基础，强调语文课程的内部整合，强调语文课程与其他课程的整合，强调语文学习与生活的结合，以促进学生语文素养的整体推进和全面发展”。两个整合，一个结合，其实是强调了教师教学的课程意识，强调了要从学科教学走向课程教学。

人民教育出版社课程标准小学语文教材主编崔峦认为，语文综合性学习是语文课程一个重要的组成部分，是为了改变语文教学相对封闭的状态，为了改变课本是唯一的课程资源的状况，更是为了克服偏重接受性学习的弊端，旨在倡导自主、合作、探究的学习方式，培养学生创新精神和实践能力，在语文课程改革上采取的一个重要的举措。在语文综合性学习中，更能发挥学生学习的主动性，激发学生的创造潜能，整合语文知识和能力。学生在提出学习专题、策划学习活动、表达学习收获、交流学习成果的过程中，培养了提出问题、分析问题、解决问题的能力，组织策划能力，观察体验能力，搜集处理信息的能力，语文的综合运用能力以及人际交往能力、合作精神和协作能力。这个定义强调了学习方式的转变。

课标的研制者之一巢宗祺从语文综合性学习的“价值”出发，指出综合性学习在语文学习中所起的作用，包括拓宽语文学习的空间，沟通语文与不同领域的联系以增进语言与思维的活动机制，提高实际应对能力等。巢教授的定义突出学生学习要从训练学习走向更宽敞的学习空间。

参与课标研制的陆志平认为，语文综合性学习是综合性课程，是生活化的课程，是经验性的课程，是个性化的课程。他提出语文综合性学习的方式主要有三种：问题—解决；观察—表达；活动—探究。陆老师的定义强调了语文学科的课程教学意识、实践运用意识。

刘淼在《当代语文教育学》中指出，语文综合性学习是以语文学科为依托，以语文学科与其他学科、学生生活与社会生活之间的联系为主线，以问题为中心，以活动为主要形式，借助综合性的学习内容和综合性的学习方式促进学生发展语文素养的一种课程组织形态。本书就是以这个定义为准绳而展开的。

虽然关于语文综合性学习的概念众说纷纭，但我们从中可获得一个明确的信息，那就是语文学习一定是综合性的，哪怕在教室里，在课本的教学中，它都是一个综合性的学习过程，所以强调单纯性的学习，强调还语文学习以本色，都不应该排斥语文学习的综合性特征，语文教师一定要注意这一点，才能更好地把握语文教学。

二、课程标准中综合性学习阶段目标的特点

课程标准阶段目标中，分三个学段对小学语文综合性学习提出了基本要求。

1. 第一学段

(1) 对周围事物有好奇心，能就感兴趣的内容提出问题，结合课内外阅读共同讨论。

(2) 结合语文学习，观察大自然，用口头或图文等方式表达自己的观察所得。

(3) 热心参加校园、社区活动。结合活动，用口头或图文等方式表达自己的见闻和想法。

2. 第二学段

(1) 能提出学习和生活中的问题，有目的地搜集资料，共同讨论。

(2) 结合语文学习，观察大自然，观察社会，用书面或口头方式表达自己的观察所得。

(3) 能在老师指导下组织有趣味的语文活动，在活动中学习语文，学会合作。

(4) 在家庭生活、学校生活中，尝试运用语文知识和能力解决简单问题。

3. 第三学段

(1) 为解决与学习和生活相关的问题，利用图书馆、网络等信息渠道获取资料，尝试写简单的研究报告。

(2) 策划简单的校园活动和社会活动，对所策划的主题进行讨论和分析，学写活动计划和活动总结。

(3) 对自己身边的、大家共同关注的问题，或电视、电影中的故事和形象，组织讨论、专题演讲，学习辨别是非、善恶、美丑。

(4) 初步了解查找资料、运用资料的基本方法。

综合性学习的阶段目标呈现出高度综合的特征。

一是重视听说读写技能的协同发展和综合运用。如用口头或图文等方式表达自己的观察所得；用口头或图文等方式表达自己的见闻和想法；学写活动计划和活动总结；尝试写简单的研究报告。

二是知识与技能、过程与方法、情感态度与价值观三维目标的综合。上面已经列举了语文知识与技能方面的目标。过程与方法方面的目标，如有目的地搜集资料，共同讨论；初步了解查找资料、运用资料的基本方法；利用图书馆、网络等信息渠道获取资料。情感态度与价值观方面的目标，如对周围事物有好奇心；热心参加校园、社区活动；学习辨别是非善恶、美丑。

三是能力目标呈现多元化特征。除了语言能力目标，语文综合性学习的阶段目标还体现出对以下能力的重视：其一是问题意识和问题解决能力。如对周围事物有好奇心，能就感兴趣的内容提出问题，结合课外阅读共同讨论；能提出学习和生活中的问题，有目的地搜集资料，共同讨论；在家庭生活、学校生活中，尝试运用语文知识和能力解决简单问题；为解决与学习和生活相关的问题，利用图书馆、网络等信息渠道获取资料，尝试写简单的研究报。其二是搜集和处理资料的能力。如有目的地搜集资料；利用图书馆、网络等信息渠道获取资料；初步了解查找资料、运用资料的基本方法。其三是策划、实施、参与、协调语文活动的能力。如能在老师的指导下组织有趣味的语文活动；策划简单的校园活动和社会活动，对所策划的主题进行讨论和分析。

阶段目标还体现出综合性学习的开放性特征。语文学习空间向校园、家庭乃至大自然、社会拓展。如结合语文学习，观察大自然；热心参加校园、社区活动；策划简单的校园活动和社会活动；结合语文学习，观察大自然，观察社会。空间的开放，使语文学习的内容和形式都具有了开放性特征。学习的内容来自大自然、社会，方式可以是讨论、辩论、演讲，还可以是观察、调查、访问等。

阶段目标还体现出综合性学习的实践性特征。实践性体现在学习空间、学习内容、学习形式的开放上，也体现在自主、合作、探究性学习方式的运用上。综合性学习阶段目标中，重视自主观察、自主提出问题，重视运用语文知识和能力解决问题，体现出对学习过程、学习体验的高度重视。

三、综合实践活动、语文实践活动和综合性学习

综合实践活动、语文实践活动、综合性学习三个概念有相通之处，也有相异之处，对这三个概念进行简单比较，有助于加深对综合性学习的认识。

与以往的课程体系相比较，新课程强调课程的综合化。综合实践活动是综合课程，主要包括研究性学习、社区服务与社会实践、信息技术教育、劳动与技术教育。

综合实践活动课是为适应课程综合化的要求而产生的，但它不可能像分科课程那样保证知识学习的全面和深入，因而目前的主流课程形态依然是分科课程。那么在分科课程的背景下，如何使学生融会贯通地理解所学内容？综合性学习是有效途径。

试用修订版大纲中的“语文实践活动”与课程标准中的“综合性学习”之间是对应的，不同的是，前者强调“实践”和“活动”，重在加强课内外联系、沟通与融合；后者除要求将语文学习引向生活外，还强调语文知识和能力的融会贯通、综合运用。

将这三个概念放在一起进行分析，可以帮助我们形成以下认识：综合性学习在课程综合化背景下产生，但它是分科背景下的综合，应具有学科性；同时，与语文实践活动相比，我们要注意突出它的综合性。在开展综合性学习的背景下，语文实践活动是综合性学习的一部分。

第二节　语文综合性学习的现状分析

综观对语文综合性学习的描述，我们会发现这么几个关键词：学生生

活与社会生活，跨学科与跨领域，实践性与综合性。从这几对关键词看现在的语文教学，不难发现语文综合性学习还停留在概念阶段，并没有得到良好的实施。

一、语文综合性学习落实现状

除了做这一课题的教师外，教学中基本上看不到语文综合性学习的执行者。当下的语文教学依然可以用课本中心、课堂中心来形容，教师的精力都放在了钻研教材上，他们强调把握课文的重难点，拓展课文并研究出独特的见解，教出自己独有的个性，追求别具一格的教学法，追求活跃的课堂。至于学生的学，他们认为重在积累知识，故而课堂上强调入情入境地朗读，独特地问与答，立竿见影地写。

总而言之，文本解读到位且独特、课堂朗读入境生情、课堂提问多而活，这些是当下语文教学中教师们孜孜以求的目标，离开教材、离开教室的教学没有几个教师敢去进行。

有一位内地教师到香港交流，回来做报告时非常感慨地讲述了一件事。

我在香港听了一节介绍中华传统节日的课，讲的是端午节。

授课教师首先引导学生学习课文中的生字、生词，学生会读后教师便指导其朗读诗歌，在学生读了三遍后鼓励其说出自己的理解，然后再指导学生读两遍。

接下来授课教师问："你们知道我国还有哪些传统节日吗？不同的节日都有哪些风俗习惯？我们一起来过过这些节日。"

接下来学生开始查资料，找到一年之中不同的节日和节日里的风俗后，边汇报边按风俗"过节"。

一节课除了开始的十分钟是教师组织学生学诗之外，后面的时间是教师和学生一起包粽子（有学生准备了材料），一起说对联，一起谈包饺子……

就这么忙到下课，授课教师没有任何总结。

课后，我找到授课教师问她："这么好的教材，这么美的诗文，为什么不引导学生理解、体会，学习作者的用词和修辞手法？一节课有那么多的时间都在忙与课文无关的事，是不是太浪费了？多可惜啊！”

这位授课教师回答说：“这是我们的教学习惯，我以后要多向你们学习，充分利用教材资源。”

这位内地教师在做报告时颇为得意，我想这就是我们内地教师的教材中心观在起作用。

从教材中看，到了五、六年级，人教版教材中有了综合性学习的单元内容，按理以教材为中心的教师在这些单元应当把综合性学习落到实处，并且想方设法构建出别具一格的课堂形式来。

非常遗憾的是，在这些单元的教学中，教师们又不折不扣地以课堂为中心了。综合性学习的内容被教师当成知识传授，他们强调的是知识的积累，而不是实践应用，学生依然被关在课堂里。有心的教师会把实践内容当成作业布置给学生课后完成，一般的教师仅仅是讲完知识便了结了这些单元。至于综合性学习，且不说跨领域，就是跨学科都没能落实。清清楚楚标出的综合性学习都执行成这样，让教师自己去创生综合性学习课程资源更是无从谈起。

二、语文综合性学习未能落实的原因

陆志平老师在讲座中说：“语文综合性学习未能落实的原因就一个——不要考，就不教。”

教师的教学围绕考试转，确实也是当前的事实。考试不考的内容，许多教师是不会去思考的，更不用说去教学了。教师们不是不知道语文学科的性质，不是不知道要在实践中学习语文，不是不知道语文综合性学习的重要性，而是知道了也不愿意去执行。如果属于考试范围，就算语文综合性学习不重要，教师们也会去钻研教学。可见考试评价标准是综合性学习是否能够被执行的主要因素之一。

除考试范围这一因素之外，还有一个重要的因素就是习惯。教师们习惯于现成的教材，长期以来他们都是把钻研教材视为教学的第一重大任务，注重多元化地解读教材，深入挖掘教材的教学价值。对教材的崇拜心理使教师们失去了开发教材的能力，以教材为中心的教学又促使教师们失去了课程意识，教师们把剩余的精力集中于提高对教材的解读能力上，如此，教材被教师们挖得非常深。

观摩课上名师往往会带动一般教师往教材里钻，教材之外的领域不仅没有人引导，也没有人展示。而且钻研教材也成为教师们认为最光荣的事，无论是汇报工作还是写总结，他们总会写上认真钻研教材几个字，以示教学的能力与认真的教学态度。

有些教师有心培养学生的实践能力，想突破教材开创一点新的内容，可是一想到实践的危险性，一想到带学生外出实践要承担的风险，刚升起的念头也就随着压力的增加而打消了。所以，语文综合性学习压根儿就没有被教师放在心上。

第三节　家长、社区助教课程资源

一、什么是“家长、社区”助教

一说“家长助学”“社区助学”，很多人可能就会想到家长委员会出资为学校提供一些学习设备、学习用具，以减轻学生及学校的经济负担。但作为教师不应该这么认为，应该从经济的范畴里跳出来去看“助学”这个词，把帮助学生学习的一切行为都归于“助学”，类似于赋予这些行为以准教师的角色，然后从教师的角度做文章，把“助学”提升为“助教”。这样一来，视野不同，其作用也就大了。

“家长、社区”助教就是让家长或社区成员偶尔扮演教师角色，以教师的身份出现在学生面前，用他们的特殊身份、职业或生活经历给学生某些方面的教育，使学生能跳出学科教师的教学视角，更真切地感受生活，在与家长或社区成员的交流与对话中获得学习的进步、素养的提升。从这一描述中可以看到，成为教师的助教或学校的助教，并不是只帮助教师做些辅助性的工作，为学生提供合适的学习条件或环境，而是要更为深入地、具体地、有思想地参与教学，作为教师学科教学的补充。

需要进一步说明的是，助教不是单一的一两次活动，而是一个系统序列性的教学活动，即课程。“家长、社区”助教从学校角度看是广泛的、多学科的课程，从语文教师的角度看，就是语文课程。语文教师要开发家长、社区这一资源，为学生学习语文服务，使助教过程成为语文综合性学习的过程。

二、语文课程资源的开发现状分析

语文课程标准中指出开发课程资源时，许多有心的教师都积极行动起来，他们有的独立开发语文课程资源，有的与校本课程相结合，开发了具有当地特色及个人特色的校本课程资源。课程资源主要是纸质的，除此之外还有电子版的书籍、视频等资源。

为什么会这样呢？因为语文课程标准是这么指出的：“语文课程资源包括课堂教学资源和课外学习资源，例如，教科书、相关配套阅读材料、其他图书、报刊、工具书、教学挂图，电影、电视、广播、网络，报告会、演讲会、辩论会、研讨会、戏剧表演，生产劳动与社会实践场所，图书馆、博物馆、纪念馆、展览馆，布告栏、报廊、各种标牌广告，等等。自然风光、文物古迹、风俗民情、方言土语，国内外的重要事件，日常生活的话题等也都可以成为语文课程的资源。”

因为首因效应，教师们对语文课程标准所列举的课程资源有选择性地进行记忆，产生了错误观念。正如专家指出的那样：“教材一直是我国学校教育的主要课程资源，以至于人们常常误以为教材就是唯一的课程资源。一提到开发和利用课程资源，就想到要扩大教材容量，提高教材要求，或者是多订购几本教材，甚至进口国外教材。”教师的原有观念中，课程基本就等同于教材，加上课标列举了图书、报刊、电影、电视、广播、网络……所以大家就更往这一方面钻研了。尽管语文课程标准还指出“各地都蕴藏着多种语文课程资源。学校要有强烈的资源意识，认真分析本地和本校的特点，充分利用已有的资源，积极开发潜在的资源”，可教师们还是习惯性地将其忽略。即使有人提起这一段，也总是被思维定式左右，将开发资源理解成开展实践活动。几次过后，所有的热情下降，就再也无人想要去开展有安全压力的综合性的课外活动了。

所以，当前语文课程资源的开发现状，可以归纳为以下几点：

(1) 大部分教师只有教材观，没有课程观。

(2) 少部分能开发语文课程资源的教师注重纸质课程资源和音像电子资源的开发。

(3) 以为开发语文课程就是开展一些实践活动，另设校本课程。

(4) 静态的硬资源有所利用，而动态的软资源无人问津。

可见语文课程资源的开发与利用任务之艰巨，教师要树立课程观，把教学视野从教材转向课程，要充分利用生活中的各种资源来为教学服务，让学生有更好的学习空间和更多可利用的资源，为学生养成语文综合素养提供便利，或者说提供更好的保障。

三、学校协调家长、社区助教的现状分析

家长、社区协助教育的现状并不乐观，一些书香世家、知识分子家庭对教育的重视倒是令人欣慰，但大多数家庭协助教育的现状还是很令人担忧的。而一些知识分子家庭虽然重视子女的学习，但因为缺乏正确的教育方法在教育上出现了困境，还有一些年轻父母因工作压力大，为了事业而放弃了对孩子的教育，于是出现隔代教育现象，造成了教育困难。

（一）学校协调家庭助教现状

当前，许多学校的亲子活动举行得很频繁，家长委员会也很活跃，但实际上家庭助教情况不像表面那么有序、良好。家长委员会的成员未必知道怎么协助学校教育好子女，所做的仅仅是响应学校的呼唤，协助学校完成一些活动任务而已。

(1) 学校请家长参与学校管理基本上属于面子工程，只不过是为了应对上级政策的需求，为了在提交计划、总结时有这么一笔，并没有实质性的助教活动。

家长参与的学校工作大多数是德育工作、宣传工作，很少深入具体的学科，也很少深入课堂，家长走进学校大多是协助学校开展活动。

(2) 家长参与学校重大问题会议也主要是给学校出钱出力，各种亲子活动也都是为活动而活动。

有些家长可能因为参加这样的活动才得以真正和孩子亲密接触，然而活动之后他们又因工作忙把孩子交给了上一代。学校里的亲子交流是为活

动而进行的暂时性交流，未必有助于增加亲子交流。“我很忙”“我常在外地出差”“没有时间管孩子”成了家长们不管孩子学习的最好借口。

为了自己的事业可以不顾子女的学习，这似乎是所有中国家长都有的观念。“我很忙”的潜台词大概可以理解为：教育是学校的事，我要干事业要赚钱，干事业与赚钱也是为了孩子的将来。所以，生养孩子是父母的事，教育孩子是教师、学校的事，要不把孩子送到学校做什么？学校不就是教育孩子的地方吗？所以，家庭助教的现状并不乐观。

（二）学校协调社区教育的现状

社区助教好似还没有提上日程，学校与社区几乎是两个不联系的存在，除了每年新生入学要到社区去摸底以确定招生情况，以及一些相对贫困的学校可能会在六一儿童节来临前与社区联系一回外，恐怕没有别的关系了。社区的教育活动基本上也是针对成人以及老人的活动，很少有针对在校学生的活动，学校的工作计划里也没有实质性的社区与学校的联合活动，比起家长与学校的关系，社区又要逊色很多。

1. 学校与社区的联系

一般情况下，学校与社区的联系是相当少的，只有响应上级文件时才会和社区联系，搭成“共建单位”，让社区参与教育活动。但由于综合实践课程名存实亡，这种共建在通常情况下也只是虚设，是纸上的条文，写给别人看的，偶尔会有一两次请家长代表或社区代表到学校讲话、开会、合影以表示共建而已。

2. 社区与学校的联系

一般情况下，学校相对独立，学生有学习任务，社区领导是不敢轻易涉足学校事务的。除了捐赠活动外，社区一般不会主动与学校联系，通常都是学校与社区联系，社区只是响应而已，属于被动地为学校服务。

3. 家庭与社区的联系

在家庭与社区之间，关于教育的沟通几乎没有，很少会有家长向社区提出关于下一代的教育问题，或者向社区要计划方案。也没有一个社区会要求家长联合起来组成社区家长服务队或家长团，进而研究怎么为社区里的下一代做点教育上的事情。

所以，学校在协调社区助教领域还有很长的路要走，需要有心者去开发这一资源。

（三）学校、家庭、社区未能形成教育合力的原因

学校、家庭、社区相互独立，没能很好地形成教育合力的原因是相当复杂的，这与传统的文化、习惯和观念有着根深蒂固的关系。但从目前情形看，最主要的原因还在于学校没能协调好“家社”关系。

相对而言，家庭与社区在教育上都是被动的，它们缺少教育知识与教育方法，很难主动为教育提出有效的方案，协同教育的一切主动权都在学校，学校是专门的教育机构，教师是专业的教育人员，完全有能力也有义务协同“家社”合助教育。学校如果出于安全问题考虑，闭门办学，也就把“家社”这一良好的教育资源拒于门外了。一些家长就是有心也没有具体的策略方案，个体努力因为力量小，难见效。

就学校而言，家长助教、社区助教形同虚设的原因又同综合性学习开展不利的原因相似：因为不考试、不属于评价范围，学校也就没有把家长助教、社区助教当回事。校长、教师不重视，自然就忽略了对“家社”合力助教的研究。没有研究和实践调查，就不会发现问题，也就不可能很好地重视这一课程。学校对家长与社区资源的利用只停留在开会、发言，偶尔开讲座、座谈，合影、写总结上，这样就没办法让学生获得更大的效益。当主动方变得被动，那被动方就基本不动了。

而“家社”方面，有些是无心也无力，有些是有心无力，也有有力无心的情况。一些家长有心与社区、学校联系以解决孩子的教育问题，可是一腔热情没处使。当然大多数的情形是家长无方，社区无策，学校教育几乎是独立运转。当然，学校教育多年来也都是这样独立运转的，习惯成自然了，没有一定的历史可寻，又没有一定的榜样可仿，“家社”合力教育下一代自然也没人上心，历来如此。

第四节　国外有关的综合性学习描述

朱国忠老师在《语文综合性学习的本域化开发》一文中介绍了国外语

文综合性学习的内容：语文综合性学习不是一门单独的课程，而是现代语文课程中的一个组成部分。日本、英国、美国等国家的母语教材中有相当分量的综合性学习活动内容，这类综合性学习活动尽管在实施时也会牵涉其他学科知识的综合应用，强调与学生的社会生活相结合，但是其主要功能是培养学生的语文实践能力。

一、日本的综合学习时间

日本在新世纪伊始的新一轮课程改革中，导入了“综合学习时间”。而且从三年级起增加“综合学习时间”。

日本的综合学习时间不是安排在课外，而是在教学时间内进行的正式课程，是开展综合性学习的载体。它具有以下五个特点：

（1）从教材上来看，传统课程的教学目标和教科书主要由上级部门确定，而“综合学习时间”没有既定的教学目标和教科书，各学校根据自身特点自己编写。

（2）从内容上来看，传统课程主要采用学科知识本位的分科教学，采用接受性教学方式；“综合学习时间”是综合运用各科中学到的知识、技能，采用的是体验、操作性的活动方式。

（3）在教学时间上可以根据活动需要灵活安排，不固定时间，可以安排一天，也可以上两节课。

（4）在教学组织上不局限于以班级为单位，可根据学生的兴趣和活动内容，采取同兴趣异年龄分组的形式，跨班级、跨年级的组合都可以。

（5）在指导教师的安排上，不像传统课程那样由一位教师负责到底，而要求全校教师整体协调，合作组织指导。

日本综合性学习的思想不仅体现在综合性课程层面，国语课也渗透着综合性学习活动的教育理念。日本的生活作文，引导学生走进生活、观察生活，从生活中寻找作文的材料，这就是综合性学习思想在国语教学中的具体体现。

二、英国的特设资料

二十世纪六七十年代，英国的进步主义课程繁盛一时。进步主义教育主张改变传统的课程概念，废弃传统的学科划分以及各科相应的教学大纲，把儿童自己的经验放在首位，使儿童通过自己的活动获得经验，并以儿童的活动为中心组织课程。

有的学校以知识单元为单位组织学生活动，也有学校用统合教学日代替一天的课程安排，甚至有的学校完全没有正规课程，学校重视的是把学生培养成社会中健全的人，完全采用非正式学习的方式。

1988年改革之后的基础教育并没有抹杀“注重儿童发展的进步”这一教育思想，而是试图在儿童的活动和经验与基础课程教育之间取得平衡。《牛津英语》教材中第1、2册中有10个单元编制了特设资料，所谓的特设资料就是提供给学生进行综合性学习的实践活动。

三、法国的野外活动

法国教师经常组织的校外活动有三类：一类是定期活动，一类是临时性的校外活动，多安排学生参观一些自然景观，一类是需要在外住宿的活动。学校组织的课外活动具体有滑雪班、呼吸新鲜空气班、观海班、环保班、骑术班、大自然班、发现班、小学艺术启蒙班、小学文化班和文化艺术实践班。

四、新加坡的思考课程

新加坡自1987年起，开始实行“思考”课程，目的是引导学生对问题进行思考以及学习如何思考，如何去面对较复杂的问题，如何解决困难，如何提出有见地的、有创造性的意见。

第二章　家长、社区助教资源的开发

第一节　协调家长、社区助教的课程意义

作为语文老师是一定要有课程观念的，课程观念是相对于课本而言的，是让班级系统开放，是在班级系统中输入负熵，让系统有震荡，不断地向高级平衡态发展。从这个意义上讲，协调“社区、家长助教”就是教师具备了课程观念，开放了课堂这个系统，吸收新的因素，为系统植入负熵——社区、家长信息，让学生这个子系统有一个向外界交换信息的机会，从中获得一些新的能量，以提高自身的生机。这样一来，我们就不难发现构建协调“社区、家长助教”的课程意义了。

一、开放课堂，给学生带来生机

叶圣陶先生说，如果他当中学教师，他决不把自己的行业叫作“教书”，犹如他决不将学生入学校的事情叫作读书一样。叶圣陶先生的话不仅仅道出了教师把自己的行业称为教书是一种狭隘，更道出了其中的封闭性。

一名只认为自己是教书人的教师，一定是一名离开书本就不会上课的教师。这样的教师不仅会把自己的教学局限于书本上，还会把学生牢牢地圈在教室里。一个人长期从事相似的活动，时间久了必然会厌烦。学生每天到学校接触最多的就是课本和不变的脸孔，二三年如一日，不厌烦才怪。而学生要改变因厌烦而没精打采的状态，就需要有开放的课堂，需要接受新鲜事物的刺激，以激发出新的生机。

这就要求教师能够开发课程资源，离开书本还能教学。叶圣陶先生说：“我决不说没有课本，怎么能开学呢”，我相信书本是一种工具，或者

说是一种凭借，都不是唯一的工具，唯一的凭借。”可见教师应当具备开发课程的本领，特别是语文教师。语文学科本身就是工具学科，与生活联系紧密，创生语文课程是比较容易的。

开放语文课堂，把家长或社区成员引入课堂，能为学生带去鲜活的生活经验；把学生放出教室，到社区、到家长的工作场所去，让学生把学习到的语文知识运用到实践中，学生的个性自然能在实践中得到充分的展示与发展。助教教学带来的让学生兴奋的新刺激有以下几点：

（1）新的授课脸孔。

新脸孔出现在讲台上构成陌生效应，能引发学生极大的好奇心。一个没站过讲台的人站在讲台上会有什么表现呢？这就足以刺激学生的神经，使学生兴奋不已。哪怕讲课的是平日里最熟悉的爸爸，学生此刻也会紧张又好奇地期待着。

（2）家长或社区成员带来的内容。

教师只讲课本中的内容，而课本早在学生拿到手里的一周时间内就被翻阅过了，学生的新奇感自然较少。而家长、社区成员带来的可是课本中没有而生活中却看得见摸得着的东西，无论将来会不会从事所介绍的职业，学生此刻都是好奇的，自然有兴趣来完成学习任务。

（3）走入生活。

生活的大语文中有着更多的新刺激引诱着学生去探索，有时到过无数次的场所也会因为带了一定目的而变得陌生起来，新的刺激给学生带来的是无限的生机。所以开发家长、社区资源，解放课堂，也就解放了学生的身心，激发出了学生乐于趋近的学习活动，课堂也就生机勃勃了。

二、落实语言的运用性和实践性特征

课标说学习语文要在语文实践中进行，可是，把学生封闭在课堂里听教师讲，回答教师的提问，偶尔写写字、练练写作，这样的语文实践使学生获得的实在是有限得很。在这样的课堂上，学生运用语言的机会很少，所做的更多的是听记与巩固，而所得的语文知识最大的用处就是考试时还给教师。

有人说，学生思考、回答教师的问题不也是实践吗？当然是，可是这样的实践很不全面，一是学生在很多情况下都是猜答，而不是思答，还有很多时候学生只不过是在教师的暗示下作答；二是课标一直强调不能以教师的思考代替学生的阅读，虽然在问答过程中教师注意了这点，却又往往以学优生的理解来代替全班的思考。一生答对，教师立即赞同，于是其他同学就放弃了自己的观点或思考，反而去记下这位同学的答案。这样的语文实践其实已剥夺了大部分学生运用语文的过程。

杜威曾说："我认为现在教育上许多方面的失败，是由于它忽视了把学校作为社会生活的一种形式这个基本原则。现代教育把学校当作一个传授某些知识、学习某些课业或养成某些习惯的场所。这些东西的价值被认为多半要取决于遥远的将来；儿童之所以必须做这些事情，是为了他将来要做某些别的事情；这些事情只是预备而已。结果是，它们并不成为儿童生活经验的一部分，因而并不真正具有教育作用。"他还进一步指出："既然学校生活是如此简单化的社会生活，那么它应当从家庭生活里逐渐发展出来；它应当开展并继续儿童在家庭里已经熟悉的活动。学校应当把这些活动呈现给儿童，并且以各种方式把它们再呈现出来，使儿童逐渐地了解它们的意义，并能在其中起着自己的作用。"

开发家长、社区助教课程资源，要求学生与家长"谈判"，与社区成员沟通，这谈判与沟通就是很好的口语交际机会，就是很好的运用语言的过程。为家长的产品写广告和说明书，给社区写介绍信、感谢信，就是语文在生活中的应用，这种应用能使学生产生学习语文的热情，正应了杜威的那句话："儿童在活动的一瞬间，他们就表现出自己的修改个性；他们就不再是一个集体，而变成我们在校外、在家里、在家庭亲属间、在运动场上和在邻居中所熟悉的具有显著特点的人。"这时他们就会十分积极地动用自己的天赋，自发地在语文实践中学语文、用语文了。

三、归还语文的综合性本质

抱着课本教学，语文就会与其他学科失去联系，也会与社会生活相隔离，语文就只能是语文。这样的教学陶行知先生是最反对的，他称这样的教学是"教死书、死教书、教书死"。单一地进行语文教学，说是说课，读是读课，写是写课，说、读、写之间的联系都十分有限，更不用说语文与其他学科的综合、语文与生活的综合了。局限于课本的教学，给学生的进步空间是有限的，也会使学生产生厌学心理。

而协调家长、社区助教，就不仅打通了说、读、写的联合，而且打通了学科之间的联合，如当生物老师的家长教学生养小动物，学生向其讨教养动物的经验，然后再动笔写动物特征和自身感受类的作文；当美术老师的家长教学生绘画，学生用语言描述作画过程和所画内容；家长到课堂上与学生谈职业生活和职业规则，学生接受品德教育并写出励志感悟；学生到家长的小摊参观了解小摊的经营状况，写出调查报告、感谢信等。这样的助教活动就很好地把学科、生活与语文综合起来了，并将其统一在语言的表达上。语文的综合性就得到了落实。

四、教师和学生一起成长

只在教室里上语文课，学生增长的基本上只是语文知识，而语文素养的提高是非常有限的。一名只钻研教材的教师，其自身的增长也只限于语文知识。大多数教师的钻研并不到位，很多时候都是将自己的所学拿来传授给学生，所以在教学过程中，教师自己的能力并不能提高多少，甚至还会下降。因而有人说，许多教师教着教着就把自己教成了小学水平。笔者曾在一篇剖析语文教学小学化的文章中有过论述。

一些学者在开讲座时调侃："许多教师因为多年教小学，最后把自己教成了小学水平，也把小学语文教学变成了语文教学小学化。"把自己教成小学水平，是说这些教师不学习，以为自己的知识教小学已经够用，常年只啃教材，教材之外不读书，久而久之，自己也就只有小学水平了。而把小学语文教学变成语文教学小学化，则是普遍现象，其内涵复杂，需要深度剖析。

语文教学小学化，并不是说教材浅显，并不是说教学内容简单，也不是说教师知识水平低，而是相对于中学、大学的教学而言的。

因为中学生、大学生有一定的阅历，所以，教师教学时会给学生大量的自主实践时间与空间，教师扮演的是组织者、引导者、规律讲授者、疑难解答者的角色。而小学化是指，教师担心学生因年龄小而很多事情都不知道，所以认为需要教着学；担心学生没有什么阅历，所以认为需要讲解、传输；担心学生心理发展水平低，所以认为需要去约束，去看管，去扶着、牵着、压着、哄着。

概括来说就是指：教学观念小学化——教师就是教书；教学目标小学化——识记知识为主，慢慢养成能力；教学策略小学化——上课就是传授知识；教学评价小学化——考试成绩好就是学习好。具体到课堂中，就是语文教学总是以教师的讲问为主，教师占用了大量的时间去指导、讲授，把自己的理解传授给学生，让学生将其作为考试的正确答案，基本上属于"按牛吃草"；教师要求学生认真听讲，做好笔记，记住答案，认为这样一来学生就掌握了知识；教师要求学生学习之后做习题，主要是让学生巩固已学的知识，认为学生记住了就是学得扎实。

所以小学化的语文教学基本是以知识教学为主，学生只要识记就可以完成全部学习任务，这是语文教学小学化的一个表现。语文教学小学化的另一个表现就是：由于惯性教学，教师把语文窄化为课文，又把课文窄化为基础知识，教学语文就是讲课文，而授课时除了生字词的教学外，基本上是在用白话注释课文，就是用日常的说话方式给学生讲解课文内容，或用提问题的方式把课文用另一种方式再表述一遍。学生在课堂上的语文实践过程，基本上是被动回答或是猜答案的过程，而在这个过程中学生的学习思维是不连贯的，他们没有整体的语文学习概念与意识，也自然不会有自学语文的方法与能力。

语文教学小学化的内在原因，主要是教师追求教学简单化，因为不需要花太多的心思，只要先读过课文就可以去教学，省心省时的方式谁愿意改变？加上我们评价教学效果时基本上是以考试分数确定优劣，而考试时又是以考记忆为主，这在某种程度上是"支持"这种"懒教学"的。

语文教学小学化的另一个原因，是教师带班的惯性使然。低年级学生因为年龄小，需要课堂常规训练以培养好习惯，所以教师总是带着、牵着、看管着。时间一久，教师觉得这个方式简单方便，又容易"见效"，便不愿意改变了，尽管他们自己也觉得这种方式并不科学也不艺术，但是这种方式省力，加上他们自己曾经的老师也是如此教学的，他们就心安理得地这么实施着。就我们教师常常说的先扶后放教学方法而言，学生年龄小需要教师扶着，可是小学生在教师眼里总是"小的"，教师尝到了扶着教的好处：学生被扶着就没有考试考不好的危险，扶着教使学生始终在教师的掌控之下，教师会比较放心；扶着教，学生不会出乱子，不会让教师因学生的多元理解而尴尬，所以，比起开放教学，扶着教使教师更有安全感。此外，扶久了教师便忘记了“放”的观念与本领。“放”需要艺术，“放”是教师才能的体现，长期的扶着教使教师“放”的能力退化了。而学生也习惯了教师扶着教，没有教师去“扶”，学生就会无所适从。学生自主学习的功能也在“扶”中退化了。

就当前的习作教学而言，我们在听名师讲课时就可以发现，三年级的课堂教学是教师创设游戏情境，学生说游戏情境，然后写游戏情境；六年级的课堂教学，教师还是创设游戏情境，学生观察叙述游戏情境，然后再写游戏情境。教师将学生从三年级扶到六年级，结果一离开教师的游戏情境，学生就没内容可写了，因为学生自己不会创设游戏情境，两点一线的生活情境每天大同小异，自然比不上老师创设的情境有趣、有意义。对学生来说，生活情境不典型，当然不能成为写作的素材。大生活被排斥在选材范围之外，学生还能从哪里获得写作的素材呢？所以，语文教学小学化是把学生教乖了，也把学生教“死”了。

改变语文教学小学化有两个对策，一是教师要先学习，在不断丰富自身素养的过程中摆脱把自己教成小学水平的命运；对教育学知识，特别是本学科的基础知识，教师要牢固掌握；语文涉及的面是非常广的，广博与精深应该成为教师不懈追求的目标。二是教师要改变教学观念，改变自己教授、发问、居高临下的角色，努力使自己成为守望型、激励型、协助型的教师。

不要把教材视为不可更改的圣经，也不要低估学生的能力，要敢于开放教学，放手教学，让学生自己去经历语文学习的实践过程。在这个过程中，教师的作用是守护、协助、激励，要教给学生的不是考试的答案，而是思维的方向、思考的方式；教师不是为教课文而教课文，而是要通过课文学习引导学生掌握语文基本知识，让学生在获得基本体验的同时，去思考生活，去认识世界，去思考作者观察社会、书写人生的角度，从而提升自己对生活，对人生的觉悟。这才是语文教学的真正要义。

把家长、社区成员引入课堂，让学生自己去策划活动、与家长或社区成员谈判、协调活动过程的一切所需。教师首先要有指导，把学生扶上路后，才能成为一个守望者、协助者。而在扶的过程中，教师也要与领导、同事、家长、社区工作人员协调，策划活动全过程，这无疑也是在锻炼教师的能力。在生活中活用语文，如写对联、写广告、为企业写说明书等同样是教师对自身语文素养的训练。所以，在提高学生素养的同时，教师的素质也能得到较全面的发展，整个过程是教学相长的过程。

第二节　家长、社区助教语文课程资源的开发

一、家长助教语文综合课

家长助教是最便捷、最丰富、也最符合可持续发展的语文课程资源，一直未被教师们开发。当前，对于家长资源的开发，只停留在辅助班主任工作、学校德育工作层面。

一个班级有五六十个学生，有百位以上的家长，这么多家长分布在社会的各行各业中，他们的专业知识以及他们积累起来的生活经验无疑具有巨大的传播价值。当我们意识到这是语文课程的金矿时，我们的语文课程教学可以按如下程序设计：

（1）学生商讨请谁的家长来上课。（语文口语交际课）

（2）学生写邀请函邀请家长来上课，老师来听课。（应用文写作课）

（3）家长来上课时，我们怎么表现？（口语交际、礼仪课）

（4）记录、整理家长上课内容，交流感受。（作文课）

（5）家长上课后，写感谢信表示谢意。（应用文写作课）

（6）家长上课后，联系家长到其工作场所采访或参观。（实践应用口语交际课）

（7）实地考查或采访活动。（沟通其他学科的语文综合活动课）

（8）写考查报告或采访文章。（作文教学）

（9）整理记录，制作班报。（动手操作课、编辑课）

（10）一个学期四位家长上课后，策划成果展示。（策划课）

（11）学生写展示说明和解说词。（应用文写作课）

（12）广告活动、邀请参观者。（广告课）

（13）展览活动过程。（语文知识实践应用课）

（14）写策划活动过程、总结。（作文课）

（15）向家长汇报活动成果。（口语交际应用课）

（16）家长评价、写亲子作文、感受父母的关注。（品德课、作文课）

请一位家长助教一次就能引出这么多节不同内容的课型，让学生写出这么多内容不同的作文来，效果明显。在这个过程中，学生的作文不只要交给老师看，还要送给家长和相关教师看，家长和相关教师看完后要签字，这对于学生来说又是新鲜的事。学生目睹了自己的作文在生活中的作用，看到了自己的作文能解决生活中的实际问题，对写作的感受就会完全不同于以往的训练式写作，学生对作文的心态就会在这样的写作实践中发生改变，写作过程也就变得更加有意义了。

这一系列活动看起来很繁杂，似乎不大可能实行，实际上却非常好操作。学生只要经历一次这样的活动，心中就有主张了，就会很自觉、很主动地进行各项活动。这样的课对学生来说极富吸引力，学生的热情会空前高涨，所以执行起来是没有什么困难的，关键在于教师是否有大语文观，是否有全局意识，是否能成为总策划师。

说该课程资源最便捷，是因为教师与家长联系起来极其方便，而且更多的是孩子与自己的父母或爷爷奶奶等长辈直接沟通。实践中我们发现，哪位学生的家长来上过课后，这位学生在班上就会变得比以前更自信，人缘也会比以往更好。

说该课程资源最丰富，是因为家长所在的行业各不相同。搞科学的、经商的、做白领的、搞医药的、当工人的、种田的（种植的）、养鱼的（养殖的）、从事教育工作的，等等，所有家长聚集一堂，三百六十行可谓多有涉及。要是爷爷奶奶出面，还会有革命历史故事呢。许多教师会担心：种地的农民能上课？打工的能上课？说真的，只要你与他沟通了他就能上课。讲种植技术、种植经验，讲打工生活的艰难，怎么不会啊？家长进课堂不一定就是讲四十分钟，有时可以是半小时、二十分钟，只要教师精心组织，家长上课是不成问题的。

说该课程资源最符合可持续发展，是因为这样的综合课学生不会腻。不同的家长会带来不同的内容，就是同一家长也会带来不同的内容；每次课学生都能遇到新的挑战，每次参观采访学生都会有新的刺激，每次上课学生都要解决新的问题，因而学生始终都有新鲜感。而开发固定的课程资源，如博物馆、纪念馆、展览馆，自然风光、文物古迹、风俗民情，学生最多接触三次就没兴趣了。

“家长上课”，单是这四个字对学生就极富吸引力，而且在这样的场景中写作文、上语文课，学生的心态完全是崭新的，写作的目的也不一样。我们给学生创造一个生活情境，让学生以“用作文”的心态来写作文，真真切切地感受应用作文的快乐，感受会写作文是一项本领，而不是必须完成的作业，也不是获得考试分数的“无用”活动。

家长助教作文综合课，简单的说，就是教师请学生自己写邀请函，邀请家长来班级给学生上课；请学生自己写设计书，说明自己的展览布局及设想；请学生写讲解说明书，介绍要展出的内容。

开展这一系列的活动，安排学生在这个过程中完成一系列的作文，能够使学生的写作能力与生活交往能力、组织能力、想象能力、创造能力等得到同步发展。家长授课，能把语文学科同其他学科联系起来，能够使学生达到学一门识各科、扩大知识面、开阔视野的效果。综合课的开展就是要让学生改变学语文的心态、感觉，使学生学语文、学写作的热情重新涌动。

社区对于学生来说还是很陌生的，学生难得到社区去。不少学生到社区去都有些胆怯，社区领导对学生而言都存在一定的威严，学生见到他们会拘束。加上我们的学校与社区的联系甚少，社区助教有一定的困难，这一课程资源几乎没有得到开发。但是，从我们以往的实践来看，这一资源还是相当丰富的，对学生语文能力的提升有着不可小觑的作用。

但就目前看，以开发课程资源为基础的语文综合课没有多少人真正去执行，语文综合课大多只存在于校长的报告中、教师的论文里、专家的口头上。产生这种情况的原因很多，但是，我想与大家的不重视有很大的关系。

二、让家长成为客座教师

语文课程标准提倡开放语文课程，提倡开发语文课程资源，学生家长是最好的资源。让家长当客座教师，学生不仅会感到新鲜，也会感到光荣，在课堂上会满怀好奇、专注地听课，回答问题会特别积极，会想在家长面前展示自己的阅读面，课下会问长问短，语文学习也会进入一个新领域。

陌生的学生在教师眼里是没有区别的，只是学生，因而一视同仁的原则贯彻得很到位；同样，陌生的教师在学生眼中是最公正的，在陌生教师面前学生会收起自己的棱角，好奇地摸索教师的脾气。就似《黔之驴》中老虎对驴的试探："虎见之，庞然大物也，以为神，蔽林间窥之。稍出近之，慭慭然，莫相知。"陌生构成距离，距离产生神秘，神秘会带来探究的欲望，这便构成了课堂上师生间的距离美。

要是每隔一段时间讲台上就能出现一张陌生的面孔，那会是学生的最爱，兴奋心理带出的学习专注度对学生的学习而言也是极有益的。为开拓学生的视野，满足学生的好奇心，同时也为了开发语文课程资源，我们小学各班级也聘请了客座教师，定期给学生上课。这些客座教师就是家长志愿者，免费为学生开讲座或提供运用语文知识的实践基地。

家长从事的职业五花八门，各领域的工作内容都是学生从课本中无法看到的，这正好弥补了课本的空白，无论是教授研究专题的神秘，推销员全国各地跑的见闻趣事，还是小商贩工作的心得故事，都能给学生带来极大的兴趣，也都能给学生不同的启示。

某种程度上讲，这些客座教师比固定教师更有优势。他们走进课堂，对学生总是和蔼可亲的，微笑从进教室之始到出教室之终都没有消失过。不管是一节课、一次讲座，还是一次实践参观主持与讲解活动，他们都会认真备课。这样的课堂，讲授的内容不仅丰富且形式多样，就连课堂提问都会准备很多的奖品。家长对学生总是激励的，不管学生是否举手也不管学生的回答是否离题万里，他们都能宽容对待，只要学生稍微答对一点点，家长就会给予表扬，有时还会给予奖品。在这种课堂上学生享受着客座教师的良好态度，吸收着客座教师带来的新奇内容，体会着课堂的民主、自由，不可谓不幸福。因为教师与学生彼此陌生，所以教师提出的问题总是面向所有学生，而学生被提问到的机会也更加平等。

对客座教师的到来，学生除了兴奋还会带着崇敬，因为是同学的父母。加上与客座教师彼此陌生，学生上课也会更加约束自己，尽量给家长、同学面子。客座教师讲授的新奇内容以及课堂奖品的刺激，都能引发学生的高度注意，学生学习的积极性空前高涨，他们会认真听讲、快速思考、全力回答以获得奖品，给客座教师留下深刻的印象。

这样的课堂，如果仅仅是课上听一听便过去，那就太浪费了。因此，我们把课堂定位为语文综合性课堂，那便是以课前、课中、课后、实践活动为点，以习作为线，用线把各点串起来，构成综合性学习的完整过程，这样不仅能保证学生课课有所得，还能使学生将所学内容进行充分的应用。如课前学生要选代表去邀请家长，这是实践性的口语交际练习；达成协议后，学生代表要写邀请函邀请家长成为客座教师，同时还要写邀请函邀请一些教师来听课，这是应用写作练习；客座教师上课内容与形式极受学生欢迎，学生自然会有不少心得，会积极写听后感，并写感谢信感谢客座教师的辛苦，这又是一次课中与课后的习作练习；有些客座教师还会提供基地让学生参与实践，如生物种植基地、工厂等，这时学生就要选代表策划活动过程，要写策划书，还要实际协商整个活动的关键点，这又是一次应用写作训练及口语交际活动……这样，学生在学校里所学的语文知识以及从课外阅读中得来的收获都会在客座教师的教学活动中得到运用，学生的学习效果自然好。

从实践上看，我们聘请的客座教师有出租车司机、烧烤店店员、中学生物教师、小动物恐龙虾企业讲解员、鲔鱼喂养技术员、大学心理系教授、外企推销员、香精企业厂长……在他们的课堂上，学生不仅表现极佳，而且习作水平、口语交际能力、活动组织与协调能力的提高速度也非常惊人。

从教学走出校门看，我们带学生到过香水工厂，了解过香水的制作过程、香水的来源；到过香皂厂，了解过花皂的制作工艺；到过恐龙虾馆，了解过各种各样的恐龙虾展览样本，从 3D 电影展示中了解过恐龙虾的史前文化；到过烧烤店，现场领略过烧烤技术。每一次的外出活动都让学生兴奋无比，收获颇丰。学生不仅在写参观过程时应用了语文知识，更重要的是参观前也已经参与了语文能力实践，如怎么联系车辆，怎么组织好活动，怎么跟对方联系等，这一系列的事情都是由他们自己去解决的。在这个过程中，学生还要写申请书，写介绍信，写策划方案，写感谢信等，也是语文能力的直接实践；参观过程中学生与家长及工厂工作人员交谈，又是很好的情境口语交际实践，这样的口语交际是真实的，对学生的锻炼作用更大。

回到教室里，客座教师上讲台的优势是多方面的。在语文综合实践课上，客座教师与学生之间的距离美也能带动学生语文实践能力的提高。由于语文教师长期教学，学生对其已没有陌生感，很多作业学生都是迫于压力，或者说是迫于教师的权威才不得不做的；而客座教师布置的作业就不同了，学生很愿意给客座教师留下好的印象，加上客座教师布置的作业往往与语文教师平时布置的作业不同，趣味性更浓、实践性更强，学生往往乐而不疲，会保质保量完成。

第三节 协调家长、社区助教语文综合性学习的理论依据

一、杜威的综合性学习理论

协调家长、社区助教语文综合性学习最为直接的理论就是杜威的教学论，杜威在其《我的教育信条》《学校与社会》《儿童与课程》《明日之学校》《民主主义与教育》等著作中，都论述了儿童从做中学、从实践中学的重要意义，描述了学校、家庭、社会对学生施以什么样的教育更有利于儿童的成长。

杜威说："学校的最大浪费是由于儿童在学校中不能完全、自由地运用他在校外所得的经验；同时，另一方面，他又不能把在学校所学的东西运用于日常生活。"学校与生活的隔离造成儿童被动机械地接受任务，学习对儿童而言在一定的程度上是一种外来压力构成的负担，儿童内在的学

习动机没有得到激发。因而杜威认为学校有协调家长、社区合力教育的责任，他认为，协调家庭教育，也是一种社会的需要，因为家庭是社会生活的一种形式，儿童在其中获得教养和道德的训练。加深和扩展学生关于与家庭生活相联系的价值观念，是学校的任务。

杜威指出了现在学校课程存在的三种典型弊病：

第一，与儿童看到的、感觉到的和爱好的东西缺乏任何有机的联系，致使教材成为单纯的形式和符号。

从某种意义上说，过高地估计形式的和符号的东西是不可能的。真正的形式、实在的符号，乃是掌握和发现真理的方法。它们是人们用来可靠地、广泛地伸展到未被探讨的领域中去的工具。它们是工具，用来使过去的研究中已经成功地获得的任何现实的东西发生作用。但是，只有当这种符号真正有所代表——当它用简单的形式代表或总结个人所经历过的实际经验时，这种情况才会发生。

如果一种符号是从外界引进的，而不是被引导到原始的活动中去，如我们所说的，便是一种空洞的或纯粹的符号，它是僵死的和贫乏的东西。那么，任何事实，无论算术、地理或语法，如果不是在儿童生活中由于本身占有重要地位的缘故而逐渐被引导进去，它就不是现实的东西，而只是可能被经历到的现实的符号。但是，把别人所知道的那些事实出其不意地提供出来，一味要求儿童学习和强记，就使得那些原始的条件不能满足。这些宣告使事实成为象形文字；要是有标准答案的话，它将会指出是什么意思。可是解决问题的线索这样缺乏，它始终是折磨心灵的无用的古董，是加给心灵的可怕的重担。

第二，缺乏动机。不仅没有那种过去曾经有所感受的事实和真理，以吸收和类化新的东西，而且没有热情、没有需要、没有要求。所谓有机的和生动的意思就是它们的相互作用——就是指精神的需要和材料的提供之间的相互作用。

第三，即使用最逻辑的形式整理好的最科学的教材，如果以外加的和现成的形式提供出来，在它呈现到儿童面前时，也失去了这种优点。

因此，在教学中他强调：要使儿童能把家里所学的东西在学校里加以应用，又能把在学校里所学的东西应用于家庭。儿童来学校时具有在校外获得的经验，以及离开学校时具有某些东西能直接应用于日常生活，这是打破隔离现象而与实际联系的两件主要事情。学习就是生活，教育就是社会。“我们所需要的是儿童以整个的身体和整个的心灵来到学校，并以更圆满发展的心灵和更健全的身体离开学校。”

他还进一步指出：首先，理想的家庭必须扩大，必须让儿童接触更多的成人和更多的同伴，这样，可以使他们过最自由最丰富的社会生活。其次，家庭环境中的作业和亲属关系不是为儿童的生长而特别选择的，它的主要目的仍然别有所在，儿童从家庭里能学到的是偶然碰到的东西。因此，就需要学校。在学校里儿童的生活成为决定一切的目的，凡促进儿童成长的必要措施都集中在这个方面。学习当然是要的，但生活是主要的，学习是通过并联系这种生活进行的。

“当我们按照这样的方式，以儿童的生活为中心并把儿童的生活组织起来的时候，我们就不会发现他首先是一个‘静听’的人，事实恰恰相反。”“在做事里面求学问”比“专靠听来的学问”好得多。儿童在家庭、在社会、在生活实践中的学习是有明确对象的。他说：“儿童有清晰的对象，对想象中的现实有亲身的感受，进一步表明当语言有生动的经验背景时，就能生动地运用语言。”

可见从生活实践中获得知识与从课本中学习知识还是有不同的效果的，特别是对于兴趣还处在游戏阶段的儿童来说，他们运用语言是需要背景和清晰的交流对象的，这样一来，不仅学习的过程就连学习结果都会带有生动性。所以杜威说直接得来的知识最是和暖、最是亲切有味，如人之认识朋友一样。反言之，耳食之知识，间接得来之知识是冷淡的、无生气的。而通过实践活动获取直接经验，可以帮助学生建构积极的问题解决知识体系与能力结构。他对实践活动中学习所下的结论是：“活动是一种最佳的工具，因此和环境接触可以得到最亲切的知识，这实在是很重要的。”这些论述都是指导我们进行协调家长、社区助教语文综合实践课程的重要理论，为我们的实践提供了依据。

二、苏霍姆林斯基和阿莫纳什维利的教育思想

除了杜威的教学论外，我们还参考了苏联教育家苏霍姆林斯基和阿莫

纳什维利的教育思想。在苏霍姆林斯基的教育论著中也有大量的家长、社区助教理论，他说“蓝天下的学校是孩子个性显露的地方”，“孩子坐在课桌前的时候，并没有真正向你展示他们自己，只有当孩子们置身于自己感到亲切的那种环境中，在那里活动，认识事物，鼓足自己的智能和身体的全部力量，充分地感受成功的喜悦和失败的痛楚时，你才能理解每个孩子的思维方式究竟有什么特点”。

苏霍姆林斯基倡导的“到自然界去旅行”。他说：“不要让教室的四堵墙把孩子跟气象万千的世界隔绝开来，孩子只有在对周围世界的现象和规律性深入思考的时候，才有可能真正地发展。”这些形象而生动的描述，就是非常好的理论与实践范例。

三、语文课程标准中的依据

语文课程标准中对语文课程性质的描述及综合性学习的具体目标，无疑是最好的理论依据。课标中说：“九年义务教育阶段的语文课程，必须面向全体学生，使学生获得基本的语文素养。”

“语文课程是实践性课程，应着重培养学生的语文实践能力，而培养这种能力的主要途径也应是语文实践。语文课程是学生学习祖国语言文字的课程，学习资源和实践机会无处不在，无时不有。因而，应该让学生多读多写，日积月累，在大量的语文实践中体会、把握运用语文的规律。”

“综合性学习既符合语文教育的传统，又具有现代社会的学习特征，有利于学生在感兴趣的自主活动中全面提高语文素养，有利于培养学生主动探究、团结合作、勇于创新的精神，应该积极提倡。”

语文课程的这些特征，都要求我们要“沟通课堂内外，沟通听说读写，增加学生语文实践的机会。充分利用学校、家庭和社区等教育资源，开展综合性学习活动，拓宽学生的学习空间”。

四、靳彤教授所著的《语文综合性学习理论与实践》

除了课标外，还有靳彤教授著的《语文综合性学习理论与实践》一书，也是很好的借鉴。她在“基于问题解决的语文综合性学习教学模式”一章中指出：基于问题解决的语文综合性学习的情境不同于语文情境教学模式中的情境。语文情境教学模式中的情境可以是生活中的真实情境，也可以是虚拟情境（如虚拟一场招聘会、记者招待会）；基于问题解决的语文综合性学习模式所要求的学习情境，只能是生活中的真实情境，换句话说，就是要打破课堂的壁垒、教材的束缚，把学生引向社会、社区、大自然，让学生发现现实生活中有价值的问题，从自己的视角予以关注，在实际问题情境中学会发现问题、分析问题，并创造性地解决问题。如以记者的身份进行某个问题的探究，就不可能在课堂上进行假设、虚拟，而必须在真实生活情境中以记者的身份调查事件真相、采访当事人。通过经常性的真实情境中的综合性学习，最终形成语文实践能力和实际的问题解决能力及创造力。

这一描述明确地指出在课堂上模拟实践与真实的生活实践的教学中，学生学习的心理是不同的，学习的结果也差异巨大，教学要重视真实的自然情境。

这一真实情境应具备这样一些基本特征：

其一，有一项或一项以上的真实任务。多元智能平台上语文综合性学习教学模式应建立在解决真实问题的基础上，即学生在这样的教学模式中都有一项或一项以上的与现实生活相关的真实任务，在这项任务的完成过程中与社会接触，与他人沟通、合作，直至完成任务，解决问题。

其二，有丰富的能力培养因素及丰富的问题“因子”。多元智能平台上语文综合性学习模式，要有利于学生一般能力及问题解决能力的发展，这就要求学生学习的情境应当有充足的能力培养因素；要有利于学生定向能力、组织能力、适应能力、实践能力、创造能力的培养；同时也应当具有杜威所言及的问题情境的特征，有丰富的问题“因子”，等待学生去发现、分析、解决，在这样的过程中，使学生形成问题解决能力和创造力。

其三，有充分的语文实践活动。多元智能平台上语文综合性学习模式，要有利于培养学生的语文实践能力。多元智能平台上语文综合性学习模式强调与日常生活的紧密联系，打开学校的大门，走出课本，走出教室，在日常生活的实践中开展学习活动，其情境应有充分的语文实践，通过充分的语文实践完成学习任务，这样才能有效培养实际的语文实践能力。

应该强调的是，语文综合性学习不必拘泥于课堂，一般来说其大多数任务都在课堂以外、学校以外进行，同时也不必拘泥于教材，教师可根据当地的课程资源选题，如“重游拉萨河”“小平故里行”等。

1. 设计综合性学习活动时应注意的原则

（1）能力递进原则。

语文综合性学习统整性的特点决定了学生能力的提高是全方位的，包括创造力、语言能力、人际交往能力、自我反省能力等。这些能力的提高不是一蹴而就的，需要循序渐进，这就要求语文综合性学习教学建模时进行层递性安排，难度逐级加深，为学生能力的提升搭建阶梯，使学生的创造力、语言能力等逐级提高，最终提高语文综合能力。

（2）真实情境原则。

加德纳对“智能”做了这样的表述：智能是在特定的文化背景下或社会中，解决问题或制造产品的能力。可以看出环境因素在问题解决能力和创造能力形成中的重要作用。加德纳认为智能的产生、发展，与个体所处的文化背景或社会环境有直接关系，也就是说个体智能的发展要受到社会环境、自然环境和教育等因素的制约。而问题解决能力及创造能力正是语文综合性学习所追求的目标，强调真实生活情境的创设，让学生在真实的社会环境、自然环境、文化背景中学习，以促进其智能的发展，使其形成解决实际问题的能力及创造能力。

（3）语言活动中心原则。

尽管跨学科学习是语文综合性学习的基本特征，较之于其他语文教学形态，语文综合性学习有更为突出的整合特征，但语言学习在任何时候都应是语文综合性学习的核心，任何模式的语文综合性学习都应当立足于语言实践，发展学生语言智能始终是语文综合性学习的核心任务。

多元智能理论指导下的语文综合性学习强调以语言活动为中心，这就需要为学生营造丰富的语言环境，这里的“丰富”有两层含义：其一，指语言活动的频繁。在语文综合性学习的任何一种模式中，自始至终都应当充满语言活动，有效地倾听、说话、阅读、写作，是构成语文综合性学习活动的基本因素。其二，指听说读写语言活动的综合运用。语文综合性学习不能停留于过去的语文活动课，单方面地进行语言训练，不能或者以听说为主，或者以写为主，或者以阅读为主，多元智能理论认为，同以语言智能为其强项，不同的人有不同的表现，或擅长说，或擅长写，或擅长读，因而建立在多元智能平台上的语文综合性学习应提供一个能调动听说读写综合运用的语言情境，以促使学生语言智能的整体发展。

基于这些理论，教师如何指导学生进行语文综合性学习活动呢？在教学中如何确定主题，制订具体的方案呢？靳彤在这方面都做了具体的论述。

2. 指导学生选择语文综合性学习的主题

（1）以课文为生发点，在拓展中确立主题。

课文是学生每天都会接触到的，这里有现成的学习资源，关键是善于从中发掘、拓展、延伸，形成探究的课题。教师可以从一篇课文的知识点入手，也可以从课文的作者、时代背景入手，还可以围绕某一主题，对课本进行探究阅读，由此把学生由书本世界引领进多姿多彩的生活世界，通过多种方式，灵活而富有创造性地拓展课堂教学，丰富学生的语文素养。

（2）整合学科内容，提炼学习主题。

这里所说的学科，不仅包括语文，还包括其他学科。语文是母语教育课程，与其他学科息息相关。语文综合性学习既可以从本学科内容着手，提炼活动主题，也可以从音乐、美术、品德与生活（社会）、科学、数学等学科与语文相通的内容入手，提炼活动主题。语文是学习各门学科的基础，而学好其他学科也可以成为学好语文的丰富补充。整合学科内容，提炼学习主题的过程，就是跨学科学习、提高语文能力的过程。而相对来说，这样的主题也是比较容易发掘的，例如，在教学描写“春天”的课文时，可以沟通语文学科与美术、音乐学科的横向联系，围绕“春天”这个主题，让学生寻找描写春天的诗文，描绘春天的景色，歌唱赞美春天的歌曲，促进学生语文综合素养的提高。

（3）观察生活，主题就在身边。

生活是语文综合性学习重要的资源，生活也是学生语文学习的源头活水。教师要充分了解学生成长过程中的各种心理状态，引导学生仔细观察，寻找体会生活中各种各样的问题，促使学生从生活中寻找探究的主题。比如，寒假里，每个学生都会拿到压岁钱，如何使用压岁钱的主题就应运而生了；暑期到了，很多家长都会带孩子出去旅游，“我的旅游日志”的主题也随即产生了。其余的诸如如何减少家庭垃圾、如何处理成长中和父母的关系之类的主题，也都来自生活实践。

(4) 了解社会，热点即主题。

社会是个大舞台，诸多新闻、资讯都是取之不尽、用之不竭的活教材。根据年级的不同，带领学生围绕与自己关系密切的社会热点问题，确定有价值的主题，小组自主选题，合作行动。教师引导学生选题要考虑对学生、对社会有价值的主题。比如，四川汶川地震、青海玉树地震后，可组织学生进行“意想不到的灾难”的学习，等等。

确定了大的主题后，教师要带领学生进一步细化主题，提前分组，让学生选择细化后的主题。同时，考虑到学生根据活动主题收集来的信息、资料是零散的、不完整的，教师要引导学生对这些信息进行筛选，并归纳整合。

学生可以将收集来的资料汇编成册，也可尝试以图表、图画、照片等形式来展示学习成果，尝试个人或与他人合作写简单的研究报告。例如，在进行“我的旅游日志”为主题的综合性学习活动时，每组学生将自己的旅游经历以图片、文字的形式呈现出来，精心设计，做到内容与形式的完美统一。

此外，综合性学习活动的一些理论也是我们实践协调社区、家庭助教语文综合课题的依据。

3. 综合性学习活动的特点

作为一种综合性的实践课程，综合性学习活动具有独特的功能与价值。与学科课程相比，具有如下特点：

(1) 实践性。综合性学习活动以活动为主要开展形式，强调学生的亲身经历，要求学生积极参与到各项活动中去，在调查、考察、实验、探究、设计、操作、制作、服务等一系列活动中发现和解决问题，体验和感受生活，发展实践能力和创新能力。

(2) 开放性。综合性学习活动超越了封闭的学科知识体系和单一课堂教学的时空局限，面向学生的整个生活世界，其课程目标和内容具有开放性。

（3）自主性。综合性学习活动尊重学生的兴趣、爱好，注重发挥学生的自主性。

（4）生成性。综合性学习活动注重发挥在活动过程中自主建构和动态生成的作用，处理好课程的预设性与生成性之间的关系。

4. 综合性学习活动的内容范围

综合性学习活动包括研究性学习、社区服务与社会实践、劳动与技术教育、信息技术教育等方面。

5. 综合性学习活动内容的选择与开发

综合性学习活动内容的选择、开发及实施应围绕学生生活这一领域来展开，注重整合班级团队活动、校传统活动（科技节、体育节、艺术节等）、学生的心理健康活动、环境教育、反毒品教育等内容，构成内容丰富、形式多样的综合性学习活动。综合性学习活动的具体内容是学生活动的主题，因而具体内容应由学校根据学生的需要来确定。在具体的实施中应注意以下几个问题：

（1）要突出学生的主体性，尊重每一个学生的兴趣、爱好与特长。综合性学习活动的内容不是教师或课程编制者预先具体设计的，而是学生自己提出的感兴趣的问题。综合性学习活动实施的准备阶段、开展的过程、总结与交流等环节都应该尊重学生的实际，关注学生的兴趣、爱好和需要。

（2）要富有创新性，体现学校和社区的特色。学校不仅是综合性学习活动课程的开发者和实施者，也是综合性学习活动课程实施的重要基地。每所学校所处的地理环境不同、社区背景各异，学校发展的理念和学校传统不尽相同，因此，关注学生发展的需要是学校确定综合性学习活动具体内容的基本要求。

（3）要基于学生的现实生活，从学生生活中提出问题并确定具体活动内容。综合性学习活动是面向学生生活领域的课程，其课程内容不应来源于书本，而应来源于学生的生活，来源于学生在生活中发现的问题。

这些教育理论与实践，都给“协调家长、社区助教语文综合性学习”开了先河，可以让我们在实践中少走弯路、有根可寻，教师可以大胆地结合学校的具体情形去尝试。

第四节　家长助教的资源开发原则

家长不是教师，他们有自己的事业。虽然从理论上说“孩子成长是家庭中最重要的事业”，但并不是所有家长都认同。即便有些家长认同，在执行中也可能会打折扣。所以，在开发家长资源的过程中，要注意把好以下原则。

一、量力性原则

家长参与教学要做到量力而为，确保助教的成功。在助教过程中，不论家长进课堂是明助（讲学），是趣助（同台表演），还是赞助（提供场所、技术等），教师都要遵循量力性原则，不可对家长提过高的要求。教师要从家长的能力与时间出发安排活动，不可以完全按自己的计划要求家长做勉强才能做到的事，给家长造成精神压力和物质压力。有时，一些家长可能碍于面子答应了，但自己心理上很不快，这也会导致学生学习效果不理想，那就有悖于开展活动的初衷了。

二、自愿性原则

开发家长助教资源，教师要做好宣传和沟通工作，要教会学生与家长（自己的家长或同学的家长）交流沟通，让家长感觉到开展这项活动不仅有意义而且非常有趣，感受到开展这项活动是一件很光荣很骄傲的事情。这样，家长在助教的过程中才能发挥最大的优势，尽自己所能做好助教工作。切不可利用学生给家长施压，让家长处于被动局面，在不情愿可又碍于面子或碍于孩子在班级中的人气的情况下参与活动。否则即使活动开展了，教学效果也会大打折扣，不利于学生在实践中学语文、用语文。

三、协调性原则

虽然助教过程以家长为主，活动策划以学生为主，但教师要掌控全局，要协调好各个细节。放手不等于不管，教师要在密切关注中放手。

大体上说，教师要始终注意协调好这几个方面的关系：

（1）助教活动与学校管理的关系。任何活动都要让学校领导知道，要经领导的同意才能进行，教师不可随意请别人进入自己的教室，也不能随意就把学生带出学校，不能给学校的管理增加负担。为此，教师要协调好班级助教活动的开展与学校管理之间的关系。

（2）助教活动与学科教学之间的关系。语文的综合性之一是与其他学科相综合，这就要协调学科之间的关系，不能影响其他学科的正常教学，并且要以有助于其他学科的教学为目标。当助教活动需要较长时间、需要其他教师配合时，语文教师都要协调好其他教师，以保证活动的顺利开展。

（3）学生和家长之间的关系。教师不只要协调好整个活动过程中各种细节的细微关系，还要协调好在活动过程中学生与家长之间的关系。特别是校外活动，学生一旦离开教室，个人的独特性格、自由性及不好的生活习性都会暴露出来，所以，教师要特别关注学生，协调好活动过程中助教家长与学生之间的关系。由于一些学生会有攀比心理，经过一、二次活动后，有些学生会给其他同学施压，有些学生会给自己的父母施压，攀比中可能会出现一些让人不快的事。这些，教师都要事先做好安排，协调好各个细节之间的关系，做到未雨绸缪。

四、安全性原则

学校工作中，安全性原则是首要的。家长助教中，明助、趣助都是比较安全的，唯独赞助活动要多加留心。学生离开教室，走进生活，在大课堂中存在着各种因素，所以安全是第一位的，教师事先要向家长打听好活动过程中哪些事、哪些地方是比较危险的，如何避免危险的发生。然后教师不仅要跟学生说明，还要让班干部在活动过程中重点留意一些地方、同学，必要时，还应该请任课教师协助，或请家长志愿者一同前往，参与活动全程，以确保万无一失。

第三章 家长、社区助教资源开发的实践研究

第一节 “助教”语用教学探索

当前语文教学弊端之一，便是语文教学注重理解与积累，注重语言本身的规律，忽略了语言使用的情境及个体的心理。语文课堂教学的内容，在日常生活中并不应用或很少应用，而日常交际的语言规律，在课堂里却不教。虽说语文的外延等于生活，可是在目前的教学中，语文与生活实际上还是两张皮。为使学生能学用合一，我们积极探索“家长、社区助教语用教学”，并从“语用学”和“课程理论”两个角度验证“语文能力是在语文实践中培养的”这一规律。

一、助教：正以燎原之势冲击着当下的教学

信息时代的网络文明从根本上改变了我们的生活方式，信息技术也将从根本上改变我们的教学方式和学习方式。在这一背景下，许多教学方式的内涵都发生了变化。如助教，原指高等学校教员中职级低于讲师的一种职称。随着学习时代的到来，助教的含义已悄悄发生了变化，而且影响着整个教学的变革。助教成为一个新的概念，一种新的教学方式，包括在线助教、移动助教、电子助教、社团助教、家长助教及外包教学助教等，一系列与助教相关的新名词应运而生，正以燎原之势冲击着当下的教学。

柯蒂斯·J. 邦克在其专著《世界是开放的——网络技术如何变革教育》中是这么说的：“完全以完成个人的目标或任务为导向的非正规课程的非正式学习已悄然而至，人为的或由教师加强的，那种将一切都预先打包好了的标准化课程行将消亡。”书中很风趣地说：“也许你还没有加入到

这场变革中，也不知何时加入。”但是我们不可能以一个局外人的身份观看别人入局，我们已经明显感受到在信息时代，教师在知识和信息方面的优势已逐渐下降，教师的意义更逼近原始命意——开启智慧，这一功能比以往显得更加重要。该书还指出：“尽管标准化课程行将消亡，但在它即将消亡的这个时刻，人们依然需要去思考如何促进学习。”在数字化的生活环境里，我们已别无选择地踏入其中。我们要顺应潮流进行教学转弯，以适应信息时代里的教学需求。

柯蒂斯·J. 邦克在引用托马斯·弗里德曼《世界是平的》一书中的协作观时，是这样强调协作的重要性的：“要么协作，要么消亡。”作为教师同样要遵循这样的协作观，合作教学才能获得效果的最大化。为此，我们进行了三年“家长助教语用教学”理论与实践的探索，开发家长这一潜在的教学资源，把家长纳入语文学科助教活动中，创设了一个学生运用语言的学习新情境，以图使学生的语文学习获得最大的增值。

二、语用：在生活情境中学习使用语言

语用是为说话人构建的语言应用模型，其目的是规约说话人言语得体。它可以用公式表示：语用＝使用语言的人＋在一定的语境中＋运用语言。这其中的语境很容易让人理解为物理空间，其实还有一个更为重要的心理空间。

陈望道先生在《修辞学发凡》一书中就曾指出写文章和说话的环境的六种因素。“第一个‘何故’，是说写说的目的：如为劝化人的还是想使人了解自己意见或是同人辩论的。第二个‘何事’，是说写说的事项：是日常的琐事还是学术讨论等。第三个‘何人’，是说认清是谁对谁说的，就是写说者和读听者的关系。如读听者为文学青年还是一般群众之类。第四个‘何地’，是说认清写说者当时在什么地方：在城市还是在乡村之类。第五个‘何时’，是说认清写说的当时是什么时候：小之年月，大之时代。第六个‘何如’，是说怎样地写说：如怎样剪裁，怎样配置之类。”

如果教师把陈先生的“何故、何事、何人、何地、何时、何如”当成知识教给学生，那教学也就失去了意义。但是，如果我们创设一个生活情境，让学生把语文学习中所学到的各种知识在生活情境中进行运用，那学

生获得的就不止是这六点知识了，还包括语言的内在规律和运用语言的能力。这就是我们探索“家长助教语用教学”的意义所在。

三、家长、社区助教：语文课程的极大资源

家长、社区助教是利用家长的职业优势和社区的优势，把家长、社区成员请进课堂或是让学生走进家长的工作场所、社区活动场所，为学生打开新视野，让学生在学校不能提供的生活情境中，在与家长面对面、与社区环境融合的会晤中，进行说与写的实践，在实际的生活情境中使用课本中学习到的知识，进而获得语文能力的提高。

家长、社区助教，是语文课程的极大资源。

且不说不同的家长有不同的才艺，单就职业而言，就有很多。而家长的职业内容，学生能知道多少呢？不是学生不想知道，而是没有途径、没有机会了解。家长也没有让孩子了解自己职业的意识，甚至觉得没有必要让孩子知道。假设一个班50位学生，少说有100位家长，打个折扣至少有50种职业，那就是50场精彩的讲座，教师若不加以利用，这么好的教育资源就被浪费了。

同样，社区结构复杂，每个结构组织都有自己的主管内容，有些内容是很适合学生参与的。为充分利用家长、社区资源，更好地促进学生的发展，我们把家长、社区助教与语文教学相整合，探索“家长、社区助教语用教学”，这实际上就为学生应用课堂所学知识搭建了一个很好的平台。

四、家长、社区助教语用教学模式的建构

家长、社区助教语用教学模式的建构，是让学生在家长或社区领导的帮助引导下进行语用实践，请家长、社区代表进课堂当老师，或学生到家长提供的场所、社区场所进行实地考察、采访等学习，由这一活动引出数次的语文实践活动，让学生依每次的“场景”而用语文。例如，请一位开馒头店的家长开展“馒头的制作过程与技术”主题课，语用教学如下。

（1）班级想请同学们的父母来上课，我们班同学的家长，各行各业都有，请谁的家长来上课呢？大家先议一议，然后请几个同学向全班同学推

荐。（口语交际语用）

（2）在这几位家长中，最先请谁的家长呢？请写推荐书，谁写得最好，就先请谁推荐的家长来给大家上课。（应用文写作语用）

（3）我们不能口头叫家长来，要有礼貌，应该写邀请函。（礼仪教育，应用文写作语用）

（4）第一位家长讲的主题是“馒头的制作过程与技术”。我们要准备点这方面的知识，上课时才能听懂，有相应的知识才可以与家长互动。（学科融合语用）

（5）家长上课，同学们听课做记录。（语文与其他学科整合学习）

（6）教师提议，家长在百忙中抽空来上课，不容易，我们要不要有所表示，怎么表示我们的感情？（写感谢信，应用文写作语用）

（7）几天后，教师提议，上次某同学的父亲手艺真好，我们要不要去他店里参观，实地看一看，并选代表采访他一下？怎么去呢？这么多人都去吗？同学们策划一下。（实际生活语用）

（8）某同学的策划书写得最好，我们就按他的策划行动，实地参观、采访。（口语交际语用）

（9）活动结果安排：一些同学写关于馒头制作过程与技术的说明文，一些同学写实践活动过程的作文，一些同学写采访作文，一些同学写活动报道通讯。（生活写作语用）

……

如此，围绕一次活动，就可以有数次的语文运用活动。开始的活动流程由教师策划，到后来则完全由学生策划，邀请家长这件事也由学生去沟通。教师在课程的设计上，就“家长助教”又设计出几种不同的类型：明助——职业进教室；趣助——才艺进课堂；暗助——作文进家庭，家长是在不知不觉中协助学生完成作文的；赞助——家长提供场所，让学生有职业体验；“协助”——学生自主当家，协助父母完成一次助教活动。不同的助教类型虽然有着不同的特色，但都有着同一个目标：给学生提供语用平台。这一平台对中学生应用语文课堂里所学的知识是有很大意义和实际效用的。

五、家长、社区助教语用教学的优势

家长、社区助教语用教学的优势，在于为学生创造了一个真实的言语使用平台，完全改变了课堂模拟式的假设运用，让学生把真情实感注入情境中，从真实的生活应用中认识到语文知识的有用性，认识语文学习与运用一体的过程。

（1）学习场中注入了新的元素刺激。家长及家长带来的授课内容是新奇的，新元素能激起学生更大的好奇心、兴奋感，好奇心与兴奋感会调动学生更大的积极性。

（2）家长助教语用平台更有语用的氛围。家长所教并不需要考试，学生的学习重点不是识记家长传授的知识，而是感受，或是表达自己的理解。学生的学习重心不同，调动场内的要素也就不同。

（3）家长助教语用教学，场所是移动的。有时在教室，有时在某个公司，有时在商店，有时在工厂车间，有时在同学家中，只有部分学生参与。不同的物理环境影响着学生的心理环境，构成很好的语用教学氛围，而且整个过程注重把所学知识进行应用实践。如让学生去协调活动时要用的车辆，让学生去协商需要的活动场所，让学生去借摄像机等。这些需要学生独自与他人交际的活动，是最好的语用平台，为达到自己的目的，学生必然要使出浑身解数，交流沟通时也会注意自己的体态和语调，规划自己说话的步骤与表达话语的层次等。

（4）由于学生的活动交流是面对家长的，每次活动也是有一定目标的，能让学生真实地感受到语文的作用，学生依当时情境和所学习的内容调用平日课堂所学知识进行交际，完全没有造作感、演戏感。

（5）书面语用的各种内容如邀请函、推荐信、欢迎词、主持串词、感谢信、活动策划书等都不需假想练习，而是要真正的交际应用，这能让学生真正感受到学习语文的好处。

（6）在口语交际中，当学生听到同伴出口成章、表达得体、交流结果有效时，其心理场必会受到调节改造，从而主动地去学习语文。

六、家长、社区助教语用教学的教育学意义

1. 家长、社区助教语用教学符合语用学理论

语用学是研究在特定情景中的特定话语，研究如何通过语境来理解和使用语言。语用学因其本身的目的性和价值性而不同于语法研究，它是关于人类语言本身的研究。在语言的使用中，说话人往往并不是单纯地要表达语言成分和符号单位的静态意义，听话人通常要通过一系列心理推断，去理解说话人的实际意图。语用学是专门研究语言的理解和使用的学问，它研究在特定情景中的特定话语，研究如何通过语境来理解和使用语言。

这一理论告诉我们，要提高学生的语用水平是需要有特殊“场所”的，而课堂语用教学偏弱不是因为学生只学习教材，只顾理解、内化或记住知识，而是因为：语文学习习惯让学生以记忆知识为重；考试分数的重要性让学生以记忆知识为重；教师课堂的发问（创设的语用情境）让学生习惯于等待问题，继而思考，师不问生就不想；固定班级里的固定面孔，让学生对周围环境早已失去了敏感性，进行语用时几乎不需要对环境与心理的驾驭能力，只重问题本身。

而引进家长助教，则打破了学生原有的课堂学习模式。语用情境中出现了新的元素，打破了原先场的平衡，原先各种假设性的口语交际或书面交际，都变成了真实的语用过程，哪怕是在网络上与同学的家长交流，也极大地刺激着学生的内心紧张度，学生必须智慧地、妥贴地发言，一边进行交流一边还要审视自己的表达，对自己的语用过程进行监控，这时语用的“何故、何事、何人、何地、何时、何如”等“六何”便在实践中发挥着作用，而这种作用是自然到来的，是场中各种要素刺激的结果。这也正符合语用学指出的：人们的正常语言交流总离不开特定的语境，这里的语境包括交际的场合（时间、地点等）、交际的性质（话题）、交际的参与者（相互间的关系、对客观世界的认识和信念、过去的经验、当时的情绪等）以及上下文。语境直接影响着人们对话语的理解和使用。换言之，要判断某些具体的言语行为是否得体须依据其使用的语境，离开了语境就会使判断本身失真或失去意义。

2. 家长、社区助教语用教学符合学生的学习心理

把学校所学与生活应用紧密结合起来，改变了原先课堂的封闭性，等于给学生提供了一个新的学习场，在家长面前，学生会重新定位自己的角色。陌生家长的介入，能够产生陌生心理效应，学生的学习热情高于平时的学习热情，每个学生都想得到讲课家长的认可或想在新环境里得到同伴的认可，于是会谨慎对待自己的语言应用，会自觉地监控自己的表达，语文能力就在这个过程中得到了训练。

如去邀请家长上课，或是协商到家长所在的工厂参观，到社区活动工作室参观、体验，学生就得思考怎么说才能顺利达到目的。有些家长会因为没有信心上好课，婉言谢绝，该如何应对呢？自己有什么优势可以说服家长？是当面言说好，还是写纸条好？是先写后说好，还是相约网上交流好？这样的矛盾冲突最能引发学习的张力，是最好的语用平台。

因而在实践过程中，我们常常验证着心理学家所说的现象："从一个能动心理情境发展起来的，这个心理情境的特点是一个人想做某件事情的欲望。"语用过程在语用情境中获得最好的展开。实践中，从学生越上"助教语用课"越爱上的情形看，也可以肯定这一点。

3. 家长、社区助教语用教学模式构建让教师成为语文课程的开发者

吴刚平教授说："与纸质印刷时代的要求相适应，教材一直是我国学校教育的主要课程资源，以至于人们常常误以为教材就是唯一的课程资源，一提到开发和利用课程资源，就想到要订购教材，或者编写教材，甚至进口国外教材。"从课程资源的开发主体来看，主要依靠的是少数专家特别是学科专家。语文教师在实际的教学中是什么？仅仅是一个执行者，有些甚至是不给力的执行者，这是不符合语文课程标准要求的。

而如果教师能成为一个协作者，与家长协作，把家长资源引入自己的语文教学中，就能构建一个系列的助教课程，不仅对自己的语文教学是一种补充，还能把学生引向更为广阔的天地，让学生学到教材中没有而又与自己生活密切相关的内容，更可贵的是，在这一系列活动中，学生能充分把从课本中学到的知识进行有针对性、有目的性的运用，从根本上提升自

己的语文能力。

最后，构建家长、社区助教语用教学平台也是对课标要求的落实。语文课程标准在“努力建设开放而有活力的语文课程”中指出“应密切关注现代社会发展的需要，拓宽语文学习和运用的领域”。因而教师开发课程资源也是教学的必须。

第二节　从为“积累”而教到为“应用”而教

一、为“积累”而教学

什么是教语文？长期的实践告诉我们：教语文就是手里拿着一本封面写有“语文”两个大字的课本，走进教室给学生讲析课本中的一篇篇课文。学语文的目的是什么？掌握祖国的语言文字，积累语文基础知识，学会写作、阅读。那么实际的效果如何呢？

课堂里学到的、积累的语文知识，到课外、到生活中很少应用或无法应用，甚至根本就不用。如教师引导学生分析课文，一遍一遍地读，教学结束时有些学生可能已经读了二十几遍，少的也有五六遍，可是回头想想，课外阅读时，哪个学生会把一篇文章反复读十多遍呢？又如，课堂上教学某篇课文的某个关键词如何如何重要时，教师反复引导学生揣摩，课后哪个学生会主动地在生活应用中，为某个词耗上十几分钟呢？再如，教师反复强调要把课文要求背诵的段落背下来，学生背下来了，然而生活中哪里可以用上这些背诵的内容？学习语文重在积累，积累起来的知识有何用？除了应对检查和考试外，很少有学生能把积累的知识用到生活中，可以说，学生在日常生活中基本上是不用课本所学内容的。

语文课程标准强调：“语文课程致力于培养学生的语言文字运用能力，提升学生的综合素养，为学好其他课程打下基础。”而实际上，很多记性不好的学生虽然语文学得不太好，可是对数学知识却理解得很快，对历史也很感兴趣。这是为什么呢？

课堂上教师把课本中几个单元的作文都教了，如果一些学生没有“吃夜草”，在生活中依然是不会写作的。比如，在生活中你让一个孩子或成人写《我最熟悉的一个人》，他会觉得你很无聊。同样，你给一个人一本书，然后告诉他认真读，读上五六遍后找出关键词并体会这些关键词有什么重要的意义，我想这个人一定会觉得你烦得透顶。

这些事实告诉我们，语文课堂上教师讲的内容，在生活实际中十有七八是不用的，有些可能一辈子都用不上。既然如此，我们为何还要这么教学？因为我们是在为积累而教。语文教学重在积累基础知识，积累了基础知识就可能为将来进一步学习做好准备，也可以应对当下的考试。这就造成了阅读教学的空泛性。

写作呢？实际状况是学生只要掌握一点写的技能，能巧妙地编出文章就可以得“优”了。只要注意就会发现，几乎所有的习作公开课都在教写作技巧，教师创设情境引导学生怎么观察到位，这里的“怎么观察”就是写作技巧；引导学生怎么表达，这里的“怎么表达”也是写作技巧；教给学生写作方法的迁移，这依然是写作技巧。教师恰恰忘记了最为关键的是为什么会有这个情境，这个情境跟生活有什么关系，该怎么去发现生活中的写作素材。因此，学生会写课堂上的作文，会写教师布置的作文，却不会写涉及自己生活经历的作文。这就说明在我们目前的教学中，学科语文与生活语文是分离的，生活语文重在对语言的应用，而学科语文重在对课文的理解与对词语的积累。两者的联系是不自觉的，是偶然的，要机缘巧合才能用上。

为积累而教学，语文就是一门学科，一门只限在教室里学习的学科，根本无法实现语文的真正定位——工具性应用学科。

语文课程标准中说：“语言文字是人类最重要的交际工具和信息载体，是人类文化的重要组成部分。语言文字的运用，包括生活、工作和学习中的听说读写活动以及文学活动，存在于人类社会的各个领域。当今世界，经济全球化趋势日渐增强，现代科学和信息技术迅猛发展，新的交流媒介不断出现，给社会语言生活带来巨大变化，对中华民族优秀传统文化的继承，对语言文字运用的规范带来新的挑战。时代的进步要求人们具有开阔的视野、开放的心态、创新的思维，对人们的语言文字运用能力和文化选择能力提出了更高的要求，也给语文教育的发展提出了新的课题。”但现实中的教学依然是穿新鞋走老路，语文教学依然囿于课本上、教室内，依然是为积累而教学，不走出课本，不走出教室，语文得以应用的空间与机会是很少的。

积累再多不应用，所学知识也是死的知识，死的知识只会成为人的累赘。因此，要真正落实课标精神，即“时代的进步要求人们具有开阔的视野、开放的心态、创新的思维，对人们的语言文字运用能力和文化选择能力提出了更高的要求，也给语文教育的发展提出了新的课题”，我们必须要探究新课题——语用教学。

二、为应用而教学

教师要做到从学科走向课程。

没有课程观念，教师眼里就只有课本，只教课本的结果便是学生积累了一大堆的知识却不知用在何处，不知怎么运用。有课程观念，教师眼里就会有学习的对象——学生，就会知道所教的一切知识都是为人的生活服务的，知识不是用来收藏而是用来解决生活问题的。

（一）从学科走向课程，教师的教学方式发生了改变

从语文学科走向语文课程，教师在教课本时就不会以本论本，在教学一篇课文时就不会只限于对一篇课文进行具体的一事一人的分析，而会把一篇课文同相似的几篇联系起来，把从当前课文里积累的知识运用到另一篇课文中去。这样一来，学生刚学会，就开始了应用，无须等到积累了很多才开始试着应用。

这就是课内外相联的群文阅读。将几篇相似的文章放在一起，同时呈现给学生，让他们在阅读中发现相同与相似，比较不同，加以评论，积累的同时就在应用。有时是让学生把同一作者的几篇同类文章放在一起阅读，相串表达，让学生在应用表达中获得学习的乐趣。

这不同于我们的单元组教学。单元组的教学是教师用三、四课时精教一篇课文，学生读上二十多遍，到略读其他课文时教师依然给提纲、给问题，牵着学生去读，其实学生根本没办法把精读中的知识用到略读中，因为单元组教学中教师的目标依然是通过教学使学生有什么收获、得到什么积累。而群文阅读中，教师的目标是通过教学使学生明白自己会应用什

么、已应用了什么、还需要应用什么。用台湾学者吴敏而的话说，课本单元组的教学是培养学生，而群文阅读的教学是培养读者。培养目标不一样，教学的内容与方法就跟着不同了。

（二）从学科走向课程，打破了学科的界线

语文是基础学科，是工具学科，学习任何学科都会用到这一工具。既然学习任何学科都会用到语文这一工具，为什么不能主动地把语文课中学习和积累的知识拿到其他学科中牛刀小试呢？这就是课程意识了。

语文作为母语学科，无处不在，最有条件创生语文课程内容。朱传世老师说："创生语言课程内容的关键是整合。"还说："语文老师要善于引入一些现实问题，创生语文课程的内容，进行立体对接。"整合的关键是教师能否想到整合的核心。

（1）学科整合。

朱传世老师介绍"语数打通，整合课程内容"时，提出要以数学思维学习语文——提取已知条件，用数学逻辑解答问题。张爱民老师举过一个学生写作"思考问题"的例子。已知：数学试卷 3 张，语文试卷 2 张，自然试卷 1 张，英语试卷 2 张。求：是否能在当天眼皮打架之前做完？回答这一问题，实际上就是写一篇作文，这就是非常好的整合案例。

（2）语文验算整合。

语文"验算"现代文阅读信息：先对文章的指向信息进行认定，划定文章的阅读信息区，接着将散见于阅读信息区中的相关信息提炼出来，经过整理、组合将信息串联，最后组成有效答案——这就是现代文大阅读对信息进行筛选、提取和整合的全过程。与此同时，在这个过程中，还时常要有一个"再论证"的过程，也就是相当于"验算"，是对思路的核准，再次确认思路的合理性，然后还需要完成一个语言转换的过程，把自己对文章的理解，从符合题干指向角度，用简明、连贯的语言表达出来，最后成文。

（3）成语大换算。

（一）日（千）里÷（百）炼成钢＝（一）目（十）行。验算：1000÷100＝10。故而：

1.（ ）光（ ）色×心无（ ）用＝（ ）折不挠。

验算：________________。

2.（　）心（　）意+（　）肢发达=（　）姑（　）婆，

验算：________________。

3.（　）板（　）眼+不（　）法门=举（　）反（　）。

验算：________________。

4. 丢（　）落（　）+（　）步登天=（　）（　）成群。

验算：________________。

5.（　）从（　）德+（　）鼓作气=（　）年（　）载。

验算：________________。

6. 推（　）阻（　）-接（　）连（　）=（　）言（　）行。

验算：________________。

7.（　）体投地×（　）窍生烟=（　）令（　）申。

验算：________________。

8.（　）石（　）鸟×退避（　）舍=（　）头（　）臂。

验算：________________。

答案：

1. 五光十色、心无二用、百折不挠。

2. 三心二意、四肢发达、三姑六婆。

3. 一板一眼、不二法门、举一反三。

4. 丢三落四、一步登天、三五成群。

5. 三从四德、一鼓作气、三年五载。

6. 推三阻四、接二连三、一言一行。

7. 五体投地、七窍生烟、三令五申。

8. 一石二鸟、退避三舍、三头六臂。

这些都是非常好的整合语数创生课程内容的良好开端，给人的启示是极大的。

（三）从学科走向课程，把课本与生活紧密结合了起来

从学科转向课程的第三个方面就是要把课本与生活紧密结合起来，让语文应用于生活，让语文为生活、为具体的人的发展服务。在生活中用语文，写作就是最佳的途径之一，如以写作为核心整合生活问题与社会问

题，最易创生语文课程内容。社会上的许多问题、生活中的许多现象，表面看起来都与我们的语文教学无关，可是通过习作实践，社会问题与生活现象就会因为学生的习作思考与习作成果而成为语文的课程内容。例如，世界金融危机与我们的语文教学没有任何联系，有些学生却针对这个现象提出了自己的疑惑：为什么美国一家银行倒闭会引发全球性的金融危机？这一问就有了契机，教师可以引导学生去查阅资料，让学生阅读后写出自己的思考，然后在班级交流讨论，这一话题自然就成了语文的课程内容。

对于日常生活中许许多多的现象，只要学生有好奇心，教师就可以引导学生进行调查、访问，整理材料，写出实践性报告，这些现象就与学生的习作成果同时构成了语文的课程内容。例如，孩子与父母顶嘴现象的调查分析。据家长反映，许多孩子升入四、五年级后，在家里非常容易与长辈顶嘴，这让他们很烦恼。为了让家长和学生正确认识这一现象，教师可以引导学生对这一现象进行调查、分析、写作，并在班级进行讨论，最后，每位学生对讨论后的结果进行再一次写作，得出一个比较客观的认识并与父母交流。这样的学习，学生的兴趣远胜于平时，这样的写作比让学生写课本上的作文更有效果。

总而言之，学习语文是为了积累知识还是为了更好地在生活中运用，是为了考试还是为了个体的成长，关键在教师。虽说学生是学习的主人，但是，哪个学生敢不听教师的教学？哪个学生能够把语文自觉地同各个学科联系起来，把学美术、学音乐诉诸文字，达到艺术共通共享？生活中这样的学生少之又少，更多学生是一切行动听指挥。如果教师只会盯着课本，就不会有多少学生能走出课本；如果教师没有课程意识，学生就不会把语文扩大到生活的各个领域去。所以，为用语文而教学，教师的责任重大。

第三节　家长、社区助教是运用语文的绿色通道

着眼于综合性学习的语文教学观，让教学长期以来都被限制在学校教室内，也让教学成了一种训练教学，一种为了积累知识以备将来运用的教

学。而所谓的"将来"差不多要等到高中毕业以后，如此漫长的积累期，其效果可想而知。而语文学科恰恰是运用性学科，具有综合性的特征，是要在实践运用中才能发挥作用的。因此，作为教师一定要有综合性的实践运用教学观，为学生开辟运用语文的新教学思路。

语文涵盖生活，学校里的语文课堂仅仅是语文学习的一角。在教室里学语文基本上是在引导学生进行阅读训练、写作训练，是在积累，而不是在应用。长期积累起来的语文知识、语文技能、语文能力因为没有运用场所，到真正运用时效果往往不佳。张中行老师曾说，课堂是语文教学好的练功办法，练功是为了运用，而运用则不限定在功成之后，也不应等到功成之后。最好是一面练，一面用，将课堂与外界结合，就可以事半功倍了。

一、备用学习与运用学习的心理分析

备用学习是练基本功，是积累知识，尝试应用。因为不是正式的应用，只是假设性的运用，学生在备用学习中的心理与在真正运用学习时的心理会有所不同。

(1) 备用学习时会放松心态，不惧试错；运用学习时会心理拘束，担心出错，从而收敛异想。

备用学习总是在课堂上进行的。教室门一关，都是多年的同学，错就错了，学生也不会觉得太丢人，所以大家敢于大胆尝试，其想象不会受太多约束，课堂发言或提笔写作时也不会因有心理压力而畏首畏尾，即使是闹了笑话，学生不会有太多忧虑，所以在训练中放得开，效果反而好。

运用学习时学生会产生心理拘束，会因担心出错而收敛异想。要把过往所学用到生活中去，是真的上战场而非模拟，学生心理上会拘谨，发言、写作用词时都会有一定的顾虑，往往会限制思维的发散性而求稳定、求正确，往往难有出乎意料的创新效果。

(2) 备用学习时学生态度不会太慎重，不会精益求精，大有过得去就行的心理；运用学习时，学生不得不求慎重，非把最好的呈现不可。

备用学习时，学生会认为反正都只是练习，都是教师听阅评价，就很少会有特别慎重的心态，他们只求完成任务就行。

运用学习时，由于时空改变、对象改变，学生学习时有一定的心理压力。一想到要在陌生人面前发言，想到写出的作品要给某个陌生人阅读或是要给更多的陌生人阅读，就不免慎重，尽力地展示出自己的最佳水平，学习也就严谨起来了。

由此看来，语文学习需要备用学习与运用学习相结合，才能达到更好的教学效果。因此，教师要为学生开通运用语文的绿色通道，让学生通过运用来提高训练效果。

二、怎么开通用语文的绿色通道

（1）拆掉教室的“门”，把课堂学语文与日常用语文相结合。

走进教室，大家的头脑里就装进了训练学习的框，只记得练习基本功，积累知识，语文学习就成了为将来而准备的备用性学习。学生的学习意识与学习方式全都是为训练学习服务的，等到真正运用时，许多的已有积累都废弃了。如果教师在自己的意识里能拆掉教室的“门”，把学习语文与日常的家庭生活结合起来，让学生及时地把课堂所学用到生活中去，那么学生不仅可以一边积累一边运用，巩固课堂所学，还可以扩大课堂所学。

如让学生应用语文和父母一起商定家庭协议，写作《我与爸妈的约定》，这个协议不用交给教师，而是贴在家里供家庭成员共同遵守的，这是让写作成果在生活中产生效用。又如，让学生为家里写对联、设计家庭广告，写父母职业介绍书，或是让学生写自己的需求申请报告。再如让学生每年都写家庭计划，写家庭年终总结。在这个过程中，父母就是孩子的评价者，学生可以把语文课堂所学运用到家里去。

（2）拆掉教室里只有教师站讲台的“思维墙”，让家长成为助教教师。

课堂上只有教师和学生，学习内容仅仅限制在课本上或训练上，这样的语文学习的空间是狭窄的。教师要是能拆掉教室里站讲台的仅仅是教师的“思维墙”，要是想到还可以请学生的家长站讲台，那学生的语文学习内容就会变得丰富多彩，学生的学习状态也会从备用学习转成运用学习。因为请家长当助教教师，助教教师讲的内容不是课本中的文章，而是生活中的文章，是生活大书、实践之书，对学生更有吸引力。要读懂生活之书，就得用上平日所学，语文运用就开始了。

课堂上与家长的互动和平时与教师的互动是有差异的，要处理好这个差异就要通过语文知识来解决；学生的学习效果要呈现给家长看，这对学生而言就不只是训练了，而是语文在生活中的运用。学生只要转变心态对待学习任务，运用就与备用紧密结合了，学习效果从实践上看是非常好的。

（3）拆掉校园的“门”，让学生走进家长园地和社区园地用语文。

语文学科的特殊性，决定了我们到生活中去学语文和在课堂里学语文一样重要。学生在课堂里待久了，一旦走进助教的公司、工厂、小摊、小店等，走进社区基地、社区活动场所等，他们的学习热情会大得多，运用语文的欲望也会高得多。

比如，社区有心理辅导站，让学生到心理辅导站体验生活，就是很好的用语文的机会。首先这个活动对学生的吸引力极大，学生参加的热情高，这种情况下让学生写什么、说什么他们都会全力以赴。教师可以让学生写申请书，向学校提出申请，向社区心理辅导站提出申请；可以让学生和学校定协议，和社区定活动协议；协议确定后，可以让学生设计活动方案，写出活动策划书，写出策划过程等。这样一来学生就能用上日常所学了。又如，学生进入社区体验盲人与聋哑人的生活。社区有个特别的活动场所，让扮作聋哑人的学生扶扮作盲人的学生走路、越障碍、穿花园、走楼梯，让学生写下过程与感受，学生正好就用上了平常备用学习中积累的各种表达手法。活动结束后可以开展活动交流会、辩论会、总结会，让学生先写出发言稿再进行交流、辩论、总结，学生再次分享活动体验，最后向学校汇报，展示活动成果。这一过程，都在用语文，这样的应用给学生留下的记忆是深刻的。

三、开通运用语文绿色通道的策略

如果整天把学生禁锢在教室里，学生运用语文的时间和空间就会非常有限，他们进行更多的只能是备用训练。开通运用语文的绿色通道需要教师有运用语文的教学观念，有新的语文教学理念，有新的教学策略。在新理念的指导下，任何一种新的教学观念都可以在实践中找到与之相匹配的操作策略与模式。这要求教师教学时不能只盯训练，而要开拓教学的空间，即要大胆地打开教室之门、学校之门，为学生开拓更为广阔的学习空间。

（1）模拟应用策略。

这是指教师在课堂上可以通过情境的创设、角色的扮演，模拟运用语文的教学情境，让学生虽然是在进行训练性学习，却有着运用的意识，为用语文而学。方法上教师可以尽可能地多上公开课，公开课也是学生运用语文的好场地，可以让学生把积累的知识展示出来，这也是一种较好的运用。当然模拟情境尽量设置成自然情境，所谓自然情境就是，对教师而言是模拟的，但学生不知这是教师有意创设的，会认为这是课堂里自然发生的情境。当然，课堂上这样的情境是有限的，在一般情况下，情境的模拟较明显，这其实也不要紧，关键是教师要在情境中发挥引领作用。

（2）大胆创新。

教师要充分利用家长资源、社区资源，创造学生运用语文的学习时机。教师可以通过家长会、家访、家委会会议，同家长沟通，给家长开设以“助教的意义”为主题的讲座，让家长认识到用语文与学语文同等重要，甚至更有利于孩子的成长。当家长接受了教师的教学新观念，同意承担助教任务时，运用语文就能很好、很顺利地开展起来了。同时，教师还要与校长沟通，由学校或教师自己出面与社区联系，洽谈社区、学校合作的共赢事宜，让社区领导同意为学校打开学生实践的大门，这样学生就能参与更多走进社区的语文实践活动了。

（3）大胆放手。

当教师与家长、社区联系好之后，接下来就要把学生带上，让学生自己去经历将要展开的活动的每一个环节，让他们自主策划活动的具体事项。在这个过程中，教师只做推手和指导者，要充分相信学生的能力，让他们自己去策划、组织、安排活动。在每一环节中教师都只需提醒怎么用语文，让学生真正参与到活动中去，教师做一个评价者去促进学生的进步就可以了。

开辟运用语文教学的绿色通道，其实也不复杂，最关键的就是教师要有新观念，要理解课程标准中说的：“语文课程是实践性课程，应着重培养学生的语文实践能力，而培养这种能力的主要途径也应是语文实践。语文课程是学生学习运用祖国语言文字的课程，学习资源和实践机会无处不在，无时不有。因而，应该让学生多读多写，日积月累，在大量的语文实践中体会、把握运用语文的规律。”教师理解了这段话的内涵，才能真正地实现语文的运用功能，而不会一直封闭在课堂里进行备用教学。

第四节　依据课标对各阶段综合性学习的目标要求，建立梯度助学模式

一、课标对各阶段综合性学习的目标要求

（一）低年段

（1）对周围事物有好奇心，能就感兴趣的内容提出问题，结合课内外阅读共同讨论。

（2）结合语文学习，观察大自然，用口头或图文等方式表达自己的观察所得。

（3）热心参加校园、社区活动。结合活动，用口头或图文等方式表达自己的见闻和想法。

（二）中年段

（1）能提出学习和生活中的问题，有目的地搜集资料，共同讨论。

（2）结合语文学习，观察大自然，观察社会，用书面或口头方式表达自己的观察所得。

（3）能在教师的指导下组织有趣味的语文活动，在活动中学习语文，学会合作。

（4）在家庭生活、学校生活中，尝试运用语文知识和能力解决简单问题。

（三）高年段

（1）综合性学习主要体现为语文知识的综合运用、听说读写能力整体

的发展、语文课程与其他课程的沟通、书本学习与实践活动的紧密结合。

（2）综合性学习应强调合作精神，注意培养学生策划、组织、协调和实施的能力。

（3）综合性学习应突出自主性，重视学生主动积极地参与，主要由学生自行设计和组织活动。

（4）特别注重探索和研究的过程。提倡跨领域学习，与其他课程相配合。

二、依据课标的目标要求，建立梯度助学模式

（1）三年级综合性学习模式：模拟生活式。以学校为主，从书本走向生活。

主要活动：三年级上学期——看情境说情境，演情境叙情境。三年级下学期——演情境议情境，创情境评情境。如晨起、数学课堂、自然课堂。

（2）四年级综合性学习模式：观察—体验式。以家长进课堂为主，将生活引进课堂，让课堂走向生活。

主要活动：四年级上学期——他主观察，他主体验。四年级下学期——自主观察，自主体验。如家长教学包水饺，体验包水饺；回家自主观察家庭美食，主动实践做美食。

（3）五年级综合性学习模式：参与实践式。参与家庭、社区活动，把书本知识用于生活。

主要活动：五年级上学期——学策划，参与家庭活动。五年级下学期——试策划，参与社区活动。如在家庭中学习接物待人，参与家庭工作；在社区里学习接物待人，参与社区活动。

（4）六年级综合性学习模式：问题解决模式。以解决家庭、社区问题为核心展开学习，把生活与学习密切联系起来。

主要活动：六年级上学期——为老师、同学或父母解决问题。六年级下学期——为生活、社区解决问题。如制作家庭广告、进行社区宣传、进行闲暇策划等。

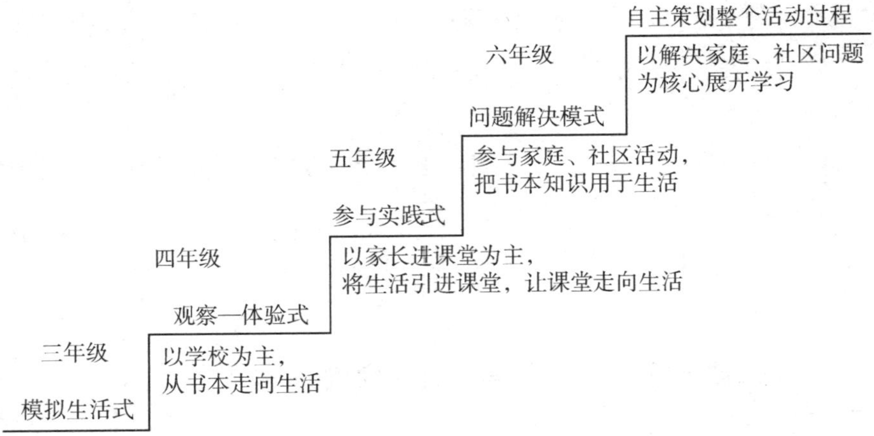

第五节　对国外社区语文综合实践学习的借鉴

没能亲临国外实践，只能参考相关文献。国外的社区助教情况，可引用赵玉如老师的文章《美国中小学管理者的重要工具——社区服务》来阐述。

一、社区服务的意义

（一）社区服务巩固了课堂教学的成果

首先，社区服务为课堂教学提供了一定的知识和能力基础。学生在学校学到的知识既有分科的，也有综合的。社区服务为学生提供了一个实践的机会，他们可以运用所学的知识去解决现实中的各种问题。在问题解决过程中，学生进一步加深了对所学知识的理解，了解了所学知识的意义，并且对学习新知识产生渴望。由于问题的复杂性，它往往要涉及多学科的内容，需要对所学知识进行整合，因此锻炼了学生的归纳、整理以及独立解决问题等多种能力；又由于丰富的内容，因此进一步激发了学生学习的兴趣。

其次，社区服务为教师和学生提供了反思的机会。美国学者盖瑞·菲利浦（Gary Philips）通过研究发现：知识在大脑中的保留与学习中受到刺激的感官有着密切的联系。他进一步指出：我们能够记住10%我们听到的，15%我们看到的，20%我们看到和听到的，然而，我们保留了60%我们做过的，80%带有反思性的、主动完成的，90%是我们教别人的。由此，我们可以看到反思对于提高学习效果的重要性。而反思是社区服务的一个重要组成部分。如果我们要使在校学习的学生有所提高和发展，我们就要为他们提供实践的机会，提供对经验进行反思的机会，使他们参与到学习—行动—反思这一不断循环的过程之中，从而获得更多的成功。

再次，标准和评价是美国所有学校开展这类教学的两大关键。由于社区服务是根据地方和学校的具体情况来开展的，因此容易根据个别州或地区标准来进行调整。社区服务不仅为学生提供了展示动手学习的机会和场景，为学生和教师提供了一个极好的评价场所，而且提供了对学生进行评价的服务体验的书面材料。

最后，养成良好行为习惯是重要的。要成为一名合格的公民，学生（特别是高中生）要学会如何创造、评价、批判和改变事物。目前美国大多数学校的改革都特别强调提高学生的批判性思维能力、广泛地交流思想的能力，并能够在更为复杂的情景中解决问题的能力，而不再仅仅是记忆和重复所学内容。社区服务在学生知道什么和能做什么方面提供了学习的场景。它使学生陷入课堂以外的更为复杂的问题情境之中，促使他们把所需信息收集在一起去解决问题。

（二）社区服务注重学生个性和社会性的发展

社区服务在帮助学生发展成为独立个体和社区成员方面发挥着重要的作用。

在个体发展上，社区服务注重道德教育，强调帮助年轻人发展价值观。通过适龄的服务体验，发展个人自我价值的意识和能力，发展他们对学校和社区的责任意识。社区服务帮助学生把关注的范围由自我逐渐扩大到社区以及社区中的其他人。

在一个社区——或在全国范围内——社区服务能够增进人们对公民的理解，进一步明确公民的权利和责任。社区服务是一种非常有效的培养社会公民的方式，它使青少年参加一系列的活动，并在活动中逐步去承担一定的责任、享受一定的权利，最终成为合格的社会公民。在人际交往方面，很多社区服务的项目都为学生提供了合作的机会。正是社区服务帮助他们和社区之间建立了具体的联系，并使他们直接看到了对他人的关爱可以改变事物。在职业选择方面，管理者们还发现：社区服务为学生提供了一条新的择业渠道。

（三）社区服务密切了学校和社区的联系

社区服务可以满足学校和社区管理者的多种需要。例如，社区服务是学校与社区进行积极接触的一条重要的途径。通过接触并进一步建立伙伴关系，学校可以获得社区对学校活动项目给予的物力或财力上的支持。

学校—社区合作增进了彼此的了解，促进了沟通，从而使得合作双方受益。合作关系一旦确定，教育者和学生将会发现他们在以新的方式理解社区的工作；同样地，当社区成员看到服务是如何与学校学习联系在一起时，他们会经常对学校中正发生的一切有一种新的理解。这种理解进一步促使社区对学校在资金上给予更大的支持。社区服务把课堂和社区连在了一起。

社区服务还可以使学校和社区双方充分显示各自的优势，在需要的领域中相互支持。每所学校都有出色的教师和工作人员，他们可能对出现的特殊社区问题献计献策。社区成员和知名人士也可以帮助学校解决面临的问题。

二、中小学管理者经常被问到的问题

（一）社区服务有用吗

社区服务对于教育工作者、学生和社区成员都有着重要的意义，很多研究都对社区服务给予了充分的肯定。美国学者泰德·桑德斯（Ted Sanders）在2000年的研究显示：社区服务有助于学生巩固课堂所学的知识，掌握公民技能和培养公民态度。

美国国家教育统计中心在1999年的统计也证明了这一点。它认为社区服务对学生、学校和社区的影响主要表现在以下几方面。

（1）对学生的影响：社区服务使学生提高了学习兴趣，加深了对知识的理解，提高了交往能力、独立解决问题的能力、批判性思维的能力；学生的冒险行为减少了，出勤率提高了；增强了对他人、对社区的责任感，发展了学生的公民意识、社会责任感和公民技能；并且为学生提供了一条择业的新渠道。

（2）对学校和社区的影响：社区服务增强了师生间的交流与合作，形成了相互尊重、相互关心的良好氛围，密切了学校和社区的联系。

当学生通过服务活动与社区组织建立初期联系时，社区组织经常是受益者。学生会因能够为一个慈善机构或公民团体注入能量而受到鼓舞。

社区成员在服务活动中与学生进行接触。他们经常说他们开始用不同的眼光看待年轻人。他们看到年轻人在社区建设中发挥了积极的作用。由于学生对社区活动的参与，公众对学校的支持也在不断增加。

（二）社区服务与课程内容有冲突吗

一些人担心社区服务不是学术上的要求或者它占用了课程重要内容的时间。事实上，社区服务不仅是学术上的要求，而且会进一步丰富学生的学术知识。因为它为师生双方都提供了一个借助于学校或社区问题或需要来整合课程内容的机会。通过社区服务所获得的亲身体验经常使学生更专心于他们所学的内容，并且使他们对所学内容有了更为深刻的理解。

（三）对已经超载的老师是不是一种负担

社区服务不是一个额外的负担。相反，它为教师们提供了一个有效地、愉快地完成教学任务的方法。同时，它也为学校校长或其他管理者提供了一种支持教师进行创造性教学、协助他们建设自治团体的途径。

的确，要实施服务性学习，教师需要职业发展的时间，他们要学习如何把服务与课堂教学结合起来，如何在社区中来进行服务活动。大多数学校和学区工作者发现：在实施社区服务过程中，教师的时间投入和他们用于准备其他活动的时间没有区别。许多教师相信从社区服务中，学生们获得了特别大的收益，因此，他们认为时间和精力的投入是值得的。事实上，教师经常是社区服务最有力的支持者。

（四）当一些感兴趣的老师在整个学区内实施社区服务后，将会出现什么情况

对社区服务给予广泛的支持，这是最理想的。但是在很多地方，在刚开始的时候，往往是一些感兴趣的且勇于献身的教师在给予支持。当教师和学生看到社区服务的效果后，人们才开始广泛地谈论社区服务。通过社区服务，学生获得了有意义的体验，并发展了参与的意识和责任。这些带头的教师在开发与现有课程相配套的社区服务，并使其制度化方面做出了重要贡献。

（五）学校会要求学生必须参加服务于社区的社区服务吗

一些家长和其他社区成员可能认为，要求学生参加社区服务是不适宜的，因为它不在学校课程规定的范围之内或被理解为“强迫的自愿”。自愿和社区服务显著的不同在于社区服务要与课程整合，要求学生反思他们的服务活动。事实上，社区服务不是自愿的活动，它是一个审慎的教育策略，它主要是帮助学校完成两大主要任务：使学生达到高标准的学业要求和使他们成为合格公民。

大多数社区服务把在社区中开展服务直接和学校课程结合起来，或者提供自愿服务的机会。有些地区的学校要求毕业生完成一定的服务时间，如路易斯安那州的一个县从2001年开始要求高中生在毕业前必须完成60小时的社区服务，而芝加哥州要求高中生完成40小时的社区服务。至此还没有发生由于开展社区服务而影响学生毕业的现象。

（六）家长支持社区服务吗

家长的顾虑大都来自对社区服务的误解，他们把社区服务当成了校外的志愿者服务。事实上，社区服务经常发生在校内，如给同伴讲故事或和残疾学生一起学习。因此，尽快制定吸收有能力的成人和教师参与的政策有助于减少家长的顾虑。一些学区的成功经验表明：要监控学生的服务时间，允许学生根据自己的兴趣在一定范围内进行选择，并且规定服务的对象仅为非盈利的实体。

无论服务是在校内还是在社区，管理者、教师、其他学校和社区成员给予明确的支持是非常重要的。另外，家长的关注也是非常重要的。家长可以和学生一起去发现社区问题，并通过学校—社区合作来帮助解决问题。马萨诸塞州的胡德森（Hudson）公立学校在家长中展开了社区服务开展情况的调查。调查发现：家长就社区服务对学生的影响给予了充分的肯定。家长们普遍认为孩子的变化主要表现在3个方面：（1）他们开始以社区为自豪；（2）他们积极参与社区服务；（3）他们开始关心他人。调查的结果从一个侧面也反映出，家长和社区成员非常关注学校通过社区服务来促进学生社会性的发展。

三、管理者如何不断支持、加强社区服务

当社区服务成为学校教育一个有机组成部分时，它对于学校和社区建设将发挥重要作用。这里提供一些校长和督学支持并加强社区服务的方法。

（一）学区和学校领导为社区服务的开展提供政策支持

这主要表现在：

（1）开发一个用于解释和支持社区服务的学区政策框架。

（2）将社区服务的定义和文件纳入课程、教学、社区关系和学生活动的各种政策之中。

（3）允许社区服务的开展偏离传统的课程计划，使它具有一定的灵活性，如把几节课的时间集中在一起使用．

（4）检查当前各种教育政策，看是否有不利于开展社区服务的方面。

（二）学监帮助带路

有时，学监所起的最重要作用不是在具体的社区服务项目中，而是和他的同事一起扫清社区服务障碍并帮助那些实践中的人们。

在马萨诸塞州的胡德森学区，学监夏尔顿·伯尔曼（Sheldon Berman）先生认为教师在社区服务中起着重要的作用，他召集本学区的教师成立了一个社区服务领导小组。小组负责教师在职期间的培训计划，发放小的拨款项目，提供安全补助金，为每位教师提供有关社区服务的资料袋，并设计和监督本学区的服务性学习。伯尔曼担任了这个小组的组长。

社区服务领导小组受到了学区所有学校的支持。伯尔曼向校长们提出了要求：希望所有教师找到一个整合社区服务与课程的方法，试图在不同年级、不同学校之间使社区服务的开展具有连续性。另外，他也支持用课程时间来设计社区服务，并和当地学校董事会一起来保证对教师们的支持。伯尔曼的领导已初见成效，目前，在学区范围内已经把社区服务与课程整合在了一起。

（三）提供必要的人力、物力和财力资源

为社区服务建立一个专门的组织机构，在很多学区，都安排了学区协调者。学区设立社区服务基金，一些学区直接为开展社区服务项目的学校拨款，确保预算上的支持，包括运输方面。提供时间和专家见解来帮助获得补助金，从而为社区服务活动提供资金。学区为每所学校的图书馆提供社区服务的参考书和资源设备，为教师提供项目指导、各种想法和地方机构的名单。

（四）为教师提供各种支持与帮助

成立一个由每所学校代表组成的学区委员会，为教师们提供支持，为学区或学校计划提供指导。

完善教师培训制度。把研究性培训纳入教师的在职培训之中，举行定期的小组研讨和组织教师对社区服务的实践进行反思，从而使教师掌握如何在课堂上组织和开展社区服务。支持用课程时间去发展社区服务项目，鼓励教师把社区服务与学术知识的教学有机地结合起来。利用学区的课程研究会去促进跨学校和跨年级的社区服务交流，从而保证社区服务开展的连贯性和一致性。

为开展社区服务的教师提供少量的补助金，同时用各种课程基金支持社区服务的开展。在不同年级的教师中开展合作项目研究，使得全校的所有教师都可参与同一项目。开展互帮活动，使有经验的教师和第一次开展社区服务的教师建立互帮小组，使社区服务成为雇佣新教师的一项重要内容。为新教师提供一个社区服务的计划，并把社区服务作为年度评价教师的一项重要内容。

（五）争取州领导的支持

在州内，公布并奖励成绩突出的学校。奖赏出色的学校，一方面可以在州范围内提高研究社区服务的意识，另一方面使感兴趣的教育工作者和管理者知道向谁去寻求帮助。

把社区服务纳入学校课程改革之中。寻求并支持联邦和基金会对社区服务活动的资金支持。指派一名州范围的社区服务的协调人，和学区、教师教育机构一起去开发社区服务并为教师提供培训机会。支持有经验的社区服务教师在州范围内建立经常性的网络联系。

（六）建立合作

建立或保持学校与社区的伙伴关系。商界能够对学校与校外的学习项目给予支持。各种社会服务和健康机构的网络能够帮助协调社区服务活动。学校要充分发挥各种传播媒介的作用，如通过时事通信、讨论会等形式保持与社区的密切联系。与能够提供见习和志愿者的高等教育机构建立伙伴关系，来帮助学校组织和开展社区服务。在开展活动之前，向家长进行宣传，争取他们的支持。

（七）承认和庆祝

邀请政界人物，如州或联邦代表或参议员、城市议会成员、市长等参加学校的毕业典礼，向学生颁发服务奖品，并讲述有关参与公共服务的重要性。这既肯定了学区的计划、社区在教育中的作用，同时，对学校和学区也是一个强有力的支持。

通过学区时事通讯、出版物、当地新闻、董事会等途径介绍、展示社区服务的成果，对其参与者给予奖励。学校董事会要定期召开社区服务展示会。届时，也将邀请家长和社区成员参与。

第四章　家庭、社区中家长怎么助教

第一节　探索家长助教的教学形式

请家长当助教并不是要家长履行大学里助教的工作——为导师准备资料、整理文集、批改作业、偶尔上课等，而是开发家长资源，利用家长优势，为学生打开新视野，让学生亲近生活，学习从课本中、学校中无法学到的知识，体验学校当下不能提供的生活经验，让学生切实感受到作文的魅力。家长助教的具体形式表现为以下几方面。

一、明助——职业进教室

"明助"就是让家长清楚自己本次走进教室的目的是要给学生上课，要为学生写好作文提供帮助，要为学生讲授自己职业领域里的某项内容（或职业心得，或生活感悟）。

久居教室的孩子是非常渴望倾听学校外的大生活的，家长职业内容的融入，无疑给学生打了一剂兴奋剂。眼看家长上课的新鲜场景，耳听家长讲授的职业内容，学生的心里翻动着复杂的情感，这样的时刻就是习作的最佳时刻。

例如，请当警察的家长给学生讲解"警用八件套"，让学生观察并佩戴体验，留影纪念，学生印象深刻，感受颇深，所以写起相关作文来水到渠成。在一个学年里，我们请在香水厂工作的家长给学生讲授香水的成分与制作过程；请在化纤厂工作的家长讲授对布料的认识与识别；请在电厂工作的家长给学生讲授关于电厂发电与环境保护的知识；请在烧烤店工作的家长给学生上现场烧烤课……

这样的课堂内容丰富多彩，学生天天都盼着，因为不仅能看到在书本上看不到的东西，甚至还能在课堂上大饱口福、亲身体验，连写作文都变得简单多了。每一堂课都新鲜，学生对每一节课都充满了期待，这样的课堂，教学效果能差吗？

单单是听一节课写一篇作文，那还不算是综合课。请家长不是老师请，而是学生请，这才有意思。学生先要在班级里写推荐书，推荐自己的或自己熟悉的家长，全班再根据推荐书的优劣确定要选的家长，这就存在竞争，即推荐书写作能力的竞争。所推荐家长被选中的学生当然自豪无比，也会更加有自信；而所推荐家长未被选中的学生会反思，争取下一次的机会。如此，学生对写好推荐书也有了动力。接着是写邀请函，邀请函要直接送给被邀请的家长，这又是一个新的刺激。邀请函不是给教师批改，而另有阅读对象，所以学生写的时候会格外慎重。想邀请到家长，是要和家长进行沟通的，这又考验了实际生活里的交际能力，也是口语交际的实战应用。家长上完课后，学生要有礼貌，所以要给家长写感谢信，信要送到家长手上，这是应用文的再次应用。

所以，一位家长走进课堂一次，学生前前后后是要写多篇文章的，学生的语文实践能力能得到极大程度的锻炼。学生经历一个连续的应用的过程，自然觉得特别高兴，便不会害怕写作文了。

二、趣助——才艺进课堂

“趣助”与“明助”相似，只是助教的内容不同。“趣助”是以家长的才艺为课堂的授课内容，所以要请的家长必须有一定的才艺。

才艺课堂是艺术的课堂。如请做厨师的家长表演并指导学生进行花样拼盘；请搞音乐的家长（音乐教师或从事文艺工作的家长）到课堂上与孩子一起表演——母亲弹琴，孩子唱歌，爷爷表演书法……

才艺课堂亦是亲切的课堂。因为授课者是同学的家长，所以学生会感觉特别亲切，观赏与听讲过程中学生更能生发出不一样的感情，所以学生写出的文章是个性化的，这与到外面观看一场演出是不一样的。

当然，有才艺可以展示的家长毕竟不多，所以，助教课程可以以职业为主，以艺术为辅。因为节数少，会让学生有所期待，当学生将期待中所见的内容转化为习作时，效果自然不错。

三、暗助——作文进家庭

因为是综合实践课，课时量相对会大一些，所以，“明助”与“趣助”一个学期不可能很多，只能举办2～4次，而习作要取得良好效果，最好使之成为一种习惯。所以，在家长进学校之外还要有补充，我们采用了“暗助”法，即将作文带进家庭。

学生可以把作文带回家庭，让父母协助完成，但父母在给予协助时是不知情的，这便是一种真实情境下的协助，所以称为“暗助”。如教师布置任务让学生回家“抢活干”，即父母没有动手做家务时，孩子也不动手；但只要父母一动手做家务，孩子就上前抢着做。这样自然会引发父母（或长辈）的好奇，这种好奇心下的语言、动作、表情、态度是非常独特的，这种独特就是学生习作中可以用到的特写镜头，也将是学生真情实感迸发的源泉。

这样的一篇作文，学生是在家长不知不觉的协助中完成的，家长无疑就成了这次作文的助教。如学生抢着洗碗被父母说了一顿，结果写出了《洗一次碗可真难啊》；还有学生用父母的话做标题（《你一定有意图》《犯错误了吧》《献殷勤，想求我什么》等），写得情真意切，非常打动人。“暗助”也可以形成一个系列，如“为父母夹菜”“向父母要钱”“今天我当家”……

在这种助教形式下学生密切了与家长的关系，又写出了富有真情实感的作文，习作过程便不再枯燥无味了。

四、赞助——学生体验职业

请家长“赞助”，不是要家长捐钱，而是让家长出力，给学生提供方便。

杜威说：“儿童在活动的一瞬间，他们就表现出自己的个性；他们就不再是一个集体，而是变成我们在校外，在家里，在家庭亲属间，在运动场上和在邻居中所熟悉的具有显著特点的人。”

是的，学生走进工厂，走进大自然，走进大街小巷，他们的天性就能显露出来，他们的本真就会在家长的讲解以及自身的实践体验中得到更好的发展。

这两年，我们的学生走进水产公司参观恐龙虾并体验了喂养过程；走进香水配制厂了解了相关知识；走进烧烤店体验了烧烤过程；走进警营了解了警营生活……在这些实践活动中，学生写出了不少好文章，有一些还在报刊上发表。

五、协助——学生自当家

“协助”是指学生在经历了一系列的助教活动之后，已经有了一定的实践能力，这时教师与家长都自觉成为旁观者、协助者，便将整个活动交由学生自主策划和执行，以培养学生的语文生活素养。

许多家长都说孩子进入中、高年级后叛逆心理严重，跟自己的交流越来越少，“顶嘴”现象十分严重，有时候自己说一句孩子反驳十句。家长很是无奈，根本无法接受孩子的这种表现，所以家长与孩子的关系很不和谐。在参与“助教”的家庭中，这种情况则几乎不存在。由于长辈经常协助孩子策划活动，双方交流机会多，交流时间长，交流时又具有具体的目标，所以，彼此之间没有代沟或代沟不明显，孩子跟家长的关系也因为沟通而变得密切。

家长助教时的课堂表现会让孩子感到骄傲，孩子写出有真情实感的个性作文也会受到家长的夸奖，成员之间相互欣赏的家庭是不容易出问题的，即使出现问题，也能较快地解决。特别是在家长、教师的协助中，学生的实践能力、交往能力逐渐加强，自主性得到提高，理解能力、包容能力也得到提高。而这些正是家长盼望的，也是作文综合实践课的教学目标。

由此，我再次想到杜威在“做中学”中的一段描述：“儿童能把在家庭里所学到的东西在学校里加以利用，又能把学校里所学的东西应用于家庭。儿童来校时具有在校外获得的一切经验，以及离校时具有某些东西能直接应用于日常生活，这是打破隔离现象与实际联系的两件主要事情。”

杜威还认为，人要发展要有一个对活动本身感到兴趣的连续活动，要有机会在这个活动中一步一步地展开自己的设想，在实践中解决问题，这样他才会有发现和收获。家长助教无疑就是这一理论下的实践，是很值得教师们进行尝试的。

第二节　创建助教氛围，以生活为大课本

家长在家庭助教中如果只会陪伴孩子做作业、检查孩子背诵、帮助孩子完成听写等，那助教就失去了意义。王晓春老师说，现代的教师有指导家长做好家庭教育的责任与义务。实践中教师怎么指导家长做好助教工作呢？

一、创建良好的助教氛围

家庭教育最重要的任务是培养孩子的非智力因素——积极的态度、良好的性格、自信大方的心理、谦让恭敬的礼仪等，这些都是在耳濡目染的过程中慢慢形成的，这种人格成长需要良好的氛围。

如果父亲说的跟母亲教的不一致，父母说的跟爷爷奶奶教的又不一样，那孩子就不知听谁的好，为了讨好各方，就可能形成阳奉阴违的人格。因此，家庭教育中家长观念的相向性、目标的一致性就显得特别重要。协调各方的思想与行为主要靠父母，但是，教师的指导也是相当重要的。

比如，孩子的房间乱糟糟的，父亲教育孩子自己的房间要自己收拾好，可是母亲看不下去，就动手帮孩子收拾房间；孩子上学要迟到了，可是上课需要的课本还没找到，父亲坚持让孩子自己找，让孩子承担迟到的后果，母亲却认为关键时候还是不能这么做，一定要先帮助孩子再进行教育。这就形成了矛盾，孰是孰非说不清，教育方法根本不一致。再如，父亲教育孩子父母很辛苦，要孩子学会尊重父母，可是母亲对公婆公然责骂，这样，孩子就很难形成正确的人生态度。

所以，夫唱妇随，就是要观念一致，目标趋同，就像《精彩极了和糟糕透了》中的那对父母，表面上做法相反，但实质上目标还是相同的。这就是我们所说的“白脸”与“红脸”。家长在孩子的面前应当多谈论文学上的、社会文化生活中的、艺术类的内容，少谈生活里的八卦新闻，要把孩子往高雅的艺术之路上引导。

而爷呼爹应，是要让不同时代人的做法一致，共同促进孩子的健康成长。隔代教育常常会出现不必要的麻烦，当问题出现后，不能急，要私下里先说好，来不及时也要先温和劝阻之后再做商讨，千万不能当着孩子的面狠批或责备长辈，否则一方面教育孩子要尊敬长辈，一方面又因孩子的事而在行动上存在不尊敬长辈的行为，就会使孩子迷惑，产生背道而驰的效果，那么父母的教育也就成了苍白的说教了。

再如，父母对孩子说“爷爷奶奶刚来到这里人生地不熟，你是这儿的主人，你跟爷爷奶奶出门要照顾好他们”，或是“爷爷奶奶不识字，你已读三年级了，这次出去玩你要负责好爷爷奶奶的一切事情，要有当主人的样哦”，那么，外出时，爷爷奶奶就应当让孩子来照顾自己，让孩子扮演好主人的角色，这样有利于孩子的成长。如果在家里答应了，外出时却又把孩子当成精心呵护的宝贝，父母的教育就会失效。

除了有意的施加式教育外，还有一个很重要的因素就是自然的家庭气氛，这是无意的言传身教，是感染、陶冶，是无声无形的浸润。如书香之家、书画之家、音乐之家、舞蹈之家、体育之家等，是最好的助教家庭。一般而言，这样的家庭是不常见的，更多时候仍需要我们教师去引导家长们营造这样的家庭生活气息。如空闲时间比较多的父母完全可以根据孩子的需要而培养一些兴趣，与孩子一起读书、练字，并经常和孩子交流读书心得、练字感受，不仅能带动孩子，而且可以鞭策孩子；工作比较忙的家长也要抽时间陪孩子交流日常生活感受，父母与子女之间是越交流越亲近的，不交流就会有隔阂，父母就算非常忙，一起吃饭时也要聊点孩子感兴趣的内容，让孩子感觉到自己的存在。

当孩子还小时，或者孩子独立性很差时，家长一定要陪伴孩子，引导孩子独立；当孩子比较亲近大人，懂得大人的艰辛或是有自己的思想时，家长就要告诉孩子：大人是不可能一直陪伴在你身边的，每个人都是独立的个体，都有自己的生活、自己的兴趣爱好，不可能牺牲自我而陪伴你，所以，要体谅大人并学会独立生活。重要的是要让孩子学会与人沟通，用上自己的语文本领，让孩子成为生活中能与他人和谐相处的社会人。

二、不以课本为大生活，而以生活为大课本

家长助教不宜紧盯着课本，或是各种习题册、补习班等，不宜把家庭

学习控在学校范围内（个别学生除外），只做教师的补充或学校的延伸，这样不利于孩子全面发展，也不利于孩子心理健康成长。家长不要以课本为大生活，圈住孩子的大部分活动时间，而要以生活为大课本，帮助孩子从生活中汲取养分，提高素质。

以生活为大课本，是指家长把孩子从作业中解放出来，去向生活学习更广泛、更亲切的知识。如带孩子走进电影院，看完电影后跟孩子一起讨论，虽然不要求孩子写，但一定要做好示范，做到叙述与评价有条理、有重点，观点明确，对孩子的评述可做适当引导与评价，这样的家庭学习效果不错，学生还有可能收获更多。

领着孩子逛商场，让孩子参与你与售货员讨价还价的过程；行走在大街上遇见熟人寒暄，让孩子介入其中，学会与他人交流。这些情况下，孩子所获得的与人交往的经验是非常直接的，也是孩子生活所必备的。别以为领着孩子走亲访友就是浪费了孩子的读书时间，实际上这是在给孩子上口语交际示范课，是在教孩子怎么待人接物。这些是课本上无法学到的知识，也是学校里没有的教学。学校里的口语交际情境是假设性的，语言是经过特别加工的，是在真实的生活中可能不大适用的；而家长与孩子一起走亲访友是实实在在地用语文的活动，这样的教学比课本教学的效果要好得多。

不同的场合要有不同的言行举止，这种隐性的知识只靠教师在课堂上讲是很无力的。而生活中家长只要带孩子到书店、图书馆或社区阅览室里待上个把小时，带孩子到单位里与正在工作的叔叔阿姨相处半天，带孩子在长者面前聊上一阵，孩子就知道自己要怎么做了。家长可以在每次带孩子走一处后，便及时地询问孩子的感受与收获，并做出评价，那孩子从中学习到的知识一生都会受用。

对这些日常生活中的场景，家长并不陌生，可是未必意识得到这种经历是很好的教学机会。没有这种意识，就不会同孩子交流经历心得，也不会自觉调控自己的言谈举止，更不会有意识地去引导孩子处理生活细节。而有了生活大课本的意识，那么家长进店走街、访友待客、观电影、逛书屋就不单纯只有一个目的了。

俗话说：世上无难事，只怕有心人。记得有一篇课文讲的是一个孩子

10 岁生日，父母、爷爷奶奶都送了不同的礼物，每个人都在自己的礼物上写了祝语。爸爸送字典，妈妈送时钟，爷爷送花苗，奶奶送小鸡。乍一看觉得好奇怪：与现代的其他家长相比，每个人的风格大相径庭，送这些礼物有什么意义?

可是你看了文字后就会感动万分：爸爸的礼物里寄寓着对孩子勤奋读书的希望，让孩子勤用工具克服读书之路上的困难；妈妈送了时钟，用意是时间永远都在，可是每一秒都在无情地流逝，不会因为一个人快乐就过得慢点，也不会因为一个人难过就走得快些，更不会因为一个人贪玩就停下来，它只是悄无声息地向前，提醒孩子当时间走过后要为自己留下宝贵的东西；爷爷送了花苗，让孩子自己种下，告诉孩子花是美丽的，但美丽不是自然生长的，是需要付出汗水才能有收获的，人的成长一样是在大量的量的积累之后才能发生质变的；奶奶送了小鸡也是要孩子自己养的，养小鸡可以让孩子知道生命的成长是缓慢的，是不容易的，是需要精心呵护的，不仅要让孩子知道生命的脆弱与可贵，还要让孩子感受家长的不易，进而明白尊重与孝敬是应当而且是最起码的。

第三节　制订系列性的助教方案

家长的主要精力都放在了工作上，对孩子的学习与成长，他们大多是偶尔关注而已，很少知道自己要怎么做。上心的家长督促孩子读书与写作业，不上心的家长只问考试分数，很少有家长会知道到底要怎么去助教。所以，教师要引导家长制订出系列性的助教方案，照章执行相对来说要比无章行动好办得多。心中有谱，家长就能照谱哼出调来，虽然未必成歌，但总算有了曲的味道。具体策略如下。

一、解父母之困

在现代家庭中，父母总是千方百计地帮助孩子解决各种困难，孩子的许多事父母都承包代办了，使孩子的自立、独立能力极度缺失。我们传统的育儿观决定了长辈总是为孩子代劳，尽力解决孩子遇到的一切困难。然而孩子终究是要独自去生活的，最终是要自己去面对困难的，长辈代劳只会迟延孩子能力的发展速度。因而父母在助教中可以反其道而行之——让孩子为父母解困。

父母在家庭中助教要学会设计不同层次的障碍让孩子去面对，让孩子自行跨越；要学会创设情境让孩子帮助自己解决生活中的困难，给孩子应用知识的机会，同时培养孩子解决问题的能力。

例如，单位要征集儿歌，父亲已过了写儿歌的年龄，写出来的儿歌没有童趣，便可以请孩子帮忙，一起写；做买卖的家长可以请孩子帮忙写一则广告或策划一次宣传活动以推广宣传自家商品；父母是农民，种了新品种的果树，收了不少水果，可以让孩子写一写产品介绍说明书；过年时可以让孩子根据父母的职业写对联；做手工艺品的家长可以让孩子写封推荐信；等等。尽力通过家庭中真正需要解决的问题，让孩子有学有所用的机会。当孩子付出了努力看到了成绩时，这种成功带来的喜悦会促使其进一步努力学习。

应用所学解决生活实际问题，可以说是助教法中最有效的一种，也是学习、应用与生活的统一。这种从情境中培养起来的实践能力对孩子的自信心、人格的影响极大，对孩子进一步明确学习目的、端正学习态度最有成效。这也是教育家杜威所说的“在做事里面求学问”比“专靠听来的学问”好得多。

二、游戏学习

人是需要游戏的，游戏是最好的规则启蒙教育方式。席勒提出，人只有在游戏的时候，他才是完整的人。游戏不仅是人在困顿后的一种放松方式，更是一种良好的学习方式。跟孩子谈学习时有些孩子可能很快就烦了，而与孩子谈游戏时几乎所有的孩子都乐意听。所以，家长助教要设置系列的学习游戏活动，将学习隐藏于游戏之中，让孩子在舞之、蹈之、乐之、嬉之中获悟。

家庭游戏学习是指父母营造游戏氛围，让孩子置身于游戏中，表面上看孩子是在玩游戏，而实质上孩子是在变相学习，可是孩子感受不到自己是在学习。如家庭讲故事赛，父母设计一个有意思的开头，让孩子入境生情，尔后让孩子评价故事思想和讲述的艺术。又如，即兴编笑话，先讲已知的笑话再指定条件现场比拼，这种挑战对孩子的刺激非常大，孩子的热情也非常高，学习效果也特别好。当然最后也是要评价的，评价既能锻炼孩子的判断力，也能锻炼孩子的表达力，更是一种总结，能让孩子在反思中提高能力。

有时还要跟孩子比记忆力，如现场即兴限时记忆一首古诗或一段美文，然后看谁背得最好；或阶段记忆力比拼，如一个月内看多少篇文章或几本书，做过哪些有意义的事，听过几首歌、歌词能回忆多少，这些比拼活动对孩子来说有动力没压力，对孩子的成长是非常有益的。

有时还可以发挥家长一方的优势如朗读、书法、手艺等，先教孩子后比试，爱玩的孩子就比较容易融入其中。智力题、猜谜语、读儿歌、改儿歌、变魔术等都是孩子乐于投入其中的活动，只要家长计划好，每月轮番进行，形成习惯后，想停下来都不成。

当然，单单让孩子跟大人玩还是不够的，家长还要敢于把孩子放出去，让孩子跟同伴玩，跟同学玩，不要担心浪费时间。要跟孩子谈好一些条件，如在作业已完成或完全有时间做完作业的情况下，是可以放手的，当然更为主要的条件是，不管玩什么游戏，回来后，一定要口头与父母分享玩游戏的快乐，谈自己玩游戏的心得体会，特别是要评价游戏的过程和游戏中的人物。如果游戏有特别的意义或意趣时，还要鼓励孩子动笔记录下来，以备以后写作时用。这样不仅不是浪费时间，而是抓紧时间。这样的口头汇报，绝对比把孩子抓到桌子前逼他编一篇作文的效果要好上几十倍。

家长不可小看孩子分享或汇报游戏的过程，这其实也是一门学问，是在锻炼孩子的口头表达能力，也是在锻炼孩子对材料的选择与组织能力，而且述中有评，就像写作中的先叙后议一样，对孩子写作能力的提高是有很大作用的。

三、微信与书信

几乎所有的孩子都特喜欢电脑、手机游戏，看到他们对电脑、手机的热情，家长普遍是又欢喜又担忧：孩子对电脑、手机都是无师自通，这种聪明自然让家长欢喜；可是当孩子沉迷于游戏时，家长又非常担心。如果家长能够引导孩子合理地使用电脑、手机，那电脑、手机将变成很好的学习工具。

着眼于生活大课本，就要树立电脑、手机都是生活的要素的观念，而且这两者还是现代社会的重要因素，不懂得利用先进的技术，无疑是倒退。因此，家长可以利用QQ群、博客、飞信、微信等，引导孩子学习。如利用班级微博引导孩子争先发文，父母跟进评价，激发孩子写微博的热情；利用微信谈论时下的事件，甚至可以每天给孩子发一句名人名言、歇后语、古诗等。这样构筑一个家庭成员的关注圈或小区家长成员关注圈，孩子每次上微博、微信都会有所期待，都会有动力，那他花在游戏上的时间自然就会减少。

如今，书信虽然可能会逐渐被短信取代，但它还是有自身独特的魅力的。不常和孩子在一起的父母，完全可以利用这一古老而不过时的方式，引导孩子写作。即便父母常和孩子在一起，适时给孩子写信也会有很好的效果。父母的信件内容加上文笔就是对孩子思想及写作能力的最好引导。要是父母能说服孩子回信，那就可以一举两得了：每封回信不仅是一篇作文，而且父母也可以从中了解孩子的思想近况。

四、旅游和运动

家长陪孩子旅游和运动是理所当然的。孩子小的时候家长不陪他一起运动和旅游，等孩子长大了，家长就没有机会了，那样彼此之间的亲情就不够丰满，家长也会少了许多教育孩子的机会。生活的丰富性决定了孩子写作内容的丰富性，也决定了孩子是否具有与同学交流的资本。要谈论生活的见闻与体验自然要走进生活，如果活动范围只局限于家庭、学校，孩子的心是很难变得敏感的。家长关注生活大课本，就要制订合适的旅游与运动计划，如每月小假期的安排、大节日的计划、寒暑假的安排等，不能只是放任孩子或迫使孩子去补习。适当外出旅游和运动，孩子的收获绝不会少于天天守着课本。

有些家长可能会疑惑：自己常常与孩子一起运动、旅游，可是孩子的知识面并没有得到拓展，写作水平也并没有提高，还不如培训班上的孩子，至少上培训班的孩子写出的句子读起来还流畅些。这其实就需要教师给家长一定的指导。每次运动的过程中，家长要跟孩子多聊天。对于起点高的孩子，家长要往高深处引导，可以在运动之前做些知识准备，也可以把自己的特长教给孩子；对于起点低的孩子，家长可以让孩子多说，自己可以多提些问题让孩子回答。家长要特别重视总结、反思程序，让孩子记下自己思考的过程与结论。如果是外出旅游，家长可以事先做好计划，让孩子上网查找相关知识；到达目的地后，家长可以尽量让孩子发挥原先所掌握的知识，自己尽可能只做跟班，以锻炼孩子的各方面能力。

最好的是家长能和孩子一起写游记，这种方式对孩子的刺激极大：刚开始是家长引着孩子跑，孩子学习家长的表达；时间一久，当发现孩子的表达水平超过自己时，家长也不得不提高自身修养了。

五、小区家长团，互换子女教学

孩子处在群体中更容易受到教育，归属群体的心理会让孩子自觉遵守群体的规则。家长可以以自己居住的小区为单位，自觉地联合起来，建立一个小型的家长团，共同商讨一个方案，组织孩子开展活动，安排、利用各自的闲暇时间跟孩子接触，给孩子一定的指导，让小区生活变得更有意义。有些小区可能只有五六个孩子，家长团的规模可能很小，但不可小看这个团体的作用。五六个家庭有十几个家长，加上“四老”，这个团体也就有点规模了。家长一月轮换一次，孩子就会经常有活动了。小活动可以多设计一些，主要是为了丰富孩子的课余生活，培养孩子的规则意识和自信心。比如，没有家长参与的活动对孩子来说自由空间很大，而有家长参与的活动，对孩子来说就不一样了。有家长参与时，孩子的内向或外向的性格就会显露出来，群体活动就会变得正规，一些内向的孩子就会胆怯。而这类活动开展得多了，孩子就会渐渐消除胆怯心理，逐渐变得开朗、大方起来。

一群孩子在性格上还会有互补性，对彼此来说就是很好的资源。成立了家长团，家长就可以互换孩子进行教育。一些孩子可能先前受到一些因素的干扰而比较叛逆，家长教育失策造成彼此关系紧张等，就可以通过改变家庭生活对象来缓解之前的教育困境。比如，两个感情相对融洽的孩子可以邀请对方到自己家做客、入住、生活，通过一方影响另一方；两个关系融洽的家庭也可以互换孩子生活一周或三两天，毕竟孩子到了别人家就不可能像在自己家一样，很多事情他都要先想再做，思前顾后有利于孩子反思自己之前的行为，家长与别的孩子交流时也会变得客气、小心。教育的内容和形式发生了变化，这对于家长而言也是一个新课题。家长对孩子更加慎重，也有利于他们反思自己先前的教育方式，对自身教育水平的提高也是很有帮助的。要是在这个过程中，家长与孩子都能记日记、写反思或通过短信、微信与对方交流心得体验，那效果就大不一样了，亲子关系也会得到改善。孩子回到自己家中一定感慨万分，家长变了，孩子也变了。如有这样一篇文章《美国女孩给我的六个惊讶点》。

去年，孩子高一的时候我们有幸接待了一位美国私立高中的同龄女孩，共同生活了一周。零距离的接触，让我从中美两个同龄女孩子身上看到了很多不同之处，感慨万千！

来中国游学的这十几位孩子都是来自 countryday（孩子们习惯翻译为国日中学）学校，据说这个学校全部费用来自于富豪们的捐助，只收符合条件的孩子，是标准的贵族子弟学校。在经过若干个表格的事无巨细的项目填写（细致到父母的宗教信仰、饮食习惯）和层层审核后，我家被确定负责接待其中一位女孩子。

第一次见到这位女孩子，发现她的个子比我孩子高出一个头，瘦削高挑，皮肤白皙，脸上露着真挚的微笑，非常动人。记得第一顿早餐我准备的是扬州的包子和小馄饨，孩子们吃得很开心，美国孩子也使用筷子，说是为了入乡随俗特地学习的。在用餐接近尾声时，美国女孩跟我说："这是我吃过的最好吃的早餐，非常感谢您！"这个孩子这么会赞美别人，我第一次被惊到了。给我孩子做了十几年的饭菜，也没听到啥赞誉的话。被赞美的感觉的确非常美妙，一下子就把我们的距离拉近了不少。

晚餐，我做了最拿手的西红柿炒鸡蛋、糖醋排骨等三菜一汤，我们边吃边聊，非常开心。吃完饭，两个孩子依旧在聊天，我开始收拾碗筷，美国女孩连忙站起来对我说："Can I help you?"我第二次一惊，看着这个孩子真诚的样子，我连忙说："不用了，你们聊。"我的孩子看着我忙碌了十几年都习惯了，基本是熟视无睹。而美国女孩能为对方着想，瞬间做出本能的反应，看来是习惯使然。

第二天以后，大家就比较熟悉了，所以一般想问啥就问了。我看到美国女孩子的护照已经很破旧了，就很好奇地问："你走过了哪些国家?"美国女孩的回答让我第三次被惊到了："这是我的第三本护照，大概走过了30多个国家。"看着我惊诧的表情，她解释说："一般假期，我们学校都组织同学出去游学。这次是第一次到中国，主要去上海、南京、北京和西安。"这四个城市是家长和老师们精心挑选出来的，基本代表了中国的过去和现在，我在暗自佩服的同时不由得发问："你们这样周游世界，学习怎么办?"要知道我们的孩子寒暑假几乎都奔波在各培训点啊！美国女孩看着我孩子一脸的羡慕说："我们平时的学习任务很重的，每天回家的作业量是5小时。"就这个"5小时"把我孩子给震住了。

在聊到业余生活时，我了解到美国女孩家庭的基本情况：爸爸在自己的企业工作；妈妈基本是家庭主妇，不上班，但是美国女孩强调她的妈妈很辛苦，要负责家里的日常生活、草地、游泳池和直升机的日常养护；哥哥负责洗碗和协助妈妈搞卫生；她则是负责家里两条狗和三只猫的衣食起居。一家人各负其责，井井有条。我们家是爸爸、妈妈要上班，妈妈还要负责全家的生活，孩子是两耳不闻窗外事只管学习。在对家庭义务和责任方面明显我们的差距很大。

我第四次被惊到的是听俩孩子聊天，我孩子问美国女孩子遇到最恐惧的事情是啥？美国女孩子说是有一年的暑假，几个家庭的父母把几个10多岁的孩子送到原始森林里，没给带水和食物，没有床和帐篷，跟孩子们相约一周后来接。那一周是这个孩子最恐惧的，也是最刺激的。她告诉我孩子为了不挨饿，他们生吃过抓来的老鼠。组织这样的活动，家长们的出发点是锻炼孩子们的生存能力。

第五次被惊到的是最后一顿晚饭。快要离开南京了，为了尽地主之谊，给美国女孩尝尝最美味的中国菜，我们带她到了南京最繁华的地段——狮子桥，点了获国家金奖的"鸡煲翅"，当美国女孩明白是鱼翅做的，她非常坚决地拒绝了这道菜："这道菜我无法接受，动物需要保护。"没有任何回旋的余地，甚至是不近人情。我汗颜之余，敬佩之情油然而生。

饭后，几个孩子相约到附近的电玩城去玩，除了我孩子和美国女孩外，我们还邀请了女儿的两个好朋友。整个玩的过程我是听孩子跟我复述的："妈妈，太可怕了，美国人太厉害了！一进电玩城，我的两个好朋友就上去玩了，什么好玩玩什么，平时繁重的学习压力在这一刻被化解了。而美国女孩子则拉着我边走边观察什么游戏盈利最大，转了一圈才锁定目标，美国女孩子赢了很多游戏币，分给我们3个，再去找自己感兴趣的游戏玩。"我这一次不仅仅是惊了，简直是被震撼了：小小年纪就知道如何做到利益最大化，处处深思熟虑，确实是太可怕了。我孩子说了一句让我思考至今的话："妈妈，我们这样下去，以后真的只能是给他们打工的啊……"

短暂的一周时间，给了我六个大大的惊诧，我们的孩子未来将要面对的是这样的对手！而我们是在培养怎样的孩子？过分的溺爱、频繁的干预、过度的保护，导致了我们的孩子无情和无能。目前的复印机式的教育消耗着孩子们的精力，限制了孩子们的追求。众所周知：自然是孩子的天性，自由是孩子的本性，扼杀天性和本性，就是扼杀成长的活力和动力，如此的教育能培养出创造性的人才吗？不一样的教育决定不一样的结果，未来的主宰属于什么样的人相信大家都很清楚，而我们则是在为人家输送打工仔，再优秀充其量也就是个高级打工仔！

相信中国的孩子看了这篇文章一定会有所触动，甚至能改变自己的一些观念与行为。

第五章　家长、社区助教探索总结

第一节　“家长助教”作文综合实践课

“家长助教”总容易让人理解为家长在家里辅导自己的孩子，或是家长在学校帮助教师看守孩子、批改作业等。这样的理解无疑是狭隘的。“家长助教”是让家长同教师一样上课，并且让家长提供场景进行别样的教学。这就别有一番滋味了。

为了让学生亲证作文是有用于生活、为生活服务的，我们把学生作文的出发点退回到具体的真实生活中，让学生用作文解决生活中遇到的问题，让他们产生用语文的心态，然后再来写作文。这样一来，学生能真真切切地感受到学习语文是很有用的，感受到会写作文是一项生活本领，而不是为了完成作业，也不是为了获得更高的考试分数。

“家长助教”作文综合实践，就是请一位学生的家长来班级上课，让学生学习课本中没有的内容。由此一项活动，可以带出学生的系列作文写作。先指导学生请家长来班级上课——写邀请书；接着，学生听课，记写上课的内容，课后向家长汇报学习结果——课堂作文；家长的辛苦劳动与关爱之情，不能过去就算了、忘了，指导学生表达感谢之意——写感谢信；跟家长联系，到家长所在的公司、工厂参观——写策划书；汇集这些作文——编辑班级简报……

让学生通过参与一项活动写出系列文章，是对学生生活中用语文的本领的考验。同时，在这个过程中可以使学生把写作能力与生活交往能力、组织能力、想象能力、创造能力等相结合，使各种能力在活动中得到同步发展。

一、为什么作文要这么教

专家说，写作是生活的一部分，不会写作，就失去了一项生活的本领。专家、教师、家长都深谙写作的重要性，也因此在不同层次上倾注了各自的心力。

课本选编了大量文质兼美的文章，希望通过课文示范引导学生学会写作。特别是提前起步习作，在低年级进行大量识字训练，以提高学生的识字量，为学生大量阅读、提前写作打下基础。教师也遵循课本的意图孜孜不倦地走着提前写作之路：让刚上学的孩子就开始用词说话，看图写句，从写句子扩展到写句群，甚至在一年级就开始写日记。家长就更是走在教师、教材的前面：让孩子进入培训班进行专项训练。如此尽力与用心，可结果是大部分的学生提起作文就头大，宁可多读 40 分钟的书也不愿写 4 分钟的作文。专家、教师、家长都进入了“生产队”勤种薄收的耕作时代。

为什么我们付出巨大的心力耕耘，收获却如此微薄呢？原因可能很多，但我想“训练”一定是一个致命的因素。作文本来是在生活中“用”的，我们却一脚蹬开了“用”这一目的，双手抱回了“练”。通过写作本来可以解决很多生活实际问题，然而由于长期进行作文训练，写作从大生活中的应用窄化为小课堂里的练习，成了一项可以通过假想来完成的活动。

作文进入“训练”的怪圈，就从生活中剥离了出来，它的作用就只剩下完成作业、获取分数了。因而，在大多数学生的心里，作文已是一项多余的任务，已是学生心理上的负担。让一个人做他不想做的事，他能出几分力呢？

写作在很大程度上是为了展示自己，是想让别人看到自己的思想、自己的才情，是想告诉别人“我有特别的思路，有和你不同的观点”，是想让更多的人认识自己、让自己与更多的人交流。如此说来，读者是一个“群”，每个读者都有着不同的看法。可是，写作成为训练后，读者也就从众多人窄化为只有教师一人。不同的文章、不同时期的心历，在记录时，学生心中始终只有教师这一个读者的影子，感情怎么能真实？心里只装着教师这个读者去写作，能写出多少真情实感？

心有所感尔后有所撰作，这是写作与生活、写作与心理的默契。写作本身是一个自主的过程。可是，把写作当成一种技能后，就变成了课本要求写什么，教师就要求写什么，写作活动就变成了他主的过程。一旦写作与生活、写作与心理存在隔膜，写作就不再是一件自然的事。心不甘、情不愿，别别扭扭地写作，你想有多好的收成呢？

想改变广种薄收、勤耘瘠获的写作教学现状，变“练写”为“用写”或许是一个不错的选择，即让作文来自生活，用于生活，还写作以原本的意义。

我们开展作文综合实践课的用意就在于把作文从课堂、书本的训练中送回到生活中去应用。要让学生在真实的情境中生成作文，在真实的生活情境中用作文，改变写作的心境，真实、真切地感受到作文的实在意义，以及作文诞生于生活、运用于生活的那份温暖、亲切；要把作文的阅读者从教师转移到写作主体写作之初想到的那些读者身上，通过有阅读对象的写作过程，还作文以应有的温情、热度，让语言变为由衷的言说；要创设真实的生活情境，让情境中的情感选择以更为文雅、更为缜密的言说方式，更自如、更有力地表达出来，使写作成为学生更乐于采用的内心表白方式。

二、“家长助教”作文综合实践课的意义

从已经历的过程看，“家长助教”作文综合实践课，在教学中已获得了良好的效果。

1. 开阔孩子的视野，增进写作热情

开展“家长助教”活动，最兴奋的就是孩子。一来他们觉得家长上课很新鲜，二来家长的上课内容都是富有生活蕴味的，是生活的原形再现，不同于课本的生活创造再现。

家长所讲的内容都与他们从事的职业有关，这是难以从书本和教师身上挖掘出来的。所以，这样的课堂内容能够开阔孩子的视野，给孩子多开一扇生活之窗，让他们看到在这个年龄很难看到的风景。对这种难得的经历孩子会自觉地记录下来，不需要教师强求。主动记录并与人分享，回家给亲人汇报成为学生的自愿行为。

2. 提高孩子在群体中的地位

请几位家长来上课后，可以发现这些家长的孩子在班级里的变化明显：他们变得更自信、更活泼了，只要教师或同学一提起那堂课，或是那节课里的某些内容，他们的脸上立刻现出一种无比自豪的神情。这些孩子上课发言更加响亮，同学们也更尊重他们，这是家长提高了孩子在群体中的地位，为孩子赢得了骄傲的资本，也使孩子对学习及与同学交往有了可贵的自信心。

我想家长的这一课给孩子带来的自豪是永久的、刻骨铭心的。所以，孩子写出的感谢信是由衷的，那时他们笔下流淌的才是发自内心的真情实感。

3. 亲密家长与孩子的关系

家长进课堂后，有许多事开始直接与孩子进行沟通了，这改变了之前许多父母只有吃饭时才有时间和孩子讲几句话的不良家庭教育状况。以往许多家长都是利用吃饭时间教育孩子，弄得孩子食欲不佳，只能无话找话说，孩子与家长之间常常因此产生隔阂。而助教后，家长与孩子可以就一件具体事情进行交流，有内容，有目的，有计划，效果就大不一样了，共同商讨的过程能增进家长与孩子的交流。上课之后，孩子又频繁地把同学的赞赏、教师的评价反馈给家长。借此平台，家长开始关心孩子的日常学习，家长与孩子的关系也更加密切。

在生活中，善于写作的人一定是积蕴颇丰、才思敏捷的人，也必是让人歆羡、受人景仰的人。愿每一个孩子都能体会到写作带来的幸福。

第二节　利用社区资源服务于语文教学

语文学科是实践运用性学科，学生从书本上学到的知识需要有一个运用场，以使知识转化为技能与能力。而社区资源正是一片荒芜着的运用场，教师要有开发这个场的意识，让学生有机会将书本中的知识应用到生活中去，在应用中增强学习的乐趣，同时巩固书本所学知识。

一、场所资源——让学生在活动前后用语文

任何一个社区都设有许多的活动场所，供社区成员学习、娱乐。比如，社区里有图书室，有不少藏书，而且书目繁多；有绿色网吧，供成员上网查阅各种信息；有健身活动室，里面有很多的健身器材，如乒乓球桌；有娱乐室，设有棋牌桌、剪纸绘画桌、书法桌等。这些活动室对学生有一定的吸引力，语文教师可以充分利用这一资源，开展学生用语文的实践学习活动。怎么把活动落实到语文运用中去呢？

1. 组织班委提前联系社区领导，参观社区多种活动场所

教师让班委想好与社区领导恰谈的程序与内容，并形成书面文字，提交活动申请书，然后前往社区与领导沟通；让班委参观各种活动场所，要求班委认真观察，回班级后进行梳理并给全班同学描述社区里的各种学习娱乐室，激发同学们前往活动的兴趣。这就要求班委运用发挥自己语文学习中所获得的技能，出色地表现自己已有的语文能力，让全班同学对社区活动产生无限向往之情。

2. 争取活动“门票”

听了班委们汇报他们与社区领导沟通交流的情况，以及他们对社区多种功能室的描述，同学们的积极性被充分调动了起来，对前往社区跃跃欲试。教师就可以提出需要“门票”，即让每位学生写一篇作文，可以是对社区活动的情景预设，也可以是自己依据班委的描述想象到的细节；可以是全班前往后怎么展开活动的建议，也可以是活动程序的设计。这样的写作就把语文教学中的应用性作文与文学性作文结合了起来。写得好的学生就能获得外出活动的“门票”。走进社区参与活动是每位学生向往的，没有学生会放弃这样的好机会，所以每位学生都会主动获取“门票”，连最怕写作的学生都会全力以赴。这就是在活动中学习的魅力。

3. 前往活动

其他班级的学生坐在教室里读书时自己却可以外出活动，这对学生来说是一件多么骄傲的事。社区活动是学生向往的，活动过程会让他们兴奋很久，活动结束后，便是对比之前设想和现实差异的时候，教师对这种差

异的询问是在帮助学生梳理写作素材，也是在唤醒学生的写作情感。描写活动场所，叙述活动过程，记录活动中情感的变化，描述活动中发生的有趣细节，正是教师指导学生用上课文表达方法的写作运用场。之后开一个活动成果交流会，每位学生都拿出自己的作品与大家分享，使自己的语文能力在活动成果交流会中得到展示。这样一来，学生走进社区的前后都在用平时在课本中学到的语文知识，这些知识因为在社区活动中得以运用而变得更加牢固，学生的语文基本功更加扎实，语文能力得到提升。

二、设施资源——让学生在学中用语文

社区里还有一些设施也是非常好的运用语文知识的训练场，如社区的宣传栏、植物基地等。教师可以联系社区领导，让班级学生每个月为社区出一期宣传专栏，专题可以由学生讨论决定，这就是直接在考验学生的语文水平了：宣传栏的设计、主题的确定、各板块内容的撰写，学生都需要动一番脑筋。这正是学生运用语文的好时机。因为专栏是社区的，是对外的，学生自然得认真对待。这种有明确对象和真正压力的学习与运用语文，对学生的语文素养提高是很有意义的。

社区的植物基地更是综合学习语文学科与其他学科的好场所。同样看植物，走同样的路线，听一样的讲解，不同的学生却会有不同的表达。不论是现场的表达还是回家整理后的表达，都是综合性语文学习的体现。一边开展活动一边学习，学生同时也在运用着学过的语文知识。可以说，学生是在吸收中运用，在运用中巩固、提高。

三、活动资源——让学生在活动的同时用语文

社区会不定期地组织一些活动。如果教师与社区领导协调好社区与学校的合作关系，社区的一些活动就可以交给学校去完成，或者邀请学校一同参与，共同完成某项活动任务。而这个过程就是学生最好的用语文的过程。

比如，社区的一些特色项目需要讲解员，而社区工作人员不够，或工作人员不擅长这一方面，社区领导就可以把讲解任务交给学校，学生就争取到了应用语文的好时机。当讲解员不仅能锻炼学生的写作能力，更能锻

炼学生的口语表达能力，特别是交际能力。参观者不同，讲解人员要改变事先所记的内容，灵活地给人讲解，有时参观者还会提出问题，这就是对学生口语交际能力的考验。

有时社区会举办宣传活动或演出活动，前往社区朗诵诗词、表演课本剧、说相声等，都是学生非常好的用语文的时机。学生每次表演完都会有心得，不同的心得、不同的感受，写出的作文就会不同，也就有了多样的认识。而这正是语文阅读中所需的多角度阅读，写作中所需的发散性思维。这样用语文是与活动联系在一起的，学生不会感觉是在为练习而练习，反而会始终充满激情。

四、专家资源——让学生在用语文中学习其他知识

社区还会利用自己的会场给社区成员开设讲座，请一些专家来辅导家长怎么育儿、怎么对待孩子的青春期变化，或进行一些心理健康辅导。这些讲座也是学生学知识、用语文的好时机。也许一些教师会觉得学生每天都在上课，还让他们去社区听讲座，他们能愿意吗？其实学生是愿意的。因为社区请成员来听课并不容易，所以每次活动都会准备一些小礼物，这些小礼物对大人来说可能没什么吸引力，但对孩子来说诱惑力不小；另外，孩子在家里总被大人要求做作业，如果可以外出，还可以遇上同学，他们就会很开心。所以，听讲座对孩子而言并不是负担，他们很乐意参与这些活动。

同时，参加这些活动对学生有一定的益处。学生可以从专家的讲座内容中获得不少书本中没有的知识，可以到没有参加活动的同学面前炫耀一下，这是一种心理上的满足；这种炫耀同时也是学生运用语文的过程，是对表达能力的一种锻炼。比如，有一次学生参加社区举办的心理知识讲座，讲座中专家让听讲座者玩心理游戏。这个游戏很吸引人，连成人都喜欢。第二天，参加讲座的学生就在班级里玩起了这个游戏，惹得那些没有参加的同学好生羡慕，他们也想玩，可是不会。我就让会的学生用说明文的形式把游戏过程写出来，然后大家一起读说明文，读完之后大家一起玩，可谓其乐融融。有时社区领导还会请作家开讲座，这对于学生来说，可算是最直接的语文运用的培训了。这种培训与课堂教学完全不同，学生

明显更喜欢作家的讲座，因为讲座的气氛比课堂气氛宽松，讲座本身也更有趣味。在讲座中学生还能了解到许多值得阅读的书目，甚至能得到作家赠送的作品。

五、劳动资源——让学生劳动之后用语文

现在的学生都很怕劳动，打扫班级都很不情愿，能偷懒就偷懒。可是，要是能偶尔参加一次社区劳动，学生的反应就不一样了。社区劳动除了有小礼物赠送之外，对学生来说还有新鲜感。一是人群新鲜：参加劳动的人除部分社区工作人员外，还有家庭成员，如父母带孩子一起参加，或是爷爷奶奶带孙子参加。二是劳动的规模新鲜：社区劳动举办的次数不多，但举办一次常常是小有规模，学生会比较感兴趣。三是劳动的任务新鲜：如洁净家园劳动就是社区组织成员到某小区搞卫生或到社区的某一公共场所搞卫生，学生非常喜欢这类活动。

学生劳动之后还会念念不忘，教师可以让学生把劳动过程记录下来，与其他同学分享。在这一写作过程中，学生是不会感到痛苦的，因为心里有想说的话、有要抒发的感情，他们乐而为之。对学生而言，分享是无比光荣的事，因为是自己独有的经历，想要让没参加的同学羡慕，他们就会想尽办法把文章写得特别一些，于是便能发挥自己的最高水平。这样的用语文的情形，不怕学生的语文素养得不到提高。

六、策划社区活动——一次活动多次用语文

学生活动通常是由教师策划组织的，但为了让学生更好地学语文、用语文，教师就要把这个任务交给学生，让他们自己主动地策划活动。策划本身就是用语文的过程。活动全程全部交由学生自己完成，学生在一次活动中就可以有多次运用语文的机会，这也就扩大了学生的用语文场。

社区活动前——写策划书、保证书、说明书、商议书、邀请书等，让学生进行非文学性的习作训练。

活动过程中——记录过程、细节、观察、感想、启发等，学生记录之后，教师进行文学性作文指导训练。

活动完成后——总结活动得失、撰写感谢信、写策划反思、总结经验

等，进行非文学性的习作训练。

如此一来，参加一次社区活动，学生可以有多次的用语文机会，可以在社区这个场地里尽情地运用课堂所学，验证课堂所学。这种方式不仅能提高学生的语文素养，还能增进学生其他方面的能力。

社区资源是如此好的语文运用场，教师、学校有必要将其充分利用起来。学生在课堂里应用在课堂里学到的东西，与到社区去应用在课堂里学到的东西，在学生心理和应用效果上是有着极大差异的。总之，社区资源是学生极好的语文运用场。

第三节　设计教学法的应用

20 世纪 20 年代前后，设计教学法从国外被引进，在教育界得到广泛运用，可 20 年代末期，不到 10 年的工夫，“设计教学法”之名就渐趋沉寂，到新中国成立后竟隐退于书籍中。在教坛上耕耘的教师们普遍未与设计教学法谋过面，更不知如何应用。

设计教学法强调学生自主活动、合作意识和生活实践，这对实践《义务教育语文课程标准》（2011 版）提出的语文课程性质——语文是一门学习语言文字运用的综合性、实践性课程，是绝好的实践方式。在当今社会环境与培养目标下，如何重拾设计教学法，落实语文课程的综合性、实践性，探索出适应时代的教学模式，值得探究。

语文界德高望重的前辈黎锦熙认为，设计教学法是随时随地利用儿童生活中的种种事实，联系他们的种种经验和环境，做一种普遍而流动的教材；按照他们身心发展的过程，施一种辅导自动、共同创作的教学法。不但读法、话法、写法、做法要打成一片，就是语文和其他科目也要打成一片。

然而，现在的教师对设计教学法相当陌生，十有八九没见过设计教学法这个名词，知道者也未必能知其理而用其道。可以说，语文教坛中没有多少人知晓或实践过这一教学思想。

一、设计教学法简介

据湖南师范大学教育科学学院易红郡教授的《“设计教学法”述评》一文介绍，“设计教学法”这个名称最早由美国教育家克伯屈首先完整地使用，克伯屈在《哥伦比亚大学师范学院学报》发表《设计教学法》一文，系统地阐述了自己的观点，认为设计教学法必须具备四个特征：是一个有待解决的实际问题；是有目的、有意义的单元活动；由学生自己负责计划和实行；是一种可以增长经验的活动，使学生通过设计获得发展和生长。

易红郡教授把杜威的实用主义教育哲学具体化、程序化、使其具有了很强的可操作性。设计教学法问世后，对美国乃至世界学校教育都产生了深刻影响，克伯屈也因此被尊称为“设计教学法”之父。

易教授介绍，设计教学法输入我国经历了以下三个阶段。

一是输入阶段。1913 年，江苏省教育学会派出由俞子夷、陈容和郭秉文组成的欧美教育考查团。在哥伦比亚大学师范学院，他们一方面如饥似渴地研读杜威、帕克、麦克默里兄弟等人的最新著作，另一方面到美国各地小学进行实地考察，研究他们的教材和教法。回国后，考察团输入的新式教学法范围广泛，无所不包。1918 年杜威来华时，设计教学法也随之被介绍到中国。

二是实验阶段。中国正式开展设计教学法实验始于 1919 年秋，俞子夷根据他在美国的考察所得，在南京高师附小初年级进行了初具设计教学法色彩的“联络教材”的改革实验。1918—1926 年，俞子夷在南京高等师范（后改为东南大学）任教育课教授，并主持附小工作。他在学校开展了大规模的设计教学法实验，使南京高师附小成了我国 20 年代小学教学改革的一面旗帜。为了进一步宣传设计教学法，俞子夷还结合南京高师附小的情况，发表了大量论著，并且取得了很不错的效果，吸引了小学教育界人士纷纷来校参观。

三是推广阶段。1921 年 10 月，第七届全国教育会联合会提出《推行小学校设计教学法案》，建议各地小学广泛推行设计教学法。于是设计教学法的实验从南京、苏州、上海的长三角一带逐渐扩展到全国教育界，于是，在20年代中期渐趋高潮。一般学校都以与儿童生活有关的问题或事物为中心编制一个个教学单元，通过创作设计、欣赏设计、解决疑难的设计和获取技能的设计等几个步骤，强调学生要“自己设计，自己实行，自己发展”。

如此盛行一时的热门方法为何后来会变得毫无声息呢？民国学者庄泽宣在1928年出版的《教育概论》中指出：“行设计法最大之困难为社会之不了解及父母之不赞许。中国教育自古重书本不重活动，学校不过是读书之所。若用种种设计，父母及社会视为儿戏，故不了解而难赞许。”此外，也与我国的社会背景和师资水平等有关。

二、语文教学重拾设计教学法的必要性

在新中国成立以后，设计教学法隐退得更加彻底，实践中没有踪影，躲在典籍里都呈灰色。这与当时的师资严重不足、应景式的师范教育开设及当时苏联教育学的输入密切相关，特别是简单易行的“红领巾”五步教学法，特别适合当时的师资水平，课堂中心、教材中心，读教材、教教材的方式从此稳固下来。而设计教学法要求教师要有宽广的阅读面，有自主的课程创生能力，这是当时许多教师所难以企及的。

因此，二三十年来，语文教学一直是以传授知识，记忆、积累知识为主，学生的语言运用能力极不乐观。徐九庆老师在《中国教育怎么了》一书中指出：“早期教育混乱、小学教育死板、中学教育沉重、大学教育迷茫……”这些导致中文系毕业的学生不会写策划、新闻系的毕业生不会改稿件、高中毕业生不会写信件等，中国教育生病了，而且病得不轻。

1. 当前语文教学的学用分离现象亟待改变

不说普通教师平时上的普通课，我们把焦点移至全国青年教师的比赛课和到全国各地展示的名师风采课，不难发现这些顶级水平的课具有以下一些相同点。

(1) 教师的个人秀。课堂里的教师一定是很有教学艺术的，教材的解读一定是非常独特的，与学生的交流必是和谐流畅的，学生在教师的指导下是聪明而极富灵性的。

(2) 语文的工具性一定落实得相当“到位”。生字新词一定会有些特

别的招术教给学生，课文的重点段一定会用多媒体呈现出来，让学生画出关键词语，引导学生理解、体悟；朗读一定会落实到位，课文结构、特别的写法一定能让学生悟到点上。

（3）课堂一定会让学生运用语文工具性，即读写结合。把在课文中学到的方法迁移到写作中去，教师还会让学生提问题并自己试着解答问题。

（4）课堂上基本都有合作学习流程，即先小组讨论、大班交流，再个人展示。

看似相当好，实际上经不住推敲，课堂是学生学习还是教师展示？教得好的个人秀秀出了教的艺术，可是学生呢？教师的智慧、才华是在课堂里通过语言，通过学生的配合而展示出来的，对学生的学有多大用处呢？教与学本末倒置了。

语文是工具性学科，然而，工具就是教字词、教写法吗？工具只是用来教和积累的吗？教师提问、学生思考是真正的语文实践过程吗？课堂读写结合是真正的语言运用吗？其实很多时候是巩固教师的教学内容，如读了《少年闰土》就让学生仿写描写人物外表的句子，这不是现场巩固造句吗？哪里是写法的迁移运用？课堂里的合作交流是教师下令后才开始的，还是学生觉得这一处有必要合作才进行合作的呢？

显然这些所谓的优质课，都是离不开一个“教”字，教师“教”了，学生无疑只能听与记，语文学习是停留在课本上的而且是学、记，无实践可言；每一堂优质课都是把课文挖得很深，是单一地学课文，无语文的综合性可言；教师教的问题离开教师的指导，学生无独立能力解决，学习了好几本课本，自己去读一篇课文依然只是读完生字就等于读完课文，根本没有语言的实践运用可言，更不用说离开书本到生活中去用语文了。

全国优质课都如此教，更何况普通教师的日常课？语文课程的性质——语文是一门学习语言文字运用的综合性、实践性课程，何处“寻她千百度”？根本就无人去顾。

2. 语文课程性质需要有相应的落实策略

既然语文是语言文字运用的综合性、实践性课程，那么就要有运用的场，没有相应的场学生哪会自动运用呢？而设计教学法正有这一场的优势。设计教学法的核心是以学生为中心，使学校内部环境生活化、社会化，让学生在实际生活环境中有目的地进行各种各样的活动，从而获得相关知识和解决实际问题的能力。语文课标指出："语文课程是实践性课程，应着重培养学生的语文实践能力，而培养这种能力的主要途径也应是语文实践。"所以语文教学重拾设计教学法是有现实意义的。

单单在教室里守着语文课本，教几篇有限的课文，再怎么深挖细研都是非常有限的。既然语文是工具性学科，与生活密切联系着，就应当把课堂扩大到生活中去，发挥工具的使用功能，不是仅仅教给学生知识，而是在实践体验中让学生自己获得知识，把生活中运用语文和课堂里学习语文结合起来，通过课堂学习提高实践的信心，通过应用提升语文的学习能力，学用结合是学好语文的不二法门。这就要求教师要从教材走向课程，扩大自身的阅读量，在实践中根据需要创生语文课程。

三、家长、社区助教教学——现代"设计教学法"模式

"家长、社区"助教教学的现代"设计教学法"模式，是一种很好的践行语文课程"实综用"的教学模式。

目前，不少学校建立起来的家长学校、社区学校都还只停留在会议层面，只举办一些活动，学生虽然可以获得一些情感体验，可是能力没能提升，知识没能增加，是很可惜的。社区与家长对学校教育的介入只有与学科结合起来，进入"助教"层面，才能使学生获得更大的效益。

"家长、社区"助教是指利用社区环境或社区领导、家长职业的优势，把学生带进社区，由社区成员给学生上课，或让学生走进家长的工作场所，让工作人员给学生上课；或把家长、社区领导请进课堂给学生上课。"家长、社区"助教旨在为学生打开新视野，让学生在学校不能提供的生活情境中，在与社区成员、家长面对面的会晤中，进行说与写的语文亲近生活的实践，把语文与其他学科相结合，使课本中学习到的知识在实际的生活情境中得以使用，进而获得语文能力提高。

"家长、社区"助教同时又吸取了设计教学法的特征，包括以下几方面。

（1）给学生以确切而实在的学习动机。

（2）培养学生的创造能力与认真负责的态度。

（3）给予学生特殊机会以训练学生解决生活环境中出现的实际问题的能力。

（4）发展学生的合作精神。

（5）发展学生的判断能力、协同能力，鼓励学生从事创造活动。

据此设计出的教学模式既能体现语文课程的综合性，又能让学生在生活实践中学语文，在真真切切的语文生活中用语文。例如，学生学习了《白鹅》《白公鹅》《猫》《母鸡》后，请来一位在水产公司工作的学生家长进班级给学生讲授恐龙虾知识，整个流程如下：

（1）学了两篇课文，大家都对动物产生了深厚的兴趣，刚好有一位同学的爸爸在水产公司工作，是不是请他来给大家开开眼界，讲讲关于恐龙虾的知识？（学生非常兴奋，还不知恐龙虾是什么动物）那要怎么请呢？（学生商议）写邀请函最合适。（口语交际及写作课）

（2）家长进课堂，我们要怎么做？（写作课：商议，写协议书）

（3）家长上课的内容要有所反馈，让老师知道你学到了什么。（生物课、作文课）

（4）家长备课、上课，过程很辛苦，还送恐龙虾卵给大家，我们要有所表示。（作文课：写感谢信）

（5）想不想到他们的公司看一看活的恐龙虾，怎么去？（口语交际训练：和家长沟通）

（6）利用什么时间，通过什么方式？（合作交流训练：商议）

（7）实地考察恐龙虾，用学习过的写作方式来表达自己的所见。（课文应用写作）

（8）用家长送的恐龙虾卵，进行养殖观察与体验。（自然生物课）

（9）学习课文《白鹅》，根据自己的养殖经历体会作者的情感，记录恐龙虾成长的过程和自己的感受，每两天测量一次恐龙虾的长度、体重。（数学课）

……

就这样，请一个家长助教，可以设计出系列的单元主题活动，这些活动有的在课内进行，有的在课外进行，有的只是利用课余时间或在网络上完成，如许多商议、沟通可以闲暇时在 QQ 群中进行。在这一过程中，语文不再仅仅是教师教，而转变成用语文——在实践中用，在用中学，将语文与其他学科、与生活相结合，构成综合性学习，使学生在整个活动中无时不有意识地应用语文这一工具。

在这一课题的实践中，每学期开展四次（即期中考前两次，期中考后两次）这样的活动，既不会影响原来课堂教学的进度，消除学生以书本为上的后顾之忧，又可以让学生快活地创造性地利用语文为生活服务，在生活中提高语文能力。家长们喜上眉梢，非常支持这样的教学。

四、运用“助教设计教学法”对课标“实综用”的落实

家长、社区助教语文综合活动设计教学法，完全改变了课堂上知识得不到应用的现状，可以让学生将在语文课本上所学的知识应用到真实的生活中，进而认识到学习语文。具体落实表现为以下几点。

1. 学习场中注入了新的刺激元素

社区新环境或家长及家长带来的授课内容都是新鲜的学习元素，这些元素能激起学生更大的好奇心、兴奋感，进而更好地调动学生的积极性，这样一来学生在情境中的学习是自主的，家长或社区成员的主要教学目标是让学生用已学的语文知识来解释自己所教的现象，这样语文课程就有了综合性。

2. 家长、社区助教语用平台更有语用的氛围

家长所教并不需要考试，学生学习的重心不同，调动的场内要素也就不同，所以学生的合作能力、实践能力可以得到充分的调动，如在社区里或是在家长的公司、小店、摊点为家长或社区写广告词、对联，为家长的产品写说明书，为助教活动的开展写邀请函、推荐信、欢迎词、主持串词、感谢信、活动策划书等，这些都是语文知识的实践应用。

3. 家长助教语用教学的场所是移动的

家长助教的场所可以是教室、公司、商店、工厂车间，也可以是社区里、同学家，不同的物理环境自然会影响学生的心理环境，这就构成了一个很好的语用教学模式。同学与同学谈判、辩论，同学与家长、同学与社区领导等之间洽谈，这些过程都重在把所学加以应用，学生得到了很好的锻炼。

4. 家长的职业有别

根据家长职业的不同，助教内容可以是火力发电原理与环境保护，可以是花的培植，可以是保安的职业要求，可以是引导学生做手工，等等。各种职业走进课堂，学生又从课堂中了解各种职业，学生在这个过程中反复地使用着相关的语文知识，这就落实了语文的综合性。其实语文的“综实用”也是一个整体，这在助教的活动中体现得更为清晰。

语文课标定义的语文课程性质，要求教师不能仅做一个教书者，更要成为相关课程资源的创生者，家长、社区助教设计教学法无疑是很好的对语文课程资源的开发与利用实践。

第四节　学校捧课本，社区用语文

在学校学语文基本上等于学课文，课文的分析、解释、记忆，学生学了不知道有什么用；长期的听课、作业、考试，让他们失去了学语文的兴趣；学了九年的语文，也不见得生活中的语文能力提高了多少，讲话依然很俗气，写作依然很直白，少有书卷味。这是学校学习语文而不用语文的结果。而生活中许多要用的语文，课堂里教师却没有教，所以学生所学都局限于课本，离开课堂就什么也用不上。因而用语文，改变学生生活语文面貌的任务很重，教师需要思考使学生用语文的教学。

“语文课程是实践性课程，应着重培养学生的语文实践能力，而培养这种能力的主要途径也应是语文实践。”尽管语文新课标如此强调语文实践的重要性，然而学校语文学习的麻烦之一，恰恰是学生大量的时间都被限制在教室里，他们双手捧着课本摇头晃脑地读书，或倾听教师“搬运”教学参考书的解释，实践的机会非常有限；即便某位有想法的教师创设了情境，把学生带入情境中，让学生应用课本所学，也是带着假设性的，实践是准实践，与真实的实践还有一定的差距。在这样的教学中，培养学生的语文能力、语文素养当然也就打了折扣。语文教学要求教师突破这一瓶颈，为学生找到语文实践的平台，真正实践实践性课程。

走出教室，把学生带出校园，不少教师已利用图书馆、科技馆、公园等，为学生搭建了平台。可是，这样的活动常常是一次性的快餐式活动，并没有真正成为学生语文实践的可持续平台。在实践摸索中，我们挖掘出社区这一平台，足已为学生提供可持续的语文实践机会，培养学生的语文实践能力。

一、社区资源的潜在价值

查阅文献，我们会发现国外社区资源的利用率非常高，社区的各项资源为学生的母语学习提供了广阔的应用空间。学生通过社区服务，可以把学校课堂所学应用到生活实践中，从而实现知识向技能的转化、知识向能力的提升。以美国学者的研究为例，研究者通过实验发现以下几条结论。

（1）社区服务为课堂教学提供了一定的知识和能力基础。学生在学校学到的知识既有分科的，也有综合的。社区服务为学生提供了一个实践的机会，使他们可以运用所学的知识去解决现实中的各种问题。在问题解决过程中，学生进一步加深了对所学知识的理解，了解了所学知识的意义，并且产生了学习新知识的渴望。

（2）社区服务为教师和学生提供了反思的机会。反思是社区服务的一个重要组成部分。如果要使在校学习的学生有所提高和发展，我们就要为他们提供实践的机会，提供对经验进行反思的机会，使他们参与到“学习—行动—反思”这一不断循环的过程之中，从而获得更多的成功。

（3）社区服务是根据地方和学校的具体情况来开展的，因此容易根据个别州或地区标准来进行调整。社区服务不仅为学生提供了展示动手学习的机会和场景，为学生和教师提供了一个极好的评价场所，还提供了对学生进行评价的服务体验的书面材料。

从这些研究的结论中，我们可以看到社区服务的价值所在。从我们的教育社会环境看，目前社区与学校的联系并没有那么密切，因而一些教师在协调社区与学校办学上，还只停留在一个学年搞一两次活动这个阶段，而且仅仅是为开展活动而利用社区资源，社区服务的价值没有得到充分挖掘。

现代社区服务功能已经很多，走进社区，你会发现除了为居民办理各项事务的服务台外，还有许多为居民提供娱乐活动的场所。如网上冲浪室、多功能器材健身室、老年活动之家，还有社区阅览室、棋牌室、心理咨询室等。社区的这些服务平台，如果不以教师的眼光去看，就只会想到那是为社区居民提供的。然而以教师的眼光去看，就会发现这里是极好的学校外援，这是学生用语文的天地，是落实语文新课标——语文实践性课程和语文综合性学习的好平台。

二、社区用语文的平台搭建

社区的各种功能室本来都是为社区居民设置的，它们并没有学校教育的功能，更没有帮助学生实践母语的功能，如果只会“看山是山，看水是水”，那就发现不了社区的教育功能。因此，将社区成员活动的场所改变为学生用母语的场所，是需要教师用专业的思考去设计的。

1. 协调社区与学校共建关系，把活动设计为互惠活动

我国社区与学校的联系，还不能像国外那样——社区教育成为学校教育的辅助。我国社区有着自己的任务，为实践自身的目标而协调各科室的运行。社区没有对学生的教育义务，协助学校的内容是相当有限的。学校也相对独立，与社区的联系不多。因此，就算国外研究表明社区服务对学校教育有极大的作用，我们要实践起来依然需要自己去协调，理论的研究不能起到多大的引导作用。因此，要搭上社区这辆实践语文的列车，需要学校、教师去协调，搞好与社区的共建关系。

社区场所虽好，但毕竟不是为学生学习实践而设计的，偶尔借助没问题，但如果想要使之成为学生实践语文的持续性平台，就不能只是学生总打扰社区，而无法为社区带去福利。如果学生不能为社区提供服务，单向性的活动就会使活动运行发生困难。

所以，教师首先要协调好学校与社区的关系，最好是学校与社区构成共建单位，在某些项目上有互助性。其次，教师设计的语文实践活动最好是互惠性活动，即学生通过活动既有利于对语文的应用，又能为社区的发展或利于社区完成原本的任务，或为社区添加特色，成为社区总结文章里的一笔重彩。

这样，社区就容易敞开大门，接纳学生参加各种活动。比如，教师带领学生帮助社区设计、完成某些主题的宣传栏，既让学生把从语文课堂中所学到的知识在实践中得到应用，又帮助社区完成了一项工作；学生为社

区设计、撰写某些主题的宣传单并帮助分发，或是参与老年大学里的某些活动。这些都可以让学生应用课堂里所学的课本内容，同时帮助社区完成任务。互惠性的活动能带来可持续的实践效果，社区就能长期地成为学生知识实践的平台。

2. 以语文实践为线串起各室活动之珠

语文是母语课程，生活中无处不在应用。社区实践活动正好可以利用语文的这一特征，以语文综合实践为红线，以社区各科室和学校各科目为珍珠，通过连续性的实践流动设计，构成一个连续性活动的实践系列，使各科室和学科活动串成一个有机的整体，使社区实践活动成为有目的、有组织、有序列的巩固学校所学的科学性活动，使学生成为知能合一的新人。“学生学习是学用结合、思行结合，让课本中学到的知识，通过活动而提升为能力，内化成素养。”

以网上冲浪室实践活动为例，社区网吧都是绿色网吧，教师可以放心让学生上网。现在的学生对网络有着天生的兴趣，上网对他们而言，是最开心、最幸福的活动，其参与心理可以用“求之不得”来形容。但是，如果活动设计只是与社区商议带学生到他们的绿色网吧进行上网活动，那么这一实践活动就变成单一的活动，最多是活动之后让学生写一篇感受，但活动效率并没有得到最大化的实现。因此活动可以这么设计：

推选学生代表与社区领导商议，借用绿色网吧进行上网活动。（学生进行实践性的口语交际，完全真实的情境产生的是完全真实的情感）

社区领导提出要求，网上冲浪后要制作两份小报，每一份内容后都要有学生的小评论。一份是有主题的，即“反对邪教，崇尚科学”；还有一份是无主题的，完全凭学生的兴趣设计。（写评论——语文知识的应用；设计小报——美术知识的应用；查找资料等——电脑知识的应用）

另外，还要教会两位老人怎么上网。（语言沟通艺术，语文能力的实践，电脑操作能力的内化与实践）

教师要求，活动结束后每个人用自己喜爱的方式表达对社区的感谢，可以现场写一简短的感谢信，可以用电脑画一幅画，可以录制一小段歌，还可以即兴语言表达，如即兴赋诗等。

最后回到学校每人写一则简短的上网感受。这样，一次活动就通过语文的口语交际或写作把美术、音乐、电脑等各科知识串了起来，可以使这些知识在同一个时间里得到应用或巩固。

3. 每次活动都应重视“三步走”

进社区用语文实践活动要重活动设计，严谨组织，要给社区领导留下好印象。一般而言，每次活动都要做好“三步走”工作。

第一步，活动前充分准备。教师应想到去某个功能室活动要用上什么知识，要进行备课。一般有两种思路：一种是考虑课本中教了什么知识，正好可以在社区的某一功能室进行应用；另一种是考虑在社区的某一功能室活动中，可能会用到哪些学科知识，特别是语文学科的哪些知识。教师还要提醒学生加以注意，引导他们事先准备相关知识。

第二步，活动过程中，对学生知识应用的落实都是综合性的，学生的体验也将具有复杂的综合性。因而在实践的过程中，教师要有意识地提醒学生应用备课中涉及的知识或开展相关活动，以使活动有较强的针对性。

第三步，要学生及时总结。总结方式有多种，最方便的有两种：一种是现场总结，即兴与社区成员对话；另一种是回校书面总结，写成文章。除了学生总结外，教师也要及时总结，并评价学生的语文实践能力、在活动中的表现。这样，活动过程才能构成“学习—行动—反思”这样一个完整的流程。

以学生进入棋牌室为例。备课时，教师要让学生知道一些有关棋牌的故事，帮助学生积累一些描写玩棋牌的成语，推荐学生看与棋牌相关的文章如《棋王》。学生在棋牌室开展活动的过程中，教师要让学生有意识地用上一些走棋或打牌的成语，并由对手检验用得是否准确、自然。有时，对手不了解某些故事，还给对手讲解一下，以锻炼学生的语言表达能力。活动结束后，教师要对学生进行评价，并进行有针对性的举例指导。这样学生的课本知识通过实践以及随后的反思，就可以快速地转化为技能或提升为能力。

三、社区用语文示例展示

语文学习本来就是综合性的实践学习，可是语文新课标还要特别提出语文的综合性、实践性，说明我们的实践现状令人担忧。正因为我们现在的语文学习是关在教室里进行单一性的学习，所以才要另列出来，以示强调。

实践中，我们已设计并实践了系列化的社区用语文实践活动，下面展示三项活动及学生在活动中的感想。

1. 网上“冲浪”

我们活动之前就已策划好谁玩什么，可一进门，万万没有想到的事情发生了——之前说不能使用的绿色网吧，竟然可以用！这让许多同学放弃了原先的“岗位”来使用电脑，12 台电脑瞬间就被“瓜分”了。大家虽然很激动，但也有一些人不愿使用电脑，所以虽然电脑一下被占光了，但也没有发生“抢”的事情。

2. 乒乓球技艺切磋

这个社区的领导十分热情，从我们一进门就一直陪着我们。听说我们班有乒乓球“高手”，社区领导立马想与他切磋切磋……不过“姜还是老的辣”，我们班的同学三两下就败下阵来，这可不能怪他实力不够，只能怪社区领导太厉害了……

3. 心理咨询中心体验活动

下午，我们在社区心理咨询中心活动，玩了一个游戏——盲人与哑巴。两个人一组走一段旅程，往返时两人分别扮演盲人和哑巴的角色。去的时候我扮演哑巴，小心翼翼地牵着同伴的手。同伴是“盲人”，遇到障碍物的时候，我绞尽脑汁地帮助她跨过。不过有时候我也十分着急。因为我是“哑巴”，不能说话。当我们遇到一个小台阶的时候，我摇了摇她的手，踩了踩台阶提示她，但她没有反应，突然一个下降使她手足无措。这可把我吓坏了，我习惯性地想说“对不起”，可话到嘴边又被我吞下去了。因为我不能说话，这时我十分难受，就像热锅上的蚂蚁。最后，还是她将我拉回了现实。

到了终点，我们俩互换角色了。这时，戴上眼罩的我第一次感受到了盲人的无助、迷茫。正当我在黑暗中挣扎的时候，我摸到了一双温暖的手，就像在黑暗中发现了一处光明。在我上楼梯的时候，她尽全力扶着我；在我遇到障碍物的时候，她想尽办法提醒我。在她的帮助下，我完成了这段旅程。

第六章 “协调家庭、社区助教课题研究”研究方案与研究报告

第一节 “协调家庭、社区助教课题研究”研究方案

一、课题的提出背景

“协调家庭、社区助教课题研究”是在市级课题“家长助教作文综合课课题”基础上的进一步研究，旨在开发语文课程资源，把社区、家长的可供教学利用的资源开发出来，给学生提供一个更为开放、更为广阔的学习平台，使学生从中获得学校、书本上所不能获得的知识，同时又在这个实践性的平台上应用和展示学校、书本所学，以获得实践性和操作性的能力，全面提高个人能力和素养。

“协调家庭、社区助教课题研究”是响应课程改革的需求而提出的。语文课程标准中说：“综合性学习主要体现为语文知识的综合运用、听说读写能力的整体发展、语文课程与其他课程的沟通、书本学习与生活实践的紧密结合。”

课程标准还指出：“语文课程资源包括课堂教学资源和课外学习资源，例如，教科书、相关配套阅读教材、其他图书、报刊、工具书、教学挂图、电影、电视、广播、网络，报告会、演讲会、辩论会、研讨会、戏剧表演，生产劳动与社会实践场所，图书馆、博物馆、纪念馆、展览馆，布告栏、报廊、各种标牌广告，等等。自然风光、文物古迹、风俗民情、方言土语，国内外的重要事件，日常生活话题等也都可以成为语文课程的资源。”并进一步强调：“沟通课堂内外，沟通听说读写，增加学生语文实践的机会。充分利用学校、家庭和社区等教育资源，开展综合性学习活动，

拓宽学生的学习空间。”

“协调家庭、社区助教课题研究”的提出是时代发展的需求，信息时代背景下的学校必须要与家庭、社区紧密联系，在协调中才会有发展的活力。社区服务可以满足学校和社区管理者的多种需要。例如，社区服务是学校与社区进行积极接触的一条重要的途径。通过接触并进一步建立伙伴关系，学校可以获得社区对学校活动项目给予的物力或财力上的支持。

学校与社区合作增进了彼此的了解，促进了沟通，从而使得合作双方受益。合作关系一旦确定，教育者和学生将会发现他们在以新的方式理解社区的工作；同样，当社区成员看到服务是如何与学校教育、学生学习联系在一起时，他们会对学校中正发生的一切产生一种新的理解，这种理解会进一步促使社区对学校给予更大的支持。总之，社区服务把学校和社区连在了一起。

社区服务还可以使学校和社区双方充分显示各自的优势，在需要的领域中相互支持。每所学校都有出色的教师和工作人员，他们可以为出现的特殊社区问题献计献策。社区成员和知名人士也可以帮助学校解决面临的问题。

受苏联教育家阿莫纳什维利的《我能为孩子做些什么》的启发，我们设想了“家长助教语文综合实践课题”。本次语文综合性实践活动课题，是利用现有资源，挖掘教材资源、生活资源，开展“家长进课堂—家长助教”活动。

把学生的作文练习与生活应用统一起来，通过写协议书、申请书、邀请函、活动作文、感谢信等一系列语文运用于生活活动的训练，可以让学生在活动中感受到写作是有目的的，是有对象的，是实用的。在生活情境中写作、应用语文，有助于学生在活动中成长，成为学习的主人，促进各方面能力的发展。

二、研究目的、意义

学有用的语文，学生活语文。语文本身就与生活分不开，却还要特意提出生活语文，说明我们现在的语文教学有脱离生活的情况：学生一方面不知学习语文有何用，另一方面要用到语文时又不会，学生的语文学习只停留在课本上，止于课堂、学校，学生走出学校大门就不会应用课堂里学到的语文了。为此，我们提出了“学习有用的语文，学习是为生活服务的”这一观点。从国家教育目的出发，为实施“科教兴国”的战略决策，《党中央、国务院在深化教育改革，全面推进素质教育的决定》中强调指出，要调整改革课程体系、结构、内容，建立新的教育课程体系，加强课程综合化、实践性，培养学生独立思考和创新意识等。这都需要我们加强学生的实践能力，提高学生在生活中实践语文的本领。

为此，我们开展“协调家庭、社区助教课题研究”的课程实验，正是贯彻落实全国教育工作会议精神和语文课程标准精神的具体行动，我们想通过课题的研究达到以下的目标。

(1) 通过研究，推进课程的整体改革，为学校综合实践活动的全面开展积累经验，特别是为“社区一学校”联动运作的综合活动开创一个新园地，为进一步开展活动积累经验。

(2) 努力开发具有校本特色的实践活动的教育内容，着力改变学生的学习方式与教师的教学方式，促进学生主动、生动、活泼地发展。

(3) 初步构建具有地方特色的语文综合实践活动学用一体的教学模式。

(4) 锻炼和培养一批具有语文综合实践活动意识与能力的高素质教师。

三、课题的界定

依据新的语文课程标准精神，我们把“协调家庭、社区助教课题研究”界定为协调家庭、社区语文综合性实践活动，是指学生在教师的策划与带领下，学校从家庭或社区生活中选择专题，把家长请进课堂或把学生带入社区，让学生从书本外获取知识、应用知识、解决问题。

它以“实践、创新、发展”为主线，把学生的校内学习与校外生活及其需要和兴趣紧密结合，使学生通过综合性、开放性的实践获得积极、全面的发展。课题重在研究综合性实践活动，即利用现有资源，挖掘教材资源、生活资源，开展“家长进课堂—家长助教”及“学生进社区”活动。

语文课程标准指出：“语文课程是实践性课程，应着重培养学生的语文实践能力，而培养这种能力的主要途径也应是语文实践。”

语文综合实践活动课是学生在教师的引导下，学生自主进行的语文学习活动，它基于学生的经验，密切联系学生学习、生活和社会实际，注重学生自主探究、合作学习的过程，体现了学生对语文知识的综合运用。开展语文综合实践活动课，有利于学生在实践中学习和研究，有利于语文课程和其他课程、书本知识和生活实际相联系，促进学生语文素养的提升。在语文综合实践活动课的探索、尝试中，我们充分利用学校、家庭和社区等教育资源，拓展学生的学习空间，以增加学生语文实践的机会。

四、理论依据

1. 美国学生社区服务研究成果

赵玉如老师在研究美国中小学管理——社区服务中指出了社区服务对学生学习的作用。

首先，社区服务为课堂教学提供了一定的知识和能力基础。学生在学校学到的知识既有分科的，也有综合的。社区服务为学生提供了一个实践的机会，使他们可以运用所学的知识去解决现实中的各种问题。在问题解决过程中，学生进一步加深了对所学知识的理解，了解了所学知识的意义，并且产生了学习新知识的渴望。由于问题的复杂性，它往往要涉及多学科的内容，需要对所学知识进行整合，因此锻炼了学生的归纳、整理以及独立解决问题等多种能力，又由于丰富的内容，因此进一步激发了学生学习的兴趣。

其次，社区服务为教师和学生提供了反思的机会。美国学者盖瑞·菲利浦（Gary Philips）通过研究发现：知识在大脑中的保留与学习中受到刺激的感官有着密切的联系。他进一步指出：我们能够记住10%我们听到的，15%我们看到的，20%我们既看到又听到的，然而，我们保留了60%我们做过的，80%带有反思性的、主动完成的，90%是我们教别人的。由此，我们可以看到反思对于提高学习效果的重要性。而反思是社区服务的一个重要组成部分。如果要使在校学习的学生有所提高和发展，我们就要为他们提供实践的机会，提供对经验进行反思的机会，使他们参与到“学习—行动—反思”这一不断循环的过程之中，从而获得更多的成功。

再次，标准和评价是美国所有学校开展这类教学的两大关键。由于社区服务是根据地方和学校的具体情况来开展的，因此容易根据个别州或地区标准来进行调整。社区服务不仅为学生提供了展示动手学习的机会和场景，为学生和教师提供了一个极好的评价场所，还提供了对学生进行评价的服务体验的书面材料。

最后，养成良好的行为习惯是重要的。要成为一名合格的公民，学生（特别是高中生）要学会如何创造、评价、批判和改变事物。目前美国大多数学校的改革都特别强调提高学生的批判性思维能力，使其能广泛地交流思想并能够在更为复杂的情境中解决问题，而不再仅仅是记忆和重复所学内容。社区服务在学生知道什么和能做什么方面提供了学习的场景。它使学生陷入课堂以外的更为复杂的问题情境之中，促使他们把所需信息收集在一起去解决问题。

如此，我们更有信心开展这项课题研究。

2. 现代脑科学与认知心理学的研究成果

现代脑科学通过对动物的实验研究发现：被动的动物，即使处于丰富多彩的环境中，其大脑也不会发生任何微小的变化，而主动参与环境的动物，其大脑会发生结构和功能的变化。由此推论到人类的学习活动，不难得出这样的启示：人类通过主动的探究活动，可以激发大脑更多的神经元，而语文实践活动可使学生主动、积极地获得语文知识，有利于激发神经系统的活动水平，挖掘大脑潜力。

3. 成功智力的观点

新近的有关智力理论的研究层出不穷，美国心理学家所研究的成功智力理论一经提出，便引起了国际教育界的极大关注。其理论意义为成功人生需要成功智力，而成功智力＝分析性智力＋实践性智力＋创造性智力。

成功智力是一个有机的整体，只有在分析、实践和创造能力三方面协调、平衡时才最有效。这一理论无独有偶地为注重开发学生实践性智力及创造性智力的语文实践活动的开展做了最终的理论诠释——通过培养学生的分析性智力、创造性智力，鼓励学生自主地参与活动和建构知识，通过充分发挥其实践智力而达到成功。

4. 历史上的教育理论

历史上的一些教育理论如杜威的教育理论给了我们很好的借鉴。杜威曾这么说："我认为现在教育上许多方面的失败，是由于它忽视了把学校作为社会生活的一种形式这个基本原则。现代教育把学校当作一个传授某些知识、学习某些课业或养成某些习惯的场所。这些东西的价值被认为多半要取决于遥远的将来；儿童所以必须做这些事情，是为了他将来要做某些别的事情；而这些事情只是预备而已。结果是，它们并不成为儿童的生活经验的一部分，因而并不真正具有教育作用。"所以他进一步指出："既然学校生活是如此简化的社会生活，那么它应当从家庭生活里逐渐发展出来：它应当开展并继续儿童在家庭里已经熟悉的活动。学校应当把这些活动呈现给儿童，并且以各种方式把它们再现出来，使儿童逐渐地了解它们的意义，并能在其中起着自己的作用。"

开发家长、社区助教课程资源，要求学生与家长"谈判"、与社区成员沟通，这就是很好的口语交际机会，就是很好的运用语言的过程；为家长的产品写广告和说明书，给社区写介绍信、感谢信，就是语文在生活中的实践应用，这种应用能刺激学生学习语文的更大热情。正应了杜威的话："儿童在活动的一瞬间，他们就表现出自己的个性；他们就不再是一个集体，而是变成我们在校外、在家里、在家庭亲属间、在运动场上和在邻居中所熟悉的具有显著特点的人。"

五、研究目标

（1）加强课题组成员的学习和研讨，学习国外社区服务教育的理论与活动模式，提高研究者自身的理论素质和指导学生开展活动的能力。

（2）充分开发、利用各种教育资源，特别是家长资源，将语文学科扩展开去，从课程的实践性、活动性、生成性出发，构建科学、规范、有效的小学语文实践活动的模式，探索提高小学生语文综合能力的实施途径及策略。

（3）全面提高学生的语文综合素养，初步形成切合本校学生实际和教师特点的语文实践活动的课程体系。

六、研究内容

(1) 组织家长座谈，了解家长对孩子学习的关注程度，提出“家长助教”活动。对家长的想法、参与现状进行统计及量化分析。

(2) 走进社区，与社区领导交流“社区—学校”联动理念，争取获得社区领导的大力支持，开放社区活动空间和实践基地，给学生开辟一个新的学习、应用知识的空间。

(3) 营造民主、和谐的学习氛围，充分激发学生的主动意识和进取精神，倡导自主、合作、探究的学习方式，使学生在社会生活中学习运用语文，在感兴趣的自主活动中全面提高语文素养。

(4) 系列化地开展“家长进课堂和学生走向生活”系列活动、“学生进社区”活动，指导学生通过实践活动，进行专题研究，尝试实验；指导学生在活动中观察、收集、记录、整理、讨论、比较、分类、分析、撰写实验报告；引导学生把课本所学到的知识应用于社会生活，对社会生活、社会问题和科学现象进行研究；让学生在生活中学习语文、运用语文。

(5) 构建以学生发展为本的开放型语文课程体系，以学生的生活世界为背景，创设真实情境，开展综合性学习；指导学生策划简单的校园活动和社会活动，对所策划的主题进行讨论和分析，学会写活动计划和总结；充分利用家长资源、社区资源，引导学生进行系列化作文练习，学会关注生活，从生活中学习语文，将语文知识应用于生活。

七、遵循原则

(1) 自主性原则：是指一切学习过程都是学生作为主体积极主动地参与的，而不是被迫的、观望的、消极的，享有充分的自由。实施这一原则时，教师应注意实现角色转换，自己不再是代言人，而是参谋、顾问，应以信息诱导来指导学生学习。

(2) 探究性原则：注重通过探究过程来学习知识，强调发现问题及探究问题的过程，在学习过程中学会发现，学会研究，逐步形成探究性能力，为终身学习打下基础。

(3) 实践性原则：让学生自觉主动参与实践，在实践中掌握新知，在实践中学会学习，在实践中培养能力。

（4）开放性原则：学习空间是开放的，要求学生从课内走向课外，从校内走向校外；学习的途径是开放的，可以交流研讨，可以动手实验，可以尝试演练，可以调查分析，可以参观访问；学习结论是开放的，鼓励学生就实践过程提出自己独特的见解。

八、研究措施

1. 完善机构，健全组织

成立子课题组，以校长为课题组负责人，参加实验的人员要有一定的理论水平，又要有丰富的教学经验，以有利于实验的顺利进行，有利于经验的总结与成果推广。

2. 认真学习，提高认识

首先组织全体子课题组成员认真学习语文新课标及相关的理论知识，明确开展语文实践活动的意义。其次学习杜威的“做中学”理论，学习美国社区服务理论，让教师们有新的教学观念，为研究课题打下根基。再次探讨教法与学法，注重教学模式的创新，不断探索，提高教师自身的素质。

3. 召开课题研讨会，完善语文实践活动的策略

定期召开子课题研讨会，课题组成员交流反思课题实验的实施过程中遇到的问题、困难，对如何改进提出意见和建议。

九、实践方法

1. 文献分析法

课题组成员利用网络、图书资料等现有资源，不断收集相关资料，为课题实验获取理论依据，寻找有效策略，得出研究方略，从而指导学生科学地开展综合性学习活动，使他们在活动中不断反思，不断改进，不断提高研究水平。

2. 观察法

凭借研究者自身的感觉器官和其他辅助工具，在与家长一起活动的自

然状态下，对研究对象进行有目的、有计划地考察，从而得出规律性结论。

3. 实践应用法

活动过程中要有有始有终的语文应用练习，把生活应用与语文学习统一起来，让学生自主进行系列化的写作应用，在应用中进一步加强语文学习。

十、研究步骤

1. 准备阶段

成立子课题组，明确实验目的，初步提出语文学科实践性学习的策略。

2. 实施阶段

依据语文学科教学策略进行实施、探索、研究，并根据操作中所发现的问题进行调整充实，使之逐步完善。

3. 总结阶段

总结研究成果，形成课题研究报告。

十一、成果形式

（1）举行分阶段成果汇报活动。

（2）研究报告相关音像资料。

（3）出版优秀论文集、优秀活动方案集、典型案例集等相关书籍。

第二节　“协调家庭、社区助教课题研究”研究报告

［内容摘要］语文课程教学基本上是语文课本的教学，课本资源开发得不错，但是语文是一门学习语言文字运用的综合性、实践性课程，这一特有性质在实践中却没能充分体现，开发课程资源一般也只是停留在文字

上，或文学作品的补充上，很少有教师从生活中开发语文课程资源，并在实践中进行综合性的语言文字的运用训练。本课题从开发家庭、社区资源入手，努力实践语文课程的基本性质。

[关键词] 社区资源；社区助教、家长助教；语文综合课；语文实践性

综观语文教坛，很少有教师在实践中开发语文课程资源，创造条件让学生在生活实践中运用语文。搜索“语文综合实践课”一词，除了重复的理论阐述外，也很少有系列性的实践资源开发与运用的前例，零碎的事例也不多，这几乎是空白领域。然而，语文是母语学科。

母语是与生活紧密联系在一起的，生活中语文无处不在，可以说处处皆有学习的机会，也处处皆有应用的机会。语文与生活联系得如此之紧密，可我们的语文教与学在很大程度上只限于学校，只限于课本，语文学习与语文应用在很大程度上是脱节的。学生学了语文在生活中不会应用，而生活中生动的语文内容学生也不知道学习，小学语文教学脱离生活、社会的现象比较严重，课堂教学普遍存在“重知识灌输，轻社会实践”的现象。

针对这种现状，本课题树立“学习生活语文”的宗旨，把小学语文与社会生活紧密结合，旨在培养学生主动探究、自主学习、合作创新的能力，力求做到“语文生活化，生活语文化”，不断拓宽语文学习和运用的领域，使学生把课本知识和社会生活有机结合，初步获得现代社会所需要的语文实践能力，从而推动语文课程的变革与发展。

“家长助教语文综合实践课课题研究”初步取得一些成果后，我们又进一步把课题拓展到社区，申报省级课题——“协调家庭、社区助教课题研究”，对家长助教、社区用语文进行了一些探索，获得了一些意想不到的成果。

一、研究时间与方法

本课题从 2010 年 9 月开始规划研究，到 2014 年 9 月，已经四年整，都以海沧延奎小学学生为研究对象，前两年是以 2001 级（3）班学生 45 人为课题实验对象，后两年以 2002 级（5）班学生 46 人为课题实验对象。课

题名称也由最初的“亲子助学作文综合实践课课题研究”，变更为“家长助教语文综合实践课课题研究”。2013 年 9 月后，再次扩大研究范围，从家庭拓展到社区，让社区也成为学生学语文、用语文的好场所，课题变更为“协调家庭、社区助教课题研究”。课题研究过程中主要采用了文献法、现场观察法、设计教学法、实践法等方法，并对学生进行长期的跟踪记录。

二、研究过程

开展“家长助教语文综合实践课题研究”，并非因偶然感悟而为，也并非受某一讲座或某一本书的启发而突然构想到。实践这一课题是有一定基础的，早在进行粘连作文指导的过程中，就已诞生了这一课题的雏形，但受精力与财力的限制，一直没有实践。后来从进修学校到小学一线教学后，自己可以长期进行教学，才有了根基，所以开展了“亲子助学作文综合实践课课题研究”，后来因觉得太多人开展亲子学习，为避免同行误解或突出自己的特色，就把课题名称变更为“家长助教语文综合实践课课题研究”，从作文到语文，课题的外延扩大了。市级课题结题，为省级课题打下了基础。课题研究经历了以下几个阶段。

（一）以粘连作文教学为前仗

粘连作文教学是以前的课题，已经经历了 20 多年的研究与推广，相对较成熟，应用这一课题经验进行实践，可谓得心应手，能在较短的时间里取得较好的效果。从一个作文教学课题研究到另一作文教学课题研究，对接容易，以前的经验可以成为本次研究的重要基础。从学生作文综合课看，学生综合能力的培养需要一个循序渐进的过程，学生在课内单一的作文课题有较好的表现，进行综合实践就有了根基，粘连作文指导能培养学生快速提高习作能力，正好可以成为学生进行综合实践的前仗，因而，用半学期的时间，对学生进行粘连作文指导，以为开展综合性课题打好基础。

1. 粘连作文教学简述

粘连作文教学不是一种具体的方法，而是一种原则、一种理念，其核心意思是一事物附着另一事物，以致一事物再生后，另一事物也随即出现。这种关系正好反映了课堂上的教与学关系，即教与学是一种粘连关系——教师的教是附在学生的学之上的，只有学生怎么学出现后，才能诞生教师怎么教。以这一关系为教学指导思想，就体现了师生、生生的互动关系，师生教与学的辨证关系，师生心灵相互碰撞与个性发展的关系。

因为经历了20多年的研究，已经形成一个由浅入深的梯度训练系列，依据这一系列进行作文指导，学生的习作水平能够全面地、扎实地提高。由于应用多年知道精华所在，所以可以依据学生的特点选取训练点，不必完全按序列进行教学，这样就可以在较短的时间里获得较好的效果。

2. 勤快写作，以写带读

众多教师都知道要多阅读，提倡并开展广泛阅读活动，却很少有教师会实践勤快写作，以写带读。原因很简单，多写要多批阅，教师没那么多时间与精力；多写要多教，教师心中没序列，多教没招；写作比阅读辛苦，实践起来更困难。而且，因为读没有写那么容易检测，很多就变成了口头提倡，断断续续地活动。孰不知勤快写作会让学生产生困惑，困惑而后阅读，效果会比只读不写强得多。所以，在前期进行粘连作文指导的目的之二就是让学生通过多写促进多读。

3. 广泛阅读，查阅文献

在对学生粘连作文教学的同时，教师广泛阅读亲子助学和语文综合实践课的相关理论，了解其他教师的实践经验。在阅读文献中，我们发现教育科学出版社出版的《杜威教育名篇》一书中，有着丰富的综合课程理论阐述，这为我们开发语文课程资源，实践综合课课题研究指明了思考方向；发现苏联教育家阿莫纳什维利的《我能为孩子做些什么》有了实践活动的形式，对我们来说也是很好的借鉴。这样，从理论到实践都有了一些依据，实践起来就克服了盲目性。后来，又读到了潘新和老师的《语文：回望与沉思》，从中了解到黎锦熙老先生的语文综合课例举和易红郡教授的《“设计教学法”评述》，我们的综合课课程就基本形成了模式，实践就不再是“摸着石头过河”，而是验证模式的可行性，以及如何更有效地获得想要的结果。

4. 制订系列训练计划

在正式实施“亲子助学作文综合课课题实践研究”之前，我们还进行了两方面的铺垫工作。

（1）调查问卷。

设计了一份试卷，在班级开家长会时，让家长填写。问卷内容主要是调查家长进学校课堂任教的内容和可提供给学生进行实践的场地，依据家长的回答制订一年中具体的课程安排计划，形成定期、定员、定内容、定场地的可实施性方案，以及每次活动的具体环节，让学生明确自己在每次活动中应当准备什么工具，做好什么相关的准备，等等，使活动过程有条不紊。

（2）成立家长委员会。

因为课题的负责人是校长，所以可以发挥学校优势，通过问卷调查，发现哪些家长热心且有时间和精力承担这一任务，精选一些家长骨干组成家长委员会，主要是协调家长之间的各项事宜，特别是家长提供活动场地后，要对场地进行观察且在活动过程中保护学生的安全等。

（二）全面开展家长助教语文综合实践活动

1. 家长助教系列活动基本模式

在现代社会中，怎么依据时代背景应用设计教学法呢？黎锦熙的语文设计教学法能给我们提供良好的模式，他举了一个生动的实例。

一个学生捉了一只麻雀。（偶发事件）

师问：“怎么处置？”

讨论结果：“关在笼子里喂养着。”

……

还要写张纸条贴在墙壁上，让人知道笼子里有鸟。

师问：“这纸条怎么写法？”（国语）

学生口头拟好几句话。（语法）

……

这天的功课：下午，讲一讲麻雀的生活。（自然科）

还可以做一做“鹰捕雀”的游戏。（体育科）

后来麻雀死了。

师讲“生物要在空气中生存”的道理。(自然科)

师生讨论如何处理麻雀尸体,“扔在院子里腐烂有种种害处”。(社会科)

“它在笼子里闷死了,很可怜,应该埋了它。”(社会科)

替它做一口棺材:计算要多长,多宽,多高。(算术科)

绘出一个图样。(艺术科)

切纸,糊接。(艺术科)

……

第三天,师提议:“雀坟没有标志,恐怕不能长久存在。”

讨论结果:立碑。

先写“碑文”,次用木板造碑,次书写。(国语、算术、手工、书法)

这一课程模式是极好的综合性、实践性、语言运用的课程模式,语文教师要从这样的教育思想中获得营养,创生出适合自己学生的课程。

2. 探索多样性的助教活动

根据这一模式进行教学的过程中,我们又发现了突破模式的多样性助教活动形式,从时间上看有持续性的与非持续性的。

(1)持续性活动形式。

持续性活动形式,就是活动不可能一次性完成,而要连续地、可间歇性地去完成,如动植物的培养综合实践活动。植物从种子到植株到成长、开花、结果,再到收集种子需要漫长的过程;小动物的饲养,动物从小长到大也需要几个月的时间。这种长时间的、可间歇性的、学生可以随时参与的活动,不可能在一两节课或一周内完成,就需要持续进行。在整个活动中,学生可以自拟活动计划,自主观察记录,可以考验学生的耐性、能力、观察力和写作力。活动过程中需要用到多方面的知识,综合性特征非常显著,学生的语文素养很容易展现出来。

(2)非持续性活动形式。

在实践过程中,我们发现了许多形式的家长助教活动。

① 明助——职业进教室。

“明助”就是让家长清楚自己本次走进教室的目的是给学生上课,是要为学生写好作文提供帮助的。家长要走进教室为学生讲授自己的职业心得或生活感悟。

② 趣助——才艺进课堂。

“趣助”与“明助”相似，只是助教的内容不同。“趣助”是以家长的才艺为课堂的授课内容的，需要邀请从事特殊职业的家长。

③ 暗助——作文进家庭。

因为综合实践课课时量相对较大，所以“明助”与“趣助”一个学期只能举办2～4次，而习作最好是成为一种习惯才有用，所以，在家长进学校之外还要有补充，因而我们采用“暗助”法，即把作文带进家庭。家长可以把作文带进课堂，学生也可以把作文带回家庭，让父母协助完成，而父母在协助中是不知情的，这便是一种真实情境下的协助，所以称为“暗助”。

④ 赞助——学生体验职业。

请家长“赞助”，不是要家长捐钱，而是让家长出力，给学生提供方便。如办工厂的家长或车间工人，可在老板许可下为学生开放工厂，甚至提供某个车间让学生进厂参观，或者是在假期中为学生提供职业体验的机会。许多家长有车，由于班级经费不足，家长可以为孩子当一次司机，带学生进工厂。

⑤ 协助——学生自当家。

学生在经历了一系列的助教活动之后，已经有一定的实践能力，这时的教师与家长都应该成为旁观者、协助者，将整个活动都交由学生自主策划执行，培养学生的语文生活素养。

（三）走进社区及学生独立自主策划活动

如果三年的活动都按上面的内容展开，那么整个活动还基本上是平面的，少了立体感，坡度不够。为使活动呈现梯度上升的过程，我们把活动过程策划为阶梯形式的逐级而上的过程，三年分三个梯度：教师策划，学生跟随；师生共同策划；学生自主策划，教师跟随。

1. 教师策划，学生跟随

这是第一层次。整个过程中，教师为总策划者，一切活动流程全部由教师制定，学生只要参与活动就可以了。由于这种综合性语文活动学生以前没有经历过，特别是要请家长到班级当客座教师，让学生成为主人是不大可能的。因而，最初教师给学生示范，让学生先经历活动，再发现活动是怎么开展与进行的。因此，学生开始只要成为活动的参与者，就可以了，不必考虑活动怎么开展，怎么结束，只要在课堂中执行教师的安排，考虑怎么写推荐书、邀请函、活动记录、感谢信、活动心得等即可。

2. 师生共同策划

经历了一段时间的综合实践活动，学生已熟悉了基本的程序，而且对各个环节的写作任务都已熟练掌握，这时教师就可以和学生一起策划开展活动。教师要教学生怎么想出点子，然后依据点子写出策划书，然后按策划书去执行各项活动。写策划书最不容易，因为要能够实践即行得通才行，所以，要先想好，并有一定的考证，确实可行才能写出来，学会策划是要很细心、思维很缜密才行，如对怎么请家长，什么时间跟家长交流，交流过程要怎么进行，交流多久比较合适等都要考虑清楚。执行活动中，也要细心，如对开展活动是否要用到车辆，派谁去联系车合适，需要多少费用等都要考虑清楚。师生共同策划，就是“扶”学生走，让学生在教师的指导下学会策划。

3. 学生自主策划，教师跟随

在这一阶段，有些学生已经成长起来了，有能力进行自主策划。这时，教师就可以把任务完全交给学生，让他们成立一个策划组，自己去完成一次家长助教的综合实践活动。教师只要跟随，参与其中，在活动过程中不做指导，只在事后做评价即可，有时还可以不用跟随，完全让学生策划完成整件事，最后做评估。每次策划活动，都让学生记录活动的过程，写下策划过程中的感受，这样学生的成长就会非常快。在本课题实践过程中，两届学生都有自主策划并完成整项活动的经历，说明学生有能力承担这样的任务。

（四）走进社区

活动后期，我们已不满足于只请家长当客座教师，而把活动扩大到了社区，跟社区联合开展综合性活动，构成“家长、社区”助教模式。

我们先后走进两个社区，开展了大大小小的共 11 次活动。其中有 4 次是去商议口语交际训练活动的内容与形式；有 3 次是小型活动，如为社区办手抄报、到社区听心理讲座等；有 2 次是大型活动，如到社区绿色网吧“冲浪”，利用社区的活动室开展打乒乓球、下围棋、下象棋等活动，到社区图书室看书，等等。学生在活动中尽情放松，各展才能，快乐得像归林的小鸟，完全舒展了自己的身心。

三、课题研究成果

日常教学中以课题为核心开展教学活动，每学期初制订好计划，并认真落实，每学期末认真总结，为下一学期提供参考。因长期不懈努力，我们的课题研究取得了预期效果。

（一）学生学习成长成果

1. 学生写作水平明显提高，写作兴趣增量显著

开始接手这两届学生时，学生有一个相同的特征：听说要多写作文，抱怨连连。可见学生对作文没多大兴趣，大多数学生不但不喜欢还很害怕写作。后来经历了习作课堂之后，学生不但没有害怕，而且爱上了写作。学生写作兴趣明显加深，就连语文成绩落后的学生，也开始喜欢写作文，作文成为他们获得更高分数的法宝。许多学生不用教师布置，就能主动写作，写作的数量是以前无法比拟的，就连平行班语文成绩优秀的学生的写作积极性也难同实验班学生相比。

从效果上看，两届学生的整体写作水平都有明显的提升，少数学生更是提升显著，从考试成绩上就能反映出来。

班级	六年级上学期期中作文平均分（分）	六年级上学期期末平均分（分）	六年级下学期期中平均分（分）	六年级下学期期末平均分（分）
1	32.69	33.84	35.06	31.93
2	33.44	34.11	34.67	31.64
3	33.22	33.95	34.32	31.75
4	33.65	33.97	34.13	31.33
5	32.63	34.46	35.11	32.10

从写策划书看，学生开始都不懂什么是策划，经过学习与实践后，学生的策划能力有了很大提高。具体如下表所示。

标准 / 策划能力	能写出优秀的策划书，并有能力策划好活动	能写出一般的策划书，且能策划一次活动	能写出简单的策划书，在同学协助下能策划活动	写不清楚策划书，有同学帮助还不能完成任务
第一届学生策划能力分布（45人）	8	14	16	7
第二届学生策划能力分布（46人）	12	14	15	5

可见学生的可塑性很强，特别是有心的学生提高得很快。策划能力强的学生，每次活动都会认真写策划书，写不好就重写，一直到自己、教师或父母满意为止。他们有着坚韧的精神，当然也是因为有着浓厚的兴趣才能不厌其烦地坚持下去。同时，这些学生每次活动都会仔细记录，写下心得，所以进步得快。相反，策划能力不强的学生，就是缺少了这股精神，所以，当时间悄然走过后，就被别人甩在后面了。

2. 学生作品发表率

由于写作能力的提升，学生的作文质量也非同一般了，所以发表率也大大提高。四年中，学生在CN类刊物上发表文章数量如下表所示

第一届学生	一至三年级	四年级	五年级
发表篇数（篇）	0	1	19
第二届学生（篇）	一至四年级	五年级	六年级
发表篇数	2	6	15

另外，每举办一次活动，班级就会出一份班报，（交接班的那一学年没有出，第一届学生从四年级接手，第二届学生从五年级接手）三年里共出了16期班报。学生在班报上发表作品数量大约为160篇，两届学生的文章发表率都达90%以上，就是说一个班级40多人，只有2到4位学生没有发表过作品。

3. 课题研究过程中的活动次数

由于接手时，需要进行粘连作文指导，所以第一学期综合实践活动次数会比较少，甚至可能没有，但学生一旦有了根基，就能按计划如期举行各项综合实践活动。本课题活动次数分布如下表所示。

第一届学生	四年级上学期	四年级下学期	五年级上学期	五年级下学期
综合活动次数（次）	2	2	2	2
第二届学生	五年级上学期	五年级下学期	六年级上学期	六年级下学期
综合活动次数（次）	0	0	3	5

由于安全问题，学期计划中有三个活动（参观发电厂活动，军舰参观活动，海翔社区活动）进行了一半就取消了，学生很是遗憾。

（二）教师成果

家长助教作文综合课，以其特殊的课堂结构形式吸引了众多教师。四年来，作文综合课课题主持人及课题成员给本学校和海沧区教师开公开课20多节，讲座2场，每次公开课都获得了与会教师的好评，2013年5月还向厦门市教师进修学院进行了中期成果汇报。课题开题后，在研究中不断探索、总结，也发表了一些文章，如下表所示。

期数	论文题目	刊物名称
2011年第1期	“看”来的作文	教学案例
2012年第3期	“亲子——助学”作文综合实践课	新作文
2012年第12期	作文综合课——实现从眼写走向心写	新作文
2013年第3期	“家长助教”作文教学一拖十	新作文
2013年第3期	写作教学到底教什么	语文教学通讯
2013年第3期	作文综合课也可以请家长助教	教育实践与研究
2013年第8期	写作教学到底教什么	小学语文教与学
2015年第6期	助教语用教学	安徽教育文汇
2016年第1期	设计教学法新用	新课程研究
2016年第1期	阅读教学：要从训练教学走向运用教学	语文教学通讯
2016年第4期	如何创生语文课程内容	新课程研究
2016年第4期	作文综合课设计案例	新课程研究
2016年第4期	有效利用社区资源服务语文教学	新课程研究
2016年第4期	客座教师进小学课堂	新课程研究
2016年第4期	开通运用语文的绿色通道	新课程研究
2016年第4期	学校捧课本　社区用语文	新课程研究

从文章撰写到发表比例看，家长助教作文综合实践的课题文章，还是很受欢迎的，说明这项研究得到了许多人的认可与关注。

四、结论

（一）从亲课本走向亲生活

我们的语文教学主要是课堂教学、教材教学，这是学校语文教学的历史特征，我们要在这一基础上，进行亲书本与亲生活并重的探索。首先是从亲课本到亲书本。要把学生的视野打开，不能只盯着几本教材，语文是一门很特别的学科，无法“一生二，二生三，三生万物”，它可能是一个相反的过程，即由多而精的过程：知识面广，知识丰富，思考就精到；读很多的书，才能较深地理解一个简单的道理。有学者说得好：如果一个学生只会读课本，那么这个学生就连课本都读不好。所以要把学生的阅读时间从课内带向课外。其次，在此基础上再进行亲书本与亲生活相并重的教学。生活是一本大书，教师不能把这本大书当摆设或压根儿装作看不见，行万里路与读万卷书是同等重要的。因而我们开展的带学生走出校门、走进“家长基地”是一个非常好的“亲生活”活动。由我们这个课题派生而出的“亲生活文学社团”就是课题进程中的一个新增长，“亲生活”作文实践对学生的学习促进力是非常大的。

（二）学生作文实现从眼写走向心写

游戏作文、实验作文、动手作文、参观作文、动画作文……这些作文的共同特点就是引导学生观察情境，先说后写。学生只要用眼看，尔后记录看到的内容，加点自己的感受，就轻易达到了教学的目的。而综合实践课就不同了，它是引导学生用心写，即用心灵去感受生活，用大脑去思考生活，在感受与思考中发现素材，记录发现与感受。综合实践课提倡用身去体验，用心去写作。特别是要与“陌生人”进行口语交际，这对学生而言是极大的挑战，不用心、不用勇气是不成的。这就给了学生极大的思考空间与压力，促进学生语文素养的提高。

（三）课题深受学生的喜爱和家长的支持

一方面，很多学生对作文并没有好感，但是对活动十分青睐。爱玩是孩子的天性，好奇心也是孩子身上最宝贵的特性。家长助教正好能满足学生的天性，能使学生向往。加上写作不是为了交作业，而是要拿给父母看，即写作成了展示自己才气的手段，学生的感觉就变了。所以，学生特别喜爱这样的活动。

另一方面，课题实施中，学生常为活动内容而与家长就具体事情进行交流，谈话有内容、有目的，还有计划，家长与孩子的这一交流与平时的教育交流效果就大不一样了。共同商讨上课事宜能增进家长与孩子的交流，上课之后，孩子又频繁地把同学的赞赏及教师的评价反馈给家长，也会让家长开心。

借此平台，家长开始关心孩子的日常学习，与孩子的关系也更加密切。同时，家长看到了孩子的作文成绩的提高，看到了孩子的交际能力和策划能力的增强，特别是看到了孩子开心的样子，自然欣喜，进而也非常认同这一课题，并给予大力支持。从目前看，那些已到学校上过课的家长、给孩子提供过实践机会的家长对学校及班级的感情更深。当家长参加毕业家长会时，都不时称赞作文综合实践课的优点，对孩子的变化喜形于色。

五、问题讨论

随着课题的深入，家长越来越多地参与到本课题中来，在家长助教这一方面呈现出欣欣向荣的态势。可是，综合学习不能只满足于这一点，于是我们把课题拓展到社区中去了。社区是很好的语文综合学习课程资源，可是社区活动很难开展，因为社区没有这方面的资金，也没有与学校合作的任务，社区负责人根本没有兴趣举办学生综合性学习的活动，这给我们带来了协调上的困难，也使我们失去了好多实践活动的好时机。通过两次活动，直接参与的社区负责人觉得活动很有意义，但没有参与活动的领导对此没有概念，活动很难取得他们的支持。这是今后要攻克的主要困难。

另外，随着策划、安排、联系、实践、记录、反思整个过程的多次循环，一些自觉的学生的能力提高得相当快，而一些懒惰的学生没能跟上脚步。随着时间的推移，学生语文阅读能力、口语交际能力、活动策划能力、活动执行力等的差距越来越大，一些学生足已成为另一些学生的老师，而另一些学生的水平几乎跟平行班学生一样，还停留在初期。这一点同样值得我们反思和调整。

【参考文献】

[1] 张中行．作文杂谈［M］．北京：中华书局，2012.

[2] 易红郡．“设计教学法”述评［J］．课程・教材・教法，2013（7）．

[3] 柯蒂斯・J. 邦克．世界是开放的——网络技术如何变革教育［M］．上海：华东师范大学出版社，2011.

[4] 何自然．语用学讲稿［M］．南京：南京师范大学出版社，2003.

[5] 威廉・H. 克伯屈．教学方法原理——教育漫谈［M］．北京：人民教育出版社，1991.

[6] 徐九庆．中国教育怎么了［M］．桂林：广西师范大学出版社，2009.

[7] 熊明安，周洪宇．中国近现代教育实验史［M］．济南：山东教育出版社，2001.

[8] 潘新和．语文：回望与沉思［M］．福州：福建人民出版社，2008.

下篇　实践篇

第七章　课题铺垫作文指导设计

第一节　整合学科作文教学设计

“音乐作文课”教学设计

【教学目标】

把音乐课作为写作的内容，认识到课堂内容是很有东西可写的，每一节课都是很好的写作素材。

【教学重难点】

(1) 写课堂内容，不仅要记录课堂活动的过程，还要记下自己的感受；上音乐课要用想象法想象音乐的内容。

(2) 让作文课延续音乐课的快乐，感受写作文的快乐。

【教学时数】

2 课时

【教学过程】

一、谈话导入

师：老师在办公室就听到了大家优美的歌声，大家唱得这么好，学了几节课了？

(生回答。)

师：你们一遍一遍地唱给音乐老师听，每唱一次水平都提高一点，知道为什么吗？

二、回忆上节课的教学过程

1. 询问歌词意思，发挥学生的想象。

师：老师也很想完整地听你们唱一遍，愿意唱吗？

(生唱。)

师：虽然我不能给大家提建议，但我能给大家鼓掌，唱得很好！可惜大家合唱时，我听不清歌词，我想请一位同学单独唱，另一位同学把歌词写在黑板上。要是大家表现得好，说不定我这节课就请你们当我的音乐老师，我当你们的作文老师。在这间教室里没有学生，也没有老师，因为大家都是老师，也都是学生。

（一生唱《雨花石》，一生在黑板上写下歌词。）

2. 理解歌词讲的是什么意思。

我是一颗小小的石头
紧紧地靠在泥土之中
我是一颗小小的石头
深深地埋在泥土之中
我愿铺起一片五彩的路
让人们亲亲密密一片欢乐
我愿铺起一片五彩的路
让人们亲亲密密一片欢乐
啊……

师：当你唱这首歌时心里想到了什么？这小小的石头铺起的路是什么样的？五彩的路是什么样的？小石头有五彩的吗？那“五彩的路”怎么理解？在生活中你看到过哪些路？当你们踩在小石头铺成的路上，你以前可能没有想过什么，今天呢？你看过最美的小石头铺成的路是在哪儿？哪里美？你想对这些小石头说些什么？请写下你曾看到、踩到的小石头铺成的路，请记下你对它们默默无闻精神的敬佩之情。

3. 再次用歌声来表达小石头的心声。

（生唱。）

三、音乐课过程回放

师：音乐老师是怎么教会你们唱这首歌的？分几步教学？说一说你对每一步的感受。请记下音乐老师教学的流程，想想音乐老师为什么那样教你。

师：你对音乐老师教学中的哪个环节最感兴趣？为什么对那个环节最感兴趣？

四、模仿音乐老师教学

师：请你们学着音乐老师的教学方法来教我唱这首歌，没有琴你想用什么替代？

（请几名同学试着当老师，先说说当老师要注意什么，再教学，教师跟学生学唱。）

师：你们刚才做到自己认为要做到的事情了吗？扮演音乐老师有何体会？

（生评价小老师的表现和语文老师唱得如何。）

师：让我们一起享受音乐给我们带来的快乐，也把我们对小石头的感情随着音乐抒发出来。

五、回忆本课，整理作文

师：感谢同学们，老师也学会唱《雨花石》了，现在回头看看你本子上写的内容，在音乐课的教学过程里加进你对歌词的感受、唱歌时的想象和心情，就写成了一篇音乐课的作文了。请整理。

“体育作文课”教学设计

【教学目标】

明白语文是所有课程的基础，作文素材到处都是，而课堂是最好的素材源泉之一。

【教学重难点】

（1）把体育课的情感延伸到作文课堂上，让学生体会到作文课跟体育课一样，也是其乐融融的。

（2）学习表达方法，有选择地表达体育课上的内容，特别要学会事与情结合着写。

【教学时数】

1 课时

【教学过程】

一、延续体育课的情感，谈话导出体育课的意义

师：许多同学还在喘气啊！脸上的笑容也还没消失，体育课给大家带来的欢乐持续的时间还是很长的，可见你们对体育课特别有感情。能说出爱上体育课的理由吗？说得特别好的，可以记录下来。

师：体育课的内容很多，那么你们各自喜欢什么体育项目呢？

二、回顾上节体育课的过程，谈感受

师：上节体育课是怎么上的？请一位同学描述一下上体育课的全过程。

师：体育课通常分为三个部分，即准备部分、基本部分、结束部分。请按这个顺序，再请一位同学说一说。然后，大家说说你最喜欢哪个部分，为什么？

师：如果现在让你再次描述体育课的过程，那一定会跟上次不同了吧？你哪里会多说一些，哪里会少说一些，哪里只用一句话就带过了？

师：刚才我听大家说自己喜爱的内容非常相似。既然大家的喜好这么一致，那为什么不建议体育老师直接上那一部分的内容呢？

师：每次上完体育课后会有什么感受？

三、写作文，表达体育课堂上的感受

师：人体需要体育，人脑也要体育，知道人脑体育课吗？哈哈！其实就是你们非常熟悉的“智育”。现在，我们就来上人脑体育课——写作文。

师：这篇作文该怎么选材？怎么写？

师：请写下上节课的过程和感受，做到把自己的感受融在活动过程中。

“当一回数学老师”作文教学设计

蔡继阳

【教学目标】

通过活动体验，在体验中领悟写想象作文的方法。

【教学重难点】

（1）采用扶放结合的方法，进一步培养写作文的能力。

（2）培养独立构思和认真修改习作的良好习惯。

【教学时数】

2课时

【教学过程】

一、启发谈话，激发兴趣

师：同学们，今天我们来聊聊数学老师，谁来谈谈自己对接触过的数学老师的印象？

（生交流。）

二、学生体验，积累素材

师：在刚才我们谈到的所有数学老师中，哪些数学老师给你留下了深刻的印象？为什么？

（生表述。）

师：哪位同学愿意来模拟一下刚才所说的几位数学老师的特点？

（生表演，师生交流评价后再次表演。）

三、归纳小结，揭示规律

师：刚才的几位数学老师，应该给同学们留下了不少的印象，具体的印象谁来说说？

（生说得较泛，引导学生总结特点。）

师：（1）根据自己的印象和喜好，选择自己理想中的数学老师来谈。（2）结合自己的印象，大胆、合理地谈，抓住人物的特点。（3）所谈的数学老师都应当有教师的思维和行为，谈论时不能仅仅停留于外表和动作。

四、启发点拨，指导选材

1. 启发谈话，开拓选材思路。

师：同学们，刚才的交谈很热烈，你们都说得很好。但每个人理想中的数学老师或印象中的数学老师是不一样的，因为每个人的兴趣爱好不同，生活经历不一样，因此，每个人想象的内容应该是各式各样、丰富多彩的。现在结合自己的印象和体验，想想如果你来当一回数学老师，你会怎么做。

（生再次表演。）

2. 独立选材，分组互议。

（师出示题目《当一回数学老师》，引导学生分成四人小组讨论，让学生根据自己的兴趣、爱好、印象说说自己所选择的角度，然后谈谈怎么来写。）

五、扶放结合，培养能力

1. 启发引导，开拓思路。

教师在对学生进行构思指导时，要引导学生在求异思维上下功夫，让学生明白：从同一个角度，可以写出多种不同的数学老师：同一个数学老师，情节结构的安排也可以多种多样。

2. 独立构思，完成习作初稿。

要求学生根据自己的选材，运用想象，结合体验进行独立构思，并完成习作初稿。

六、指导修改，完善习作。

1. 提出修改要求，学生自改习作。

（1）是否通过将数学老师这个人物形象置于某个特定的活动或环境来写？是否具有思维和行为？

（2）人物是否具有明显特征？情节是否生动有趣？

2. 分四人小组互批互改。

3. 课堂交流。

要求学生说出自己修改的过程和理由。

4. 评改。

通过学生对自己作文的修改，表扬习作有明显进步的学生，进一步调动学生修改习作的积极性。

七、指导评赏，成就激励

（1）让有进步的同学上台朗读自己的佳作，师生进行示范性评赏。

（2）分四人小组自评自赏或互评互赏。

“假如我是班主任”作文教学设计

刘水用

【教学目标】

通过观看同学表演的班主任情景剧，谈一谈、说一说当班主任的方法，以及自己的想法。

【教学重难点】

（1）能够根据自己对班主任的理解，想象说话“假如我是班主任”。

（2）能用流畅的语言把对“假如我是班主任”所思所想的内容写具体。

【教学准备】

（1）排练两出有关班主任的情景剧。

（2）课前几位学生自愿报名体验班主任的日常工作。

【教学过程】

一、启发谈话，引出话题

师：同学们，如果重新给你选择生活角色的权利，你会选择哪一种角色？为什么？

（生畅谈自己的想法。）

师：其实你们的想法可以更贴近自己的生活。你们有没有想过，假如你是班主任，生活将会怎样？今天我们就来说一说、写一写“假如我是班主任”。

二、表演节目，谈论想法

师：首先，我们一起来观看两出有关班主任的情景剧。要求：第一，认真观看表演，随时把自己的所见所闻速记在本子上。第二，想一想如果你是剧中的班主任，遇到类似情况，你会怎么说、怎么做。

（生进行情景剧表演：①迟到学生“撞见”班主任；②课堂打架事件。）

（表演的同学先谈表演感受，其他同学就表演的内容谈自己的想法以及遇上这样的事自己会怎么处理。）

（教师引导学生发散思维，辐射想象，从各个角度包括学生的角度、班主任的角度、校长的角度、家长的角度等，说一说自己的想法、做法。）

师：（小结）看来，面对同一个问题，如果从不同的角度和立场去思考，得出来的看法截然不同。

三、亲身体验，现身说法

师：还记得前几天自愿报名参加为期一周的“我是班主任”体验活动的几名同学吗？现在请这三位同学上来和大家一起分享他们的特殊体验。请发言的同学做到声音响亮，表达清楚。请倾听的同学认真听讲，有问题可以先速记，再讨论。

（体验者与非体验者互动交流。）

师：（小结）相信同学们对表演的剧目都有不一样的感受，接下来我们就一起写一写“假如我是班主任”。

四、角色反转，辅助写作

1. 要求。

（1）以“假如我是班主任”为题。

(2) 发散思维，寻找一个角度或方向，从一个小点切入，想象合理。例如，如果自己是班主任，将如何利用好家长资源，为班级所用。

2. 学生写作，教师巡视，相机指导。

五、习作展评，练习修改

教师随机抽一个学生的习作进行朗读、点评、修改，并教给学生修改的方法。

六、布置作业

完成习作《假如我是班主任》，写完后自己读一读，也可以给同学、家长读一读，结合他们的意见，继续完善。

“‘音乐会’也疯狂”作文教学设计

张光宇

【教学目标】

培养留心观察生活的习惯，培养写作的兴趣。

【教学重难点】

掌握描写人物的心理这一写作方法。

【教学过程】

一、我奏“音乐会”

1. 教师导入。

师：你会拍手吗？你会跺脚吗？你会狼嚎吗？或许你还有别的能发出声音的方法，那么今天上课之前就给大家3分钟的时间，我们来开一场疯狂的“音乐会”吧！尽情发出你想发出的声音。

2. 提出要求。

留心观察他人的神态，牢牢记住自己的心情。

3. “音乐会”开始。(3分钟)

二、我说“音乐会”

1. 说词。

师：“音乐会”结束，你有何感受？用四字词语表达。

生：自鸣得意、笑语欢腾、春风得意、心中窃喜、心花怒放、迫不及待、暗自得意、洋洋自得、翘首以待、忐忑不安、激动万分。

师：在这场“音乐会”中，谁让你印象最深？为什么？

（生交流。）

师：（过渡）这场“音乐会”虽然短暂，却别开生面，老师在其中看到了许许多多各式各样的动作、神态。

师：谁能说说你刚才都看到了哪些让你印象深刻或你觉得有趣而好笑的动作、神态？请用四字词语表达。（相机板书）

生：蓄势待发、瑟瑟发抖、自言自语、垂头丧气、笨手笨脚、呆若木鸡、摇头晃脑、欢呼雀跃、哄堂大笑、挤眉弄眼、笑逐颜开、恼羞成怒、惊喜交加。

2. 写句。

师：请选择2～3个黑板上的词，写一个长句，记录你刚才所见所想。

（生交流。）

（师选择2～3句，用幻灯片展示。）

3. 连段。

师：作文其实很简单，有感受后，先用简单的词表达，再加入描写，串词成句，接着连句成段。

师：给大家两分钟的时间进行小组讨论，想一想加入怎样的描写或句式，可以把展示的这3句话连成一个片段。

（生以小组为单位交流。）

三、我写“音乐会”

师：（过渡）其实只要留心观察，用心思考，连词成句，连句成段，作文其实也不难。

1. 写段。

师：现在请同学们仔细回忆刚才印象最深的场景（发生在自己身上的或同学身上的），写一个片段。

（生交流，师相机点评。）

（1）教室里，最先遭殃的是铅笔盒，它成了包公审案的惊堂木。紧接着是桌子，它成了印第安人狂欢击打的腰鼓。瞧！凌峰好像被人欺负了似的，自然黄色的笔袋就成了他的出气筒。只见他把黄色的笔袋高高举起，使劲往桌子上一扔，“砰砰”，那声音震得我耳膜发疼。这还不够刺激。再看看严子昊，只见他站了起来，用手捂住耳朵，张开嘴巴，扯着嗓门“啊啊啊”叫着，一声比一声高，好像有人掐住了他的脖子，他在做垂死挣扎似的。“我那可怜的耳朵啊!”我自言自语道。可他兴奋劲儿还未消，满脸放光，使劲地叫着。

(2)“音乐会”开始了，随着老师一声令下，男同学就像有着孙悟空七十二变的本领似的，摇身一变，变成了一名名疯狂乐手。他们以各自独特的“乐器”独奏着。坐在我后面的胡开鑫同学“咚——咚——咚咚咚咚咚咚咚”地拍着桌子，好像把自己的课桌当成了印第安人狂欢的乐器——腰鼓。他边击打边快速摇头，有些女同学听了这声音忍不住捂起了耳朵，因为这声音震耳欲聋，让人感到好像世界末日要来临了，恐惧万分。

(选一段大家印象最深的，用幻灯片出示，全班讨论，一起完善。)

2. 连篇。

师：连段成篇，你可以选择其中印象最深的一位同学或一件事情，写一写这场疯狂的“音乐会”。

四、总结

作文就在身边，就在你的心情、你的观察、你的感受里。

第二节　整合家庭生活作文教学设计

“模仿妈妈一天的生活”作文教学设计

陈杨梅

【设计意图】

家庭生活是孩子童年生活的重要内容，它带给孩子温暖，带给孩子快乐。孩子在父母的呵护下，拥有了幸福的童年。但是，调查表明，不少独生子女受到父母长辈无微不至的呵护甚至溺爱，以至身在福中不知福，他们不了解父母为建立幸福的家庭而付出的辛劳，不理解长辈是在以自己的实际行动为家庭增添温馨气氛。因此，通过模仿妈妈一天的生活让孩子充分感受家庭成员给予自己的爱，体验父母的辛劳，同时引导孩子学会用自己的方式向父母表达爱与关心，并将自己体验过程中珍贵的内心感受流泻于笔尖，积累写作素材。

【教学目标】

1. 了解妈妈一天的工作，体会其工作的辛苦，感受父母对自己的爱。

2. 学习以恰当的方式表达对父母的感激、尊敬和关心，孝敬父母，表达对父母的爱。

【教学重难点】

将自己模仿妈妈一天的生活的过程按一定顺序表达出来，表达体验过程中的内心感受。

【教学准备】

1. 音乐《妈妈的吻》。

2. 引导学生了解妈妈一天的工作和生活。

【教学过程】

一、视频导入，引发思考

1. 组织学生观看视频《雕牌洗衣粉广告》。

2. 组织学生交流自己的感受。

二、观看录像，体验父母的辛劳

（观看录像——《一位家长一天的工作》。）

师：这位家长一天在单位做了哪些事？（板书）了解这些后，你有什么感受？

师：你可知道你的妈妈每天回家后都做着什么事？以合作小组为单位交流各自妈妈所做的事情。

（学生代表上台对自己组里同学的妈妈们所做的工作进行综合汇报。如做饭、照顾老人、洗衣等我们可以看见的，还有一些我们无法在家里看见，妈妈们却也在做着的，如上班赚钱、为勤俭持家精打细算等。）

三、创设情境，引入新课

1. 引入。

师：你想对你的爸爸妈妈说些什么呢？爸爸妈妈都非常辛苦，你们愿不愿意为他们做一些力所能及的事情，为他们分担一些负担呢？

2. 引导。

（课件播放一则学生日记。）

师：你愿意试一试，当一回家吗？不过，这个家怎么当，大家还得想一想。和同学们互相交流交流。（意在让学生充分调动已有的生活经验，回想自己观察到的父母在家一天的工作情况，以便于拟订自己的计划）

3. 制订“当家人”计划。

（1）先由学生独立拟订“当家人”计划。

（2）小组讨论交流。

（3）推荐一份计划，大家一起来评判一下。

4. 用幻灯片展示仪展示计划，全班评议。

（1）写这个计划的时候要注意些什么问题？如安排的顺序、时间是否合理？在当家的那天打算做些什么工作？哪些工作能独立完成？完成的方式是什么？

（2）根据讨论的要求重新调整自己的计划。

四、实施计划内容，记录体验感受

师：同学们的计划写得都非常好。希望这不仅仅是一份计划，既然写了，就应该很好地落实。周末两天实践一下，并记录下自己的体验与感受。

（学生交流体验日记，谈谈自己是如何当家的。如一天中自己做了哪些事？怎么做的？成功后的感受如何？遇到困难时自己是怎么想的？又是如何解决的？一天体验下来和自己的预期想法一致吗？最大的收获是什么？都有哪些思考？体验过程中印象最深刻的是什么？）

五、撰写体验日记，表达内心感受

1. 完成一篇体验日记，记述当家活动中发生的有趣的事，重点写出自己的体验和感受。

2. 邀请家长参与，聆听学生的体验日记，并让家长谈谈对学生体验过程的观感，给予家长与孩子交流互动的机会，双方真实地表达内心的感受。

3. 将自己与家长交流互动后的思考与感受融入文章，学会从不同角度去写作，修改自己的文章。

4. 交流成文，相互评价。

六、课堂总结，升华情感

1. 播放音乐《妈妈的吻》。

2. 小结。

家人之间互相关心，互相体谅，多为对方着想，这个家庭就会变得和谐、幸福。让我们从这次的体验活动开始，学会关心、理解父母，成为更加合格的家庭一员！

“洗脸刷牙情境”作文教学设计

刘水用

【教学目标】

培养观察能力，能用自己的语言说出见闻、感受和想象。

【教学重难点】

（1）通过观察，能用学到的写作方法把一个情景写具体，写清楚。

（2）培养乐于表达和修改习作的习惯。

【教学过程】

一、营造气氛，激发兴趣

师：请用一句话或一个词说出此时上课的心理感受。

（生表述，师板书。）

（师生互动游戏：我说你做。）

（设计三组分别表示动作、神态、语言的小情景。）

师：（小结）我们写人物作文的时候通常都要用到心理、动作、语言、细节和神态描写，仔细观察，注意人物细节，就能把情景写具体，写生动。

二、创设情境

师：你们喜欢刚才的游戏吗？

生：喜欢。

师：那么这节作文课我们就继续做刚才的游戏。

（教师做动作，学生说。在做动作之前，让一名学生背向教师，其余学生认真观察。结束后请学生用自己生动的语言把教师做的动作描述出来，没看到的那名学生根据其他学生的描述把动作做出来。）

（教师表演刷牙洗脸，一名学生背向教师，其余学生观察。背向教师的学生猜猜教师做的是什么动作，其他学生帮他解开疑惑。）

（要求：学生认真听，其余学生把刚才教师做的动作用自己的语言描述出来，可以互相补充，然后背向教师的学生做动作。）

（教师引导其余学生比较那名学生与教师所做动作的异同点。）

师：（小结）若要让学生与老师表演的基本上一样，我们必须怎么做？

（学生观察仔细，描述具体，用词准确，想象合理。）

（请看到的学生模仿教师的表演。）

三、自主表达，试写片段

师：请同学们用5～7分钟把刚才看到的情景写下来。

（要求：注意抓住人物的动作、神态、心理活动，并把这个情景写具体，写清楚。）

（学生写作，教师巡查。）

（同桌互读，全班抽读，互相评价。）

四、习作展评，练习修改

（教师随机抽一个学生的习作进行朗读、点评、修改，并教给学生修改的方法。）

五、作业

师：请同学们利用课余时间把课堂上的习作用学到的修改方法进行修改。

“观察餐桌上的美食”作文教学设计

刘水用

【教学目标】

1. 调动多方面感官，能仔细观察餐桌上的美食。

2. 在仔细观察的基础上，通过合理想象，学会抓住特点进行描述。

【教学重难点】

培养良好的观察习惯，形成一定的现场即兴演说能力。

【教学准备】

1. 几盘美食。

2. 多媒体课件。

【教学过程】

一、情景导入，激发兴趣

1. 教师慢慢打开盒子里的美食。

2. 学生谈想法，把所看到的情景用语言进行表述。

二、美食展销，开心作文

1. 分组展销。

（1）请一名学生上台观察美食，边观察边用关键词速记美食的特点。（提示：按一定的顺序来叙述。）

① 用眼看。

② 用鼻闻。

③ 用手摸。

④ 用口尝。

（2）其他学生进行补充或提出建议。

（3）提示：在观察、了解美食的基础上，展开合理想象。（可从食材选择、烹饪过程、美食与生活等角度进行）

2. 全班展销。

（1）各学习小组推选一名代表来介绍美食的特点，学生代表介绍时要有特色，要有创新的内容。

（2）学生进行演说比赛。教师评议、补充。

3. 美食品尝。

三、教师推销示范

1. 教师推销示范，介绍餐桌上的美食。

2. 归纳板书。

四、快乐写作

1. 要求。

内容：美食、观察、介绍美食的场景、由美食想到的……

2. 动笔写作。

3. 交流。

同桌互读，全班抽读，互相评价。

五、习作展评，练习修改

教师随机抽取一名学生的习作，进行朗读、点评、修改，并教给学生修改的方法。

“陪父母逛商场”作文教学设计

周志云

【设计意图】

许多学生都有与父母一起逛商场的经历，如此温馨的经历，不去体味将会逐渐淡忘，确实遗憾。因此创设陪父母逛商场这样的生活情境，一方面可以重新激起学生心中的美好情感，另一方面也可以给学生创造机会，让学生永久铭记这种美好的生活记忆，同时也可以训练学生作文能力。

【教学目标】

能借助描写人物的神态、动作、语言、心理等方式表达内心的情感。

【教学重难点】

学习细节描写方式。

【教学过程】

一、勾情起忆

师：同学们，谁陪父母逛过商场？

（板书：陪父母逛商场。）

二、激情拓思

师：同学们拿来了几张自己和爸爸妈妈一起逛商场的温馨照片。想不想和老师一起欣赏？

（课件出示温馨照片，学生简单描述画面内容。）

师：其实大家都有过陪父母逛商场的经历。现在请打开你的记忆大门，搜索一下，哪一次逛商场的印象最深？

（教师出示句式。）

当妈妈（爸爸）看中喜欢的商品__________时，____________________。

当我需要__________时，妈妈（爸爸）______________________________。

当我买到__________时，感受到妈妈（爸爸）____________________。

三、顺学而导

师：同学们，你们看，陪父母逛商场多温馨感人。要让大家真切地感受到这份情，那我们是不是应该把这件事原原本本地说出来呢？我们就来说说逛商场的那些事。

（指名交流，教师从两个方面加以引导。）

1. 说清楚。

当发言的学生能把这件事原原本本地说出来时，教师引导其他学生体会怎样说清楚一件事：一步一步说出来，让人听了感觉事件说得很清楚。

2. 说感人。

（1）当发言的学生已经能清楚地说一件事时，教师站在一个倾听者的角度，在询问中让学生自己发掘这件事的细微之处。

（2）如果发言的学生在说一件事时已经把一些细微感人之处表达出来了，教师可以直接引导学生谈听后感受，再顺势点出细微感人之处并板书。

师：妈妈说时是什么表情？妈妈又是怎样做的？你听了妈妈的话后心里是怎么想的？

四、激励习作

师：同学们说得美，表达的情感更美！小作家们，还等什么！赶紧拿起我们手中的笔把刚才说的事写下来吧！在写的时候，把事情写清楚，从人物的语言、动作、神态、心理等方面来写，尽量把印象深刻的地方写清楚。

（学生动笔写，师生共同点评。）

附：范文

昨晚的夜空星光闪闪，月亮不是十分明亮。爸爸妈妈带我去逛商场。（起笔既然用环境描写，那么最好简要写一下去逛商场的心情，以环境烘托心情。）

走进商场，里面的商品琳琅满目，让人眼花缭乱！有好吃的水果，有漂亮的服饰，有精美的文具，还有金光闪闪的戒指与项链……我紧跟着爸爸妈妈，左拐右拐，像在走迷宫似的。（简洁明了，用最精练的语言表现出了商场的繁华。）

突然，妈妈的目光停留在一只玉镯上。那只玉镯温润典雅，妈妈戴着它，平添了几分气质。妈妈呆呆地看着它，眼睛直发光，似乎很想把它买下来似的，不时扭头望望爸爸。可爸爸脸上毫无表情，妈妈只好摘下手镯，继续向前走了。（对妈妈的描写很传神，好。）

我们走到了服饰区。哇，真漂亮啊！衣服上画着各种各样的图案，有美丽的彩虹、金色的太阳、色彩斑斓的蝴蝶、披着“盔甲”的螃蟹……栩栩如生，活灵活现！这时，爸爸钻进衣服堆里，抽出一件橙色的衣服，放在身上，一扭身，得意洋洋地对我说：“怎么样，漂亮吧?”我为了附和爸爸的“臭美”，急忙连声说：“好看！好看！太好看了！”心里头却在嘀咕：“没想到我爸爸还那么爱臭美！”接着，爸爸又问妈妈：“你看，漂亮吗?”妈妈好像想好好地“报复”一下刚才爸爸不给她买手镯的事情，于是找了个原因说：“不！不！太老土了！”爸爸自讨了个没趣，只得灰溜溜地丢下衣服离开了。（描写比较细腻生动，将人物行为与环境描写融合在一起，使读者身临其境。）

不知不觉来到了儿童服饰区，妈妈帮我挑了一件毛衣试穿，爸爸妈妈一致说“好看，好看”，最终爸爸妈妈自己什么都没买，却给我买了毛衣、裤子、鞋……离开了商场，我感受到父母对我的爱，我发出了由衷的感叹：“跟父母逛商场真爽！”

“‘父训子，母夸子’之洗碗体验”习作教学设计

洪秋丽

【教学目标】

通过生活实践体验，认识到有内容可写，培养写真情作文的能力。

【教学重难点】

学习用看、听、感相结合的表达方法写作。

【教学过程】

一、导入

师：你在家里洗过碗吗？请谈谈自己的感受。

二、说话练习

1. 表演。

师生合作表演洗碗：一名男生在洗碗，一名女生当母亲，在旁边夸“儿子”孝顺；教师当父亲，在旁边训斥“儿子”洗的碗不干净。

2. 说话练习。

（1）你看到了哪些人物？他们在做什么？

（2）你听到他们在说什么？

（3）父亲和母亲对待儿子洗碗这件事的态度有何不同？为什么会有这么大的不同？

（4）联系生活实际，你平时在家洗碗或做其他事时，父母对你的态度有何不同？

（5）如果让你以此为题，写一篇作文，你打算把重点放在哪里？

3. 四人小组讨论，全班交流。

（1）习作内容的引导：洗碗过程中的细节描写、洗碗时的心情描写、父母语言背后的意图猜想。

（2）习作方法的指导：细节表达法、情境矛盾冲突法。

（3）习作布局的指导：以我内心的变化为主线，或以父母议论为主线。

三、动笔习作

学生动笔写作，教师巡视指导。

四、评讲

1. 师生找出共同的问题并进行纠正。

2. 对优秀习作进行展示。

第三节　游戏作文教学设计

“智猪博弈，解答竞猜”作文教学设计

李少峰

【设计意图】

利用学生好胜、好强、爱玩游戏、爱听故事的心理，让学生在比赛复述、解答竞猜的游戏过程中完成写作，让学生在“游戏即作文，作文即游戏”中感受到写作过程的快乐，激发学生对作文课的向往之情。

【教学目标】

1. 通过写作与游戏合一的教学过程，激发学生热爱写作的情感。

2. 通过比赛复述与解答竞猜进行写作，提高表达能力。

【教学重难点】

通过反思写作过程，感悟写作的内容不仅仅在生活中，更在我们的心中，最关键的是我们自己有没有写作的意识。对有了写作意识的人而言，随处都是写作的素材。

【教学课时】

1课时

【教学过程】

一、谈话引趣，提高学生注意力

师：同学们，请思考一个问题，如果我们的语文课变成游戏课，那会怎么样？偶然变一变与长期如此的区别在哪？

师：我们这节课就先来验证一下，请听好要求。这节课老师要给大家讲一个故事，要求大家认真听，听完之后要比赛复述。这个故事中还包含着很有趣的智力问题，大家要开动脑筋，进行智力竞赛。这个竞赛不是口头抢答，用笔把答案有逻辑地写出来才算数。

二、教师说故事，学生复述

1. 请学生认真听故事，准备复述。

师：猪圈里有两头猪，一头大猪，一头小猪。猪圈的一边有个踏板，每踩一下踏板，在远离踏板的猪圈的另一边的投食口就会落下少量的食物。如果有一只猪去踩踏板，另一只猪就有机会抢先吃到另一边落下的食物。当小猪踩动踏板时，大猪会在小猪跑到食槽之前刚好吃光所有的食物；若是大猪踩动了踏板，则还有机会在小猪吃完落下的食物之前跑到食槽，争吃到另一半残羹。

（请学生复述刚才的故事。学生复述后，教师在屏幕上出示故事，让学生对比看看哪些地方多说了，哪些地方少说了。）

2. 提出问题。

师：那么这样下去，两只猪各会采取什么策略？

（学生解答时，教师要追问原因。）

3. 公布答案和原因。

答案：小猪将选择“搭便车”策略，也就是舒舒服服地等在食槽边；

而大猪则为一点残羹不知疲倦地奔忙于踏板和食槽之间。

原因：小猪踩踏板将一无所获，不踩踏板反而能吃上食物。对小猪而言，无论大猪是否踩动踏板，自己不踩踏板总是好的选择。反观大猪，明知小猪是不会去踩动踏板的，自己亲自去踩踏板总比不踩强吧？所以只好亲力亲为了。

师：这就是我们常说的“小猪躺着大猪跑”的现象，也叫“智猪博弈”。

三、抛出智力问题，请学生思考并写出答案

师：如何改变方案，使猪圈里不会出现“小猪躺着大猪跑”的景象呢？请用笔写下答案。

（学生解答后进行对比评价。之后教师给出答案，让学生读。）

1. 改变方案一：减量方案。

投食仅原来的一半分量。结果是小猪、大猪都不去踩踏板了。小猪去踩，大猪将把食物吃完；大猪去踩，小猪将把食物吃完。谁去踩踏板，就意味着为对方贡献食物，所以谁也不会有踩踏板的动力了。

对于游戏规则的设计者来说，如果目的是想让猪们去多踩踏板，这个游戏规则的设计显然是失败的。

2. 改变方案二：增量方案。

投食为原来的一倍分量。结果是小猪、大猪都会去踩踏板。谁想吃，谁就会去踩踏板。反正对方不会一次把食物吃完。小猪和大猪相当于生活在物质相对丰富的“共产主义”社会，所以竞争意识不会很强。

对于游戏规则的设计者来说，这个规则的成本相当高（每次提供双份的食物）；而且因为竞争不强烈，想让猪们去多踩踏板的效果并不好。

3. 改变方案三：减量加移位方案。

投食仅原来的一半分量，但同时将投食口移到踏板附近。结果是小猪和大猪都拼命地抢着踩踏板。等待者不得食，而多劳者多得。每次的收获刚好消费完。

对于游戏规则的设计者来说，这是一个最好的方案。虽然成本不高，但收获最大。

四、说启示，谈感受

学生对比答案后，仔细反思，说说自己从中受到的启示。

五、写作文

让学生把复述的故事记录下来，并加入自己的解答和别人的解答，比较评价两种解答，再谈自己的感想与所受到的启示。

“测量智力游戏”作文教学设计

邹淑红

【设计意图】

这是数学课与作文课的综合，纳入其他课程是为了增添作文课的乐趣，减轻作文课的压力，同时降低作文课的难度，让辛苦的作文过程变得有趣、有味、有生机，从而激发学生的写作情感，增强学生的写作信心。

【教学目标】

1. 通过数学智力活动激发写作兴趣，进而写出过程与反思，降低写作的难度。

2. 通过反思事件获得智力启示，通过反思过程获得写作启示，进而对写作有更深刻的认识。

【教学重难点】

通过综合活动培养写作情感。

【教学课时】

1 课时

【教学过程】

一、谈话导入，激发好奇心

师：如果我们的语文课用来解决数学问题，你会怎么评价这样的课？不务正业？狗咬耗子？更加刺激？还是想看看这样的课到底怎么上？请说出自己心中的想法。

师：同学们学过测量了吧？说说什么是测量。

（测量是按照某种规律，用数据来描述观察到的现象，即对事物做出量化描述。测量是对非量化实物的量化过程。）

师：说说你知道的测量单位和测量工具。

二、故事引入，设置悬念

1. 故事引入。

有一天，我在小区里锻炼身体，身边一位老大爷看了我很久后，问我是做哪一行的，我说是当老师的。他一听“老师”两字就两眼放光，说：“当老师好，我正有个问题想请你帮助解决。”一听到这，我的心里就发毛了，要是问题太复杂，我答不上来，可就丢人了。现在许多老人都酷爱历史，随便挖个历史人物出来，恐怕我都说不好……就这么胆颤心惊地听他发问。他说是一个数学问题，我又一惊，自己多年没碰过数学，恐怕不行。当听到他说是他孩子的作业，我才放心了下来。他说：“他孩子有一道作业题——给你一把三角尺（斜边长为 7 厘米），请你量出一张 A4 纸的厚度和教室的面积。”

一听这问题，我彻底放心了，我告诉他这个问题很简单，只需怎么怎么做就可以测量出来了。可老大爷听不懂，他觉得太复杂了，问我有没有更简单的办法。我想了好久也想不出更简单的办法。老大爷不满意地说：“你这么说，孩子能听懂吗?”我惭愧地说：“我只会这种方法，更简单的只能去问数学老师了。”

师：现在请大家来解决这一问题，看你们有没有比老师更简单的方法，或者想出的方法是否也和老师的一样。

2. 尝试解决问题。

请学生拿出三角尺和一张 A4 纸，测量出它的厚度，然后尝试解决测量教室的面积这个问题。

三、讨论方法，实践测量

1. 思考方法。

2. 分小组讨论。

3. 回答后再操作。

四、比较教师的方法

学生测量后，教师出示自己想出的方法，比较谁的方法更好，看有没有更简便的方法。

教师的方法：

（1）将全班 50 位学生的纸张收集起来，将 50 张纸叠平叠齐后用夹子夹紧，然后用三角尺量出这叠纸张的厚度，再除以 50，就得到一张纸的厚度数值。

(2) 先测量班级里若干名学生的身高，然后让他们将双手张开贴墙，剩最后一点用三角尺或绳子测出长度，再把每位学生的身高加起来，获得教室的长，用同样的方法测出教室的宽，这样就可以算出教室的面积了。如果有长绳，可用长绳测量，最后测量长绳的长度即可。

五、请回顾整个过程，复述过程

(略。)

六、回顾过程并说启示

1. 回顾活动过程并说感受。

2. 比较测量过程并说启示，比较师生的方法并说体会。

七、记录过程，谈感想

把课堂过程记录下来，并写下自己的收获与感想。

“‘传话’游戏”作文教学设计

周惠玲

【教学目标】

学会观察的方法，能自己分析总结出活动、比赛之类文章的写法，并尝试运用这些方法进行写作。

【教学重难点】

1. 能够在活动中注意观察人物的外貌、动作、语言及观众的表现，注意体会自己观看比赛的心情；能够在写作时设置恰当的详略点，能编写出条理清晰、详略得当的作文。

2. 克服对作文的畏难情绪，激发写作的兴趣。

【教学过程】

一、激发游戏兴趣，感受游戏写法

师：同学们，你们常玩的游戏有哪些？

生：花样跳绳、滚铁球、跳格子……

师：是啊！这些游戏老师小时候也常玩，非常有趣！我还把自己玩的游戏写成了日记，你们想看看吗？

生：想。

师：今天我只选了3篇日记中的3个比较精彩的段落展示给你们看

（大屏幕展示）。我请一位同学来读第 1 个片段，然后其他同学说说，你觉得我写得怎么样？为什么？

（请学生自读后两个片段，并谈谈感想。3 个片段分别突出了人物的动作、神态、语言。）

【设计意图】在比赛之前引导学生读这 3 个片段，意在让学生明白看比赛应该看什么，写活动应该写什么，为下面的观察和写作奠定了基础。

二、引出“传话”比赛，体验心理活动

师：今天，我们也来玩一个大家都很熟悉的适合我们在教室里玩的游戏，你们猜是什么？

（课件出示传话比赛的情境图。）

师：今天我们要举行一场传话比赛，看看到最后，哪个小组传得最准确。现在先请 10 个同学上来。老师要把他们分成两个小组进行比赛。

（教师故意选平时注意力不集中的 5 名学生为第一组，其余 5 名学生为第二组。）

三、出示传话游戏的规则

（1）传话时，嘴巴要紧贴下一个同学的耳朵，声音要小。其他同学要把耳朵捂住。

（2）只能说一遍，听到了什么就往下传什么。

（3）传完后不可以相互议论。

（4）最后一个同学大声地把听到的说出来。

（此时学生都在悄悄地议论。）

师：你们在议论什么？

生：我们在想怎样才可以准确地把话传下去，才不会闹笑话。

生：我们在猜哪一组会获胜？

生：我觉得第二组应该会赢，因为这几个同学平时做事专注……

师：如果你们在写作文中把刚才说的心里的想法写进去，就是心理活动描写。没到前面来的同学别灰心，等会儿全班同学都有机会玩这个游戏。到底他们将谁胜谁负呢？我们拭目以待。

【设计意图】从选择比赛选手开始，教师故意设下悬念，从而引起学生复杂的心理活动。这样就为作文提供了丰富的心理描写素材。

四、指导观察动作、神态，体验心理活动等

1. 进行第一局比赛。

师：比赛的选手做好准备。现在我是裁判，你们一定要服从命令，我喊比赛开始，每组第一个选手才可以看要传话的内容，然后快速地把话传给下一个同学，注意只能传一遍，否则就算犯规，将被罚下场去。那就意味着你们组输了。明白了吗？

师：预备——

师：同学们，你们注意到每组同学的表情了吗？都是怎样的？第一个同学的表情怎样？动作怎样？其他同学的表情怎样？动作怎样？

师：预备——

师：（提示比赛选手）你们要精神高度紧张，时刻做好准备，别让对方先下手为强。

师：（指名平时注意力不集中的选手）请问，你作为第一传手，现在心里紧张吗？你在想些什么？（指名另一位学生）你呢？后面的同学，你们又有什么想法呢？

师：预备——

师：停！没看清楚他们神态的同学，一会儿要看仔细了。

师：预备——开始！

（第一次传话的内容：小良赶着一群羊，半路遇到一只狼。狼追了羊，小良赶跑了狼。）

两组选手进行游戏，其他学生仔细观察，每组最后的选手上台把听到的内容大声说出来。

【设计意图】这样反复喊“预备”，反复叫停，让学生觉得教师像是在戏弄他们一样，心里非常紧张，不知道什么时候真正开始比赛。实际上，教师每一次叫停，都有明确的指导目标。这样一个小把戏也给学生提供了写作的素材。

2. 进行第二局比赛。

师：班级按座位分成八个小组传话，每组轮流上台展示。刚才观众们有哪些表现呢？写作时，如果我们能将观众的表现写出来，就更能烘托出比赛的精彩与激烈。

（第二次传话的内容：毛毛和涛涛，跳高又练跑，毛毛教涛涛练跑，涛涛教毛毛跳高。）

比赛结束后，教师出示传话的内容，让学生对照自己传的内容，看看是否传对。

3. 比赛后谈感受。

师：第二次传话，每位同学都进行了传话活动。说一说，传话传到自己时，你心里是怎么想的？怎么做的？最后的结果如何？

生：通过这次游戏，我明白了不要轻易相信别人传的话。

生：耳听为虚，眼见为实！

……

【设计意图】比赛后谈感受，侧重让参与比赛的学生说说自己在游戏中的个人感受、心里的想法以及自己的做法，让学生在自我尝试、自我体验的过程中有更深刻的体验与感受。

五、一吐为快，落到实处

师：同学们，现在把我们刚才进行传话游戏的过程写下来。注意要写清楚这次游戏是怎么玩的，如果你是游戏的参与者，要写清楚你玩游戏时的心情如何，本组其他同学的表现又是怎样的。

【设计意图】参考了课前的3个写活动的小片段，又经过亲眼观察，亲自体验比赛，学生不再觉得写一个比赛片段是一件困难的事了，此时已经是跃跃欲试、按捺不住、不吐不快了。

六、讲评、修改

师：请一位同学读读自己的文章。其他同学来评价，这个同学写得怎么样，优点在哪里，不足在何处。

（重点看学生是否把人物的神态、动作、心理活动、观众的表现等写得生动、具体。）

师：好文章是改出来的，请同学们吸取别人的优点来修改自己的文章，看你有没有把人物的动作、神态、心理活动等写具体。

（学生交流自己写的片段，师生点评。很多学生模仿了课前的3个小片段的写法，并且有自己独特的创造。在交流时，引导学生抓住细节来写，同时注意激发学生修改自己作文的欲望，让学生养成修改自己作文的好习惯。)

【设计意图】在这个环节中，学生互相启发，发现别人的优点，认识自己的不足，并且边学习边改进，大大提高了学习效率。

“观察街边的小商贩”习作设计

陈杨梅

【教学目标】

1. 激发写作兴趣，拓宽思维，积累丰富的写作素材。

2. 能抓住小商贩的特点，把人物形象写鲜明，写丰满。

【教学重难点】

能以具体的事例或场景描写表现人物的特点。

【教学过程】

一、激趣导入，揭示指导内容

师：同学们，你们喜欢看《家有儿女》吗?

生：喜欢。

师：你最喜欢里面的哪个人物?为什么?

(生畅所欲言。)

师：这些人物之所以能给大家留下这么深刻的印象，是因为他们身上都有着鲜明的个性，让我们过目难忘。现在电视上正在热播动画版的《家有儿女》。你们瞧——

(课件出示人物画面。)

师：画家有一支神奇的画笔，为我们描绘了一个个栩栩如生的人物形象。现在，同学们也有一支神奇的笔，今天就让我们用这支笔来刻画一下我们学校周边的那些我们并不陌生的小商贩，看谁能抓准他们的特点。

二、明确写作要求

1. 课件出示写作要求。

通过观察，了解学校周边小商贩售卖时的情况，请确定其中一位，并选择一两件真实而具体的事例或一两个具体的场景，写出他(她)的特点来。题目自拟。

2. 学生自主阅读写作要求，明确本次写作任务。

3. 反馈学生的审题情况。

（审中心词——“小商贩”：写人，记叙文，表现人物的特点。）

三、拓宽思维，丰富选材

1. 仔细观察。

在学校周边活跃着哪些小商贩？他们平时在什么时间、什么位置，怎样售卖自己的东西？

2. 想一想。

哪位小商贩给你留下了深刻的印象？你为什么选择他（她）来写？你想突出他（她）的什么特点？说出来与同学们分享。

3. 说一说。

4. 议一议。

（同桌讨论：如何才能把人物写活。）

四、指导写作——怎样才能写好人物

以写人为主的记叙文主要是通过对人物的外貌、语言、动作、心理活动的描写和对人物的典型事例的叙述来反映人物的思想、性格、品质、作风等。

1. 要写好以写人为主的记叙文，应当从以下几方面入手。

（1）写好人物的形象。人物的形象一般指人物的外貌、语言、动作、心理活动等。

（2）抓住人物的特点。可以从人物的年龄、外貌、语言、动作等诸多方面考虑。

（3）选用典型事例。选择那些最能体现人物特点和文章中心思想的典型事件来写。

（4）运用细节描写。

2. 思考。

是不是写一个人就一定要将这些描写手法都用上才最好呢？

（要根据体现人物个性特点的需要选取恰当的描写方法。）

（1）写卖奶茶的叔叔工作时认真的态度，要抓住什么来描写？（娴熟的动作和专注的眼神）

（2）写短斤少两的无良小贩坑害消费者的情景，要抓住什么来描写？

（贼眉鼠眼的神态和不淡定的内心活动。）

3. 情景写作。

（1）师生表演。

师：看来同学们对写人物的技巧都掌握得非常好。现在我们配合演练一下烧烤摊买卖烧烤的情景。（提示学生注意观察）

（2）学生自由写作片段。（15 分钟）

（3）师生点评。

（前两篇用展台展示，生生互评，教师点评。后一篇由学生朗读，先自评，教师再点评。）

五、作业布置

写一个街边的小商贩，题目自拟。

要求：

（1）选取能够体现人物个性特点的事情来写。

（2）选择恰当的描写方法生动传神地刻画人物。

（3）写真情实感，有感而发。

“理发情境”作文教学设计

蔡继阳

【教学目标】

创设生活情境，再现真实生活，学会用心感受生活，并把自己对生活的体验表达出来，真正做到写真事，说真话，表达真情实感，达到“言为心声”的写作境界。

【教学过程】

一、创设生活情境，指导体验生活

师：前几天老师去理了发，大家看看我这个发型怎么样？

（生饶有兴趣地评价。）

师：大家都有走进理发店理发的经历，谁来说说自己理发过程中的趣事？（或说说理发的过程）

（生交流。）

师：现在我们把理发店搬进我们的教室，如果这间教室就是一个理发店，少了什么？

（生发言。）

（师播放在理发店理发的视频，生谈印象深刻的一个角落。）

二、指导学生体验“生活”

1. 体验理发过程。

（请一名学生当理发师，一名学生当顾客，再请一名学生负责为其洗头。）

（生表演。）

2. 交流评价。

师：你们都是这样理发的吗？有没有补充？

3. 女生表演。

4. 谈理发店的一角。（如等候、洗头、理发师、环境等）

5. 写作。

师：同学们把刚才表演的过程和心理感受谈得很具体，也很生动，如果写出来，应该是很不错的文章。

三、指导学生写作

师：今天的理发有意思吗？告诉老师，你们准备写什么？

师：大家看这篇作文可以分成几段？

师：对于写作内容的安排，要根据中心的需要分清详略。具体来说，就是要把理发的过程写得翔实一些（板书“过程”）；把理发店的气氛、理发师和顾客的表现写出来，同时重点把自己的体验、感受真实地表达出来（板书“体验感受”）。

师：现在就让我们拿起笔来把我们这次特殊的理发经历写下来吧！

第四节　向日葵和七叶南瓜的种植综合实践课教学设计

李少峰　邹淑红

本次活动采用设计教学法，通过一次活动引出数次写作练习，让学生在生活实践中读语文、用语文，切身体验到语文的作用，从而产生亲语文的感情。在活动过程中，学生要用到多方面的能力，而且要在具体的生活实践中发挥自己的潜能，这对提高学生的综合素养很有帮助，特别是通过写作反思自己的实践过程，可以使学生对自己的语文素养、综合能力有清醒的认识，并知道怎么学习语文，从而使学生更加喜爱语文、喜爱综合课程。

本次活动为期两个月，教学课时为8课时。

第1、2课时教学设计

——家长进课堂讲授向日葵和七叶南瓜的种植知识

【教学目标】

1. 通过听课获得种植向日葵和七叶南瓜的基本知识，了解种植的程序和要点。

2. 通过课前准备和课后整理进一步巩固应用文写作知识，提高写作技能。

【教学重难点】

通过与教师与家长的交往提高交际能力，同时也增强学习热情。

【教学过程】

一、课前准备

1. 指导学生协调家长进课堂，培养学生的口语交际能力，并让学生就生活中与人交往的能力进行实战训练。

2. 指导学生写邀请函，请家长进课堂讲课。

二、家长进课堂讲学

1. 指导学生做好迎接家长的准备工作，分配好各自在活动过程中应尽的义务。

2. 家长讲课，学生认真做好笔记，并随课堂进程提出自己的疑问。

3. 欢送家长，学生代表发言。

三、检查学生的课堂笔记，指导写作

1. 检查学生的课堂笔记，学生交流对比各自的课堂笔记，特别是种植过程中的要点、植物的生长特性。最后对比教师笔记与学生笔记，让学生补充完整知识要点。

2. 指导学生听课，除了笔记外，还要写出自己的感受与产生的想象内容。

3. 写感谢信，感谢家长的指导并约定种植过程的实践指导。

第3课时教学设计

——实践种植

【教学目标】

1. 通过种植前的准备进行写作练习，进一步训练作文能力。

2. 通过种植过程培养实践能力、观察能力和热爱生活的情感。

【教学重难点】

通过活动培养耐心、细心，增强写作意识、学习意识。

【教学过程】

一、课前准备

1. 种植分组：分为向日葵组和七叶南瓜组，两个大组中又可分小组，也可以自己种植。

2. 协调家长和校领导，寻找种植地。

3. 选种准备。

二、课堂交流准备趣闻

1. 交流自己在准备过程中的故事，谈谈自己的感想。

2. 写成作文。

三、课后种植过程

地块栽、盆栽、畦栽。要求写好计划，合理安排管理和观察时间。

四、观察记录

学生各自管理观察，写观察记录，要求用数字记录植物的生长过程。

五、向日葵相关知识及七叶南瓜说明

1. 向日葵相关知识。

向日葵的植株是由根、茎、叶、花、果实五部分组成的。

根：向日葵的根由主根、侧根和须根组成。主根入土较深，一般为100～200厘米；侧根从主根上生出，沿水平方向生长；侧根上长有许多的须根。侧根和须根上着生根毛。向日葵根系发达，在土壤中分布广而深，其中60%左右的根系分布在0～40厘米深的土层中。向日葵根的生长速度比茎快，花盘形成前后根生长速度最快，到种子开始成熟时，根不再生长，此后便逐渐枯萎。此外，在适宜条件下可长出大量的水根（似玉米的气生根）。

茎：茎干圆形直立，表面粗糙并被有刚毛。茎由皮层、木质部和海绵状的髓组成。生育后期，茎干木质化，而茎内的髓部则形成空心。向日葵的胚茎有绿色、淡紫、深紫等，是苗期识别品种的重要标志。不同类型的品种，茎的高度差异较大；同一品种，株高受播期及栽培条件的影响，差异也很大。茎的生长速度从现蕾到开花期间最快，此时生长的高度约占总高度的55%，此后生长速度减慢。向日葵的分枝性，一种是由遗传性决定的，另一种是因环境条件引起的。

叶：向日葵的叶分为子叶和真叶。子叶有一对。真叶在茎下部1～3节常为对生，以上则为互生。真叶比较大，叶面和叶柄上着生短而硬的刚毛，并覆有一层蜡质层。叶片数目因品种不同而异，早熟种一般为25～32片，晚熟种为33～40片。茎下部叶片在开花前制造养分，主要供给根部生长，到开花时其功能基本结束。中上部叶片制造的养分主要供给花盘促使种子形成。

花：向日葵为头状花序，生长在茎的顶端，俗称花盘。其形状有凸起、平展和凹下三种类型。花盘上有两种花，即舌状花和管状花。舌状花有1～3层，着生在花盘的四周边缘，为无性花。它的颜色和大小因品种而异，有橙黄、淡黄和紫红色，具有引诱昆虫前来采蜜授粉的作用。管状花位于舌状花内侧，为两性花。花冠的颜色有黄、褐、暗紫色等。

果实：果实为瘦果，习惯称其为种子，俗称葵花籽，可食用。果实包括果皮、种皮、子叶和胚四部分。食用型种子较长，果皮黑白条纹占多数，果皮厚，约占种子重量的40%以上，千粒重100～200克。油用型种子较短小，果皮多为黑色，皮薄，约为种子重量的20%～30%，千粒重40～110克。

2. 七叶南瓜相关知识。

七叶南瓜为安阳地方品种，生长势强，适应性广，抗病毒病和白粉病，早熟丰产，主蔓第7节出现第1朵雌花，因此得名七叶南瓜。嫩瓜单果重约1千克，果长约30厘米，果顶部稍膨大，嫩瓜果肉呈淡黄色，肉质较脆，适合炒食。1月下旬在日光温室播种育苗，2月下旬定植于大棚内。大棚为双层覆盖，即两层天膜；瓜苗定植后，在地面铺一层地膜：地膜上扣由竹片扎成的小拱棚，棚高约50厘米；小拱棚外加扣由竹片扎成的拱棚，高约80厘米。4月中下旬，嫩瓜可陆续采收上市。

第4、5课时教学设计

——种植观察交流课（一个月后）

【教学目标】

1. 培养观察力，在培养观察与记录写作相结合的好习惯的同时，培养交流、交际能力，提高表达效果。

2. 通过交流过程检验综合能力，如计算能力、种植知识的实际应用能力、语言表达能力等。

【教学重难点】

通过交流增进学习热情，培养对综合实践活动的情感。

【教学过程】

一、课前准备

1. 整理一个月的观察记录，对向日葵或七叶南瓜的生长过程要有数据记录，如高度或长度测量，茎的直径、叶子的面积、花朵的大小等，准备好小组发言稿。

2. 从网上收集有关向日葵与七叶南瓜的文章并学习，写出自己一个月来的种植感受，包括在种植过程中请了什么人指导，和同组同学有哪些趣闻。也可以写两三篇自己种植植物的说明文。

二、课堂交流分享

1. 分组交流。

先同组交流，然后异组（即重组成员）交流，交流内容主要为过程观察记录。

2. 大班交流。

主要交流过程性作文、说明文。

3. 提出困惑，讨论解决。

三、交流、讨论感受，写出下一步计划

拍摄种植过程，写出自己的计划。

附：有关向日葵的文章

向日葵般灿烂的青春

在法语中，向日葵的意思是掉在地上的太阳。

——题记

听说，我们每一个人都有一个叫青春的盒子，每一个叫青春的盒子里总是装有一个故事，而每一个故事总会有一丝丝遗憾，每一个遗憾都有她的青春美。我的青春也有属于她的故事，故事中也有丝丝的遗憾，然而。更多的是单纯的张扬与倔强的骄傲，我紧紧地拥抱她——我向日葵般的青春！

有人说，只要对一切事情都抱有希望，那么你的人生便会开出永不凋零的花朵。从前的我相信，我的梦想，我的未来，可以像梵高的向日葵那般灿烂，那般温暖，现在的我依旧相信，且热情有增无减。

我是一个热情的人，热爱生活，热爱自由，热爱文字，热爱我所接触的每一样事物；我更是一个乐观的人，面对早晨的乌云，我依旧可以看见乌云背后的蓝天，以及天上金灿灿、暖洋洋的太阳；我亦是一个痴情的人，我痴情于灿烂温暖、骄傲自信的向日葵，我痴情于每个季节每个时刻阳光的味道。和你们一样，我也怀旧，怀念那些昔日的笑脸，怀念那些挑灯夜战只为圆一个梦的日子，怀念那些充满纯真气息的日子。然而，怀念的同时，我并没有停下寻找快乐、发现惊喜的脚步，我依旧追随着向日葵的温暖，寻找着属于我自己的灿烂。

十八岁，一个充满青春气息的年纪。这个年纪的我有梦，我想着利用闲暇时间做兼职，体验社会，然后利用报酬拥有一台属于自己的单反相机，可以拍下自己以及他人那些青春里绽放的向日葵，或者白百合，亦或红玫瑰，亦或艳牡丹等。我想拥有通往每个城市的往返车票，去获取不同的人文环境带来的不同感受以及惊喜。我想拥有一个大小合适且精致的旅行箱，用来承装各类稀奇古怪的玩物，这些稀奇古怪的东西价格可以不是那么昂贵，但是在我心中是无价之宝。我想拥有一株健康的向日葵，用我的相机记录下它的每一刻成长，以便在几十个春秋过后，打开相册，可以拥有青春时灿烂的笑脸。那个时候，我的笑或许不再天真，但是必定慈祥、温暖。

青春，总是在懵懵懂懂、磕磕绊绊中，在现实的成规下勇敢地前进。莎士比亚说，“青春，是一个短暂的美梦”，我时常想“青春”与“短暂的美梦”之间的联系，最后得出结论：我们可以在有限的青春年华中实现自己的美梦。既然短暂，那就珍惜。席慕容说，“青春，是一本仓促的书”，从这句话中，我提炼出了三个词——“青春”“仓促”“书”。我们依旧可以在短暂的时间里从青春这本书中提炼出精华，时间的仓促不会影响到我们品味书中的各种酸甜苦辣。

向日葵的另一个名称是温暖，还有人称它为自信、骄傲等。我的青春的代名词亦是如此，向日葵亦是我青春的代言，是我青春路上的太阳。我的青春，有向日葵的笑，有阳光的温暖。

张扬、自信和倔强是向日葵的象征，同样，也是我青春的全部。

第 6 课时教学设计

——第二个月观察汇报（略）

第 7、8 课时教学设计

——种植成果汇报课

【教学目标】

1. 通过准备工作，训练写作能力、协作能力和总结能力。

2. 通过交流活动，训练口语表达能力、交际能力。

【教学重难点】

通过交流内容的分享，增强对语文综合实践课的情感，培养语文情感。

【教学过程】

一、课前准备

让学生准备好课堂发言内容（包括摄影图片、摄像内容、文字说明、相关总结），写出小组广告语，制订小组成果展示计划，收集个性散文或叙事文章，自己找成员进行小组协作。

二、成果交流

本环节分两步。

1. 第一步，过程展示。包括图片展、录像分享、故事讲析、实物成果展示。

（1）主持人安排展示全程，宣布分享程序。

（2）各小组分享自己的过程内容。

（3）教师指导分享技能，指导学生时间分配。

（4）主持人小结小组经验。

（5）教师总结学生展示的内容。

2. 第二步，文字成果展。包括计划、总结、散文、说明文、广告语等。

（1）语文课代表主持活动。

（2）按主持人计划的程序展示相关内容。

（3）适时评价同伴的展示表达。

（4）讨论评选本次活动准备最充分、表达最优秀的小组。

（5）教师总结本次活动全程。

三、写本次交流感受作文或总结全程作文

1. 分组写作文。

2. 讨论向全校展示本次活动全程。

第八章　家长助教作文综合课设计

第一节　学生家长助教第1课

——微生物活体观察与知识讲座

本次教学活动以求达到以下三个目标：

1. 通过综合课活动，锻炼学生的交际能力、沟通能力，认识一种史前动物——恐龙虾。

2. 通过听讲座开阔学生的视野，增长学生的知识，激发学生对科学的热爱之情。

3. 通过家长讲座活动培养学生与家长的感情，促进学生的学习，同时关注学生思想品德教育，培养学生的实践能力（如应用写作能力、主持能力等）。

本次教学用时6课时，教学时间安排如下：

第1课时：应用写作教学——学写推荐信；

第2课时：应用写作教学——学写邀请函；

第3课时：家长助学；

第4课时：应用写作教学——学写感谢信；

第5、6课时：策划参观活动——参观“恐龙虾”馆。

第1课时教学设计

——学写推荐信

【教学目标】

1. 通过活动，学会写推荐信。

2. 感受到写作是快乐的，是有用的，体会写作是生活的一部分。

3. 通过作文朗读，培养自信心。

【教学重难点】

1. 学会写推荐信。

2. 了解推荐信的写作格式。

【教学过程】

一、问题导入，激发竞争心理

师：相信你们的父母都有很多才艺可以向大家展示，但是我们不可能把同学们的家长都请来上课，因为时间有限，我们只能选择适合的、优秀的来展示。为了能让大家知道得清楚，放在一起进行比较，最好的办法是每人都写一份推荐书，把自己父母的优点、特长、要表演的内容和材料都写出来，这样大家就容易选择了。这节课，我们就先写推荐信。

二、明确推荐书的格式与要求

师：写推荐信先要明确向谁推荐，推荐什么，准备好推荐的材料，然后写推荐信。

师：这次我们是向谁推荐？你已准备好了哪些推荐材料？

师：推荐信的格式如下所示。

标　题

XX（单位或个人）：

（正文）先写对方情况或基本要求，再写推荐什么人，有什么特长，取得过什么成绩，能够做什么，并提供有力证据（可以加附件）。

（结尾）主要包括结束语（感谢语或请示要求）、联系方式、署名、日期等。

此致

敬礼！

年　月　日

三、按格式写推荐书

教师巡视指导。

四、朗读讲评

展示一些学生的推荐信，讲评写得好的，指出优点。同时，确定一些项目，即依学生的推荐信确定部分家长讲课人选。

第2课时教学设计

——学写邀请函

【教学目标】

1. 通过活动内容，学会写邀请函。

2. 感受到写作是快乐的，是有用的，体会写作是生活的一部分。

3. 通过作文朗读，培养自信心。

【教学重难点】

1. 学会写邀请函。

2. 了解邀请函的格式。

【教学过程】

一、明确写作目的，激发写作热情

师：让大家激动的时刻就要到了，我们已经确定了来向我们展示才艺的家长人选，可是我们不能只是简单地打个电话或带个口信让人家来，我们要很有礼貌地请才对。

师：这样，我们最好是写一份邀请函，一份由班集体写，一份由这位家长的孩子写。另外，还有请老师们来听课的，就由同学们自由选择写。这样就很有礼节了。现在就请大家一起写邀请函，看谁写得好，就用谁的作为代表，署上你的名字，这可是很荣耀的差事啊！

二、讲解邀请函的写作要求

师：有谁见过邀请函？在哪里看到过？是怎么写的？

师：邀请函的格式如下所示。

邀请函

________先生（女士）或是“尊敬的__________”

（正文）写邀请原因＋邀请请求＋邀请时间、地点

（结尾）写邀请人（单位）和时间

三、按格式写作文

让学生按格式要求写邀请函，看谁写得最生动、诚恳，就以谁的为代表。

学生写邀请函，教师巡视。

四、讲评作文

师生评价，选出代表作，正式送给受邀的家长。

第3课时教学设计

——家长助教

【教学过程】

一、课前准备

与家长商讨上课内容、形式与上课时间，和学生一起写好相应的应用文，如邀请函、欢迎词等，提醒学生注意事项。

二、上课过程

1. 班长致辞。

欢迎家长前来上课，欢迎领导、老师前来听课……

2. 家长展示。

家长向学生展示他们单位的科研成果，引导学生观赏、观察。

3. 讲座开始。

家长向学生讲解微生物活体培植的过程，微生物活体的性能、作用、研究的意义等。学生听讲座，做笔记。

4. 班长致谢。

三、学生整理听课材料并写作文

学生交流观察与听课感受，并写作文。

四、教师主持，学生写感谢信

（略。）

附：教师课后记录

这是学生家长来上的第一节课，自然不免多一份担心。虽然知道请了专门的讲解员，但是我还是担心学生要么会过于兴奋，扰乱课堂纪律，要么会拘束，以致课堂变得过于清冷。为此，我请班主任、年段长、校长前来压阵，给学生心理压力，让他们专注一些。

为了稳妥些，我决定提早10分钟到校，再给学生提醒注意事项。不想，不知家长是因为慎重还是紧张，居然比我到校还早。原先约好下午2点10分在校门口见的，1点50分就打电话说已到校门口了。我急了，匆匆赶去，大冬天的，竟走出了一身汗。幸好见面时未见家长有不耐烦的神色，便微笑着与其握手并把家长带往教室。

可还没进教室，学生就围了过来，问这问那的。我想这下可糟了，该嘱咐的关键时候没法说了，这堂课可能会给家长带来些不小的尴尬了。对课堂场面我心里一直有些担忧，一边我陪家长聊着相关的话题，一边学生们围着插嘴，我有些不知所措。准备好了多媒体设备，校长和老师们也陆续进了教室，这时学生也安静了下来，让我安心了些。

讲课开始了，学生出奇地静，但看得出是他们满怀着兴奋与好奇之心，这种静如同一张薄纸捂住的火山口。讲解员提出问题，当一位学生回答正确后，他奖励学生一个精美的盒子，那盒子里装着什么奖品呢？所有的学生都跟我一样感到好奇，一种也想回答好问题以获得奖品的心理油然而生。学生开始表现得异常认真、好答、好问，课堂不再是讲解员一个人在讲，学生的热情与专注、好问与乐思，真是平常上课时难得有的。此刻我悬着的心开始平落，静静地享受课堂的热闹与生趣……

“你们可千万不能认为恐龙虾是虾哦，它可不能吃，是昆虫，因为生活在2亿5千多年前，比恐龙还早，身体长得像虾，所以才叫恐龙虾。由于它从诞生起至今都没有进化过，依然保特原有的特性，所以被称为活化石。恐龙虾在生活中是很难见到的。在我国云南曾出现过一次，当时，有一个村子前有一个大池塘，池塘里养了很多鱼，可是有一个池塘的鱼全死了。死后两个月，池塘里出现了好多的恐龙虾，当时村民吓坏了，以为出了妖怪。有人报告了中国科学院的科技人员，后来来了几个科学院教授，捞了恐龙虾，并会同美国科学家一起研究，才知道这是恐龙虾，而不是怪物，消除了大家的疑虑。那为什么恐龙早已灭亡，而比它早的恐龙虾却能存活下来呢？……”

讲解员边讲边问，教学时间已过三分之二了，就在我舒了一口气的同时，新的不安又产生了：一些学生急于想要奖品，而不断地制造问题，不停地打断讲解员的讲解。这真让我捏把汗，好在讲解员也讲解得差不多了，正好进入问答互动的阶段，课堂也进入了一个新的高潮。

学生的表现出乎我的预料，是往好的方向发展的。一个好的开头，让我有了一个好的心情，为后继的课堂打下了亮丽的底色。

第4课时教学设计

——写感谢信

【教学目标】

1. 通过练习激发写作热情，感受作文的用处，从而更爱写作文。

2. 学习书信的格式，学会写信。

3. 学习心中有阅读者的写作。

【教学重难点】

了解书信格式，学习心中有阅读对象的写作。

【教学过程】

一、谈话导入

师：昨天，裴若槟的爸爸和他的同事给我们带来了一节精彩、生动的名为“恐龙虾的特性与培植方法”的课，大家都很兴奋，特别是因为课堂上有礼物赠送，一些人乐得合不拢嘴，还有人羡慕得口水直流。有好多同学缠着那位叔叔，不让他离开教室。

师：人家给你们带来了这么多的快乐，还有宝贵的科学知识，要不要感谢人家啊？虽然我们没有什么好的礼物可以回赠，但我们有可贵的语言，我们可以用语言来表达我们的心意。那就是——写一封感谢信，以表达我们真诚的谢意。

二、揭题、指导

师：这感谢信怎么写呢？当然是用书信的格式来写我们感谢的内容和感谢的情怀。由于不同的同学兴趣点不同，感谢的内容就有所差异了。先想好你感谢哪一点，你的谢意在哪。

1. 教师讲解书信的格式。

请大家翻开课本，看课文《尺有所短　寸有所长》，这里给你们提供了书信的格式。请同学们看一看，然后说一说书信的格式是怎么样的。

2. 学生交流。

学生交流怎么把自己的内容用书信方式表达出来，教师指导点评。

三、写作练习

学生写信，教师巡视指导，提醒学生注意语气和措辞。

四、评改学生书信

对学生的书信进行快速阅读，指导修改，抽选好的信，送给学生家长。

附：例文

感谢信

尊敬的裴叔叔：

您好！

在此我先向您和您的同事表示衷心的感谢！感谢您和您的同事给我带来知识的同时，也给我带来了快乐！

我是一个非常喜爱小动物的小学生，平时就有养小动物的习惯。特别是每年春季一开始，我就会千方百计地找来蚕的卵，开始孵化蚕宝宝，每当看到健康孵化出来的蚕宝宝，我都会因此而兴奋好几天。可是，我从来没有听说过世界上还有名字这么好听、形体这么奇特、游泳如此奇怪的小动物——恐龙虾。您放映的图片真是让我大开眼界；您的讲解更是让我明白了恐龙虾的价值。真想不到身子这么小的小不点儿，竟然比强大的恐龙还要厉害，生命力更顽强。当我听您的同事介绍说，它比恐龙还要早出现，而且顺利躲过冰河期，存活到今天时，我顿时对这弱小的生命肃然起敬，更因为它成为活化石而为之骄傲。要不是您来对我们讲这些知识，我还真不知什么时候，要到哪里才能学到这些呢，这真是弥补了我们学习的不足，真是太感谢了！

您的同事在讲解过程中表情和蔼可亲，语言亲切动人，而且十分幽默，让我们在丰富知识的同时收获了开心，我和我的同学都沉浸在快乐的学习中。在学习中感到快乐就会产生兴趣，进而主动去接近、探索。您激起了我们的好奇心和学习科学知识的动力，在此我要再次向您和您的同事表示感谢。

当然，让我和我的同学最兴奋的还是您奖励的礼物。当您把礼物奖励给回答问题较好的同学时，我和其他同学都惊讶无比，好奇心驱使我们在课堂上更加踊跃发言，更加努力动脑筋，这可是您和您同事的功劳啊！虽然我没有获得奖励，但是您给大家都发了一张参观科技园的入场券，这对我来说可是最好的礼物，因为我爱小动物，能够看到真实的小生命，那是多美好的事啊！对此，我也要谢谢您对我们的关怀。

要感谢您和您同事的还有很多，我一时也说不全，千言万语都汇成一句话："谢谢，叔叔们！"希望您能给我们带来更多的欢喜。

敬祝

工作更上一层楼

延奎小学四年级（3）班学生　小晓

2010年12月17日

第5、6课时教学设计

——参观恐龙虾馆

【教学目标】

通过实践活动培养交际沟通能力，锻炼与人交往的胆量及表达能力。

【教学重难点】

通过实践参观活动开阔视野，锻炼观察能力、交往能力和写作能力。

【教学过程】

一、讨论交流

设想，某日要去参观恐龙虾馆，该怎么和裴若槟的爸爸联系？

1. 4人一小组讨论交流，然后汇报。

2. 请4位代表在本周六到家中做客，与其父亲商量参观事宜。

二、做好去前准备工作

1. 怎么解决乘车问题？

2. 怎么顺利达到目的地？

3. 到目的地后要注意什么？

讨论后，请各组拿出具体方案，采用大家认为最周到的小组方案。

三、实地参观

1. 注意有序，指导观察，认真地听解说。

2. 指导记录内容选择，留心馆内结构、参观线路与项目。

四、回校整理记录并写作文

（略。）

五、作文交流

为后期制作班简报做准备。

第二节　学生家长助教第2课

——香精、香水的成分与制作

本次教学活动旨在达到以下三个目标：

1. 通过听讲座开阔视野，增长知识，激发对科学的兴趣。

2. 通过了解观察香精，了解香精与日常生活的关系，扩大知识面，把语文与科学相结合。

3. 通过家长讲座活动培养与家长的感情，促进学习，同时注重思想品德教育，培养实践能力（如应用写作能力、主持能力等）。

第1课时教学设计

——家长助教

【教学过程】

一、课前准备

1. 指导部分学生写邀请函，特别是受到邀请的家长的孩子，让他们准时写好并送出邀请函。

被邀请的学生家长：陈亚楠的父亲。

被邀请的教师：练校长、邱副校长、赵军、张椿生、肖亚女、李妹及四年级语文教师。

课堂主持学生：曹家瑞。

2. 教师与学生家长事先联系好上课时间、地点，并提早迎接学生家长。

3. 教师提醒学生上课注意事项。

二、教学过程

1. 导入。

教师宣布上课嘉宾，并请上课嘉宾的孩子读邀请函；宣布本课主持人。

2. 本课主持。

曹家瑞主持本课，先读班级邀请函，说欢迎词，请嘉宾上课。

3. 家长讲课。

（1）开场白。

（2）家长向学生介绍香精的有关知识。

（3）教师主动配合家长引导学生进行实物观察。

（4）主持人向家长致谢。

三、教学结束

感谢家长，同时引导学生留意自己的笔记，与同桌对照并相互补充。

四、教师整理课堂笔记

（略。）

五、学生写作

学生课后写感谢信，写完后，教师审阅，选最好的几篇送给学生家长，表示真挚的谢意。

第2课时教学设计

——写听课作文

因为本课内容有一定的难度，教师课后整理好自己的课堂记录，用投影打出让学生对照，以便指导习作。

香精的成分与制作课堂简录

一、主持人致欢迎词

（略。）

二、家长授课

1. 开场谈话。

家长：我小时候就有当教师的梦，可惜没有当成。大学里我学的是化工专业，毕业后就到企业去做技术研究与产品开发工作。感谢黄老师给我一个这么好的机会，让我能走上讲台，给同学们上课，圆我想当老师的梦。

（同时，讲台上摆满了十来个大大小小的瓶子。）

2. 讲授香精的成分与制作。

家长：小朋友们早晨起来是否都有刷牙的习惯？

生：有。

家长：你刷牙时口里的清凉感就是香精带来的特有的薄荷味，这是其中的一类——食用香精。同学们爱吃的奶油蛋糕里也有香精，里面有香草。香精是由人工合成的模仿水果和天然香料气味的浓缩芳香油。它是一种人造香料，多用于制造食品、化妆品和卷烟等。

家长：人类所合成的第一种香精是香兰素，它是由德国的 M. 哈尔曼博士与 G. 泰曼博士于 1874 年成功合成的。香兰素是天然香料香兰豆的主要成分。两年后，另一位化学家 K. 赖默尔也参与了香兰素的研究。他所合成的人造香兰素与天然香兰素几乎毫无差别，足可乱真。德国的巧克力制造商首先应用人造香兰素。此后不久，伦敦的糖果厂也开始用水果香精制造硬水果糖。今天，各种水果和鱼类的味道都可用化学方法合成。

家长：食用香精是参照天然食品的香味，采用天然和天然等同香料、合成香料，经精心调配而成具有天然风味的各种香型的香精，包括水果类水质和油质、奶类、家禽类、肉类、蔬菜类、坚果类、蜜饯类、乳化类以及酒类等各种香精，适用于饮料、饼干、糕点、冷冻食品、糖果、调味料、乳制品、罐头、酒等食品中。食用香精的剂型有液体、粉末、微胶囊、浆状等。

（家长边说边在黑板上写了很多有关香料的英文单词，学生无法明白黑板上的内容，经过家长的口头讲解，学生们听懂了，很感兴趣。）

家长：1874 年德国科学家 M. 哈尔曼和 G. 泰曼发现食用香精的主要成分，并经过美国食用检测质量标准 FDA 检测通过，食用安全。我们日常喝的饮料中都加有食用香精，虽然无害，但同学们还是少吃为好。

（家长拿出一张纸条，打开两个瓶子的盖，把纸条插进去，顿时教室里弥漫出很浓的香味。家长拿出纸条，分发给 4 个小组的前排学生，让学生轮流着闻。）

（学生闻味道。）

家长：大家闻出这是什么香了吗？

生：薄荷香。

生：茉莉香。

家长：对，这里有两种不同成分的香精。再看这一瓶，这些细粉末就是香草，请传下去闻一闻。

生：太香了，有蛋糕味。

生：有糖果味。

（学生兴趣极浓，都在做着深呼吸，嗅了又嗅。）

家长：同学们在家里是否有洗头的习惯？特别是现在冬天，天气冷，有没有同学不洗头的？

生：（笑，齐答）有洗头的习惯。

家长：这就涉及第二类香精——日常应用香精，简称日用香精。如潘婷洗发液、海飞丝洗发液等的成分里都有香精。

（家长说着又打开一些瓶子，用纸条吸出一些液体，让学生闻。）

家长：日用香精中还有一种焚香也属这一类。另外还有一大类，如烟香。这属于烟用香精。由此，我们可以做一个归纳。

香精 { 天然香精：家中炖煮食物的香料、仙草油等
合成香精：香料、香水等 }

（家长边说又边写了很多的英文单词，还有许多学生不认识的汉字。）

家长：现在我们给这些名词下个定义。

（1）香料——由人的嗅觉或味觉感觉到的有香气的物质。

（2）香精——由两种或两种以上香料经由人工艺术调和而成的一种化学品。

家长：我们来看一下香精的基本组成。

家长：有句话小朋友们一定听过——“赠人玫瑰，手留余香”。玫瑰在香料中是非常重要的，许多香精都是从玫瑰中提取的香料，香精最主要的成分就是玫瑰和茉莉两种成分。现在请大家闻一闻玫瑰香与茉莉香，感觉一下两种香味的差别。

（家长又打开两个瓶子，用纸条吸出液体，让学生闻味道。）

家长：现在我们来谈一谈玫瑰香精的配方。玫瑰香精是常温常压下的反应，在上海一直属于高新技术……

生：我想问一下叔叔，制造一滴香精是不是要用很多玫瑰花？如果制造一克香精，需要多少玫瑰花？

家长：你说得很对，制造一滴香精需要很多玫瑰花，但是制造一克香精要多少玫瑰花，倒是没去测过。

家长：玫瑰香精的配方主要包括玫瑰精油、玫瑰醇、MA、一氢月桂烯醇、茉莉烯酮。这些都是为做香水服务的。

家长：香水香精也称液体黄金。国外制作的一种香水，不低于130种香料组成。香水材料成分多少不是量的问题，而是质的问题，一些香水之所以贵重，往往是因为许多材料昂贵。

家长：我们来看香水的制作工艺。

（1）油质香精适用于硬糖、饼干及其他烘焙食品等，一般用量为0.2%左右。但用丙二醇做溶剂的油质香精也可用于汽水、饮料等，一般用量为0.05%～0.1%。

（2）水质香精适用于汽水、饮料、雪糕、其他冷饮品、酒等，一般用量为0.07%～0.15%。

（3）乳化香精适用于汽水、饮料等，一般用量为0.1%左右；混浊剂用量为0.08%～0.12%。

（4）浆状香精适用于汽水、饮料配制底料，也可直接用于汽水、饮料，一般用量为0.2%～0.23%（全色）或0.05%（非全色，另补焦糖色0.15%～0.18%）。

（5）椰子粉末适用于饼干，其他肉类、蔬菜类、家禽灯粉末适用于膨化食品、方便食品和汤料，一般用量为0.3%～1%。

（6）酒用香精用量一般为0.04%～0.1%，茶叶用香精用量为1%左右。饲料用粉末香精用量一般为0.5‰，饲料香精（用于添加剂）用量为5%～10%。

家长：它们一般是在0～5摄氏度下沉淀24小时，经过滤而成。

家长：香水按香精量的多少分为三档，由“香精＋相应量的酒精＋蒸馏水＋甘油＋色素”组合而成。

（1）香精成分在2%～5%为低档香水。

（2）香精成分在5%～15%为中档香水。

（3）香精成分在15%～25%为高档香水。

家长：今天就给大家介绍这些，下面这些产品是我送给小朋友们的礼物——河马牌洗发液系列。

（生欢呼雀跃。）

一、写作指导

师：说一说上一节课听后的感受有哪些。这种感受对写作文很重要，是作文的情感基调。

师：上节课给你留下印象最深的是哪个环节？

师：课堂上哪些同学表现得特别好，提出的问题很特别，得到过上课家长的认可？

师：你打算从哪个角度写作文？说一说写作的基本思路。

（教师针对学生的思路进行具体的个别的指导。）

二、写作视角分析

1. 对香精、香水制作的好奇，表达想探究的愿望。

2. 写本次获得新领域知识的兴奋之情。

3. 佩服家长的专业、英语水平（家长上课时说了不少英语句子，说完后译给学生听，并板书英语，英文写得很好）。

4. 记叙课堂氛围与教学过程，表达课堂的热闹、趣味。

5. 比较家长上课与教师上课的异同，表达课堂教学的丰富性。

第3、4课时教学设计

——实地参观考察

一、课前准备

教师与家长确定好参观考察时间、路线，并联系好车辆。（这些以后都要让学生自己去策划，逐渐培养学生的独立策划能力，让学生有更多机会将语文知识应用到生活中去）

让学生写保证书，提醒学生外出考察参观应遵守规则，违反者取消其外出实践机会。（达到训练写保证书的目的）

二、外出考察

1. 进入家长工厂，要有序，听家长的安排，听家长介绍，认真做好记录。

2. 个别小组把准备好的采访问题拿出来，选代表采访家长或工人，采访小组做好记录。

3. 在工厂里，你发现了哪些语文问题、科学问题、数学问题、品德与生活问题（问题也可改为知识）。

4. 感谢家长，组织好学生有序回校。

三、整理笔记并写考察报告

指导学生写作。

第三节　学生家长助教第3课

——电厂发电与环境保护

【设计理念】

充分发挥家长职业优势，开发家长助教资源，开阔学生的视野，让学生接触课本之外的内容，让学生走出教室，走向生活，在实践中学习语文、物理、生物等学科知识。

策划家长助教活动，让学生在真实的生活情境中学习语文、应用语文，特别是改变学生学习写作的心态，让学生体验到作文在生活中的应用很广，会写作是很有意义的事；通过活动密切学生之间的关系，加强学生与家长之间的联系，在实践中提高学生的口语交际能力，同时让学生获得品德教育。

由“电厂发电与环境保护”这节课把语文的听、说、读、写融为一体，使语文与物理、生物、社会等学科得以整合，并在写作中贯穿统一。

从教学角度而言，就是实践课标理念——开发语文课程资源，加强语文综合性学习，体现为语文知识的综合运用，听、说、读、写能力的整体发展，语文课程与其他课程的沟通，书本学习与实践活动的紧密结合。

【教学目标】

1. 通过家长讲课，了解电厂发电的原理，了解发电的种类，较全面地了解电的用途，了解发电对环境产生的影响，怎样用电更环保等知识。开阔知识视野，更深入地了解生活。

2. 通过活动，复习相关应用文的写作，同时创新作文内容，进一步意识到写作对自己生活的影响。

3. 提高口语交际水平，增强与人交往时的自信心，提高学习语文的兴趣。

【教学重难点】

1. 培养自信心，提高口语表达能力。

2. 写好本次关于“电的知识”的作文。

【教学课时】

2 课时

【教学过程】

一、教学前准备

1. 布置任务：第四批策划小组写出本次活动的策划书，由第一批策划小组指导，第一批策划小组成员协助联系家长，协调各项事宜。

2. 选出本次课堂活动的主持人，主持人事先写好开场白。主持人分配上课前汇报任务的同学名单及相应的汇报内容。

3. 被请嘉宾的孩子要沟通好教师与家长之间的信息、家长与策划小组之间的信息。

【设计意图】这样设计是为了放手锻炼学生，让学生学习策划，学习与人沟通，在生活实际中进行口语交际的应用。这也响应了新课标提倡的培养学生主动探究、团结合作、勇于创新的精神的要求。

二、课堂流程

（一）教师说导语

师：各位老师、家长、同学，早上好！今天我们要上一堂与以往不同的课，不同之处在于这是一堂由学生“导演”的课，你看到的只有学生和家长的活动。这堂课是原生态的，课会上得如何，请大家拭目以待。

现在我们开始上课，我把时间和课堂一起交给学生。请两位主持人上场。

（二）主持人说开场白，并开始上课流程

主持人乙：以前，课堂是老师站在讲台上讲，我们坐在台下听；今天，是我们站在讲台上，我的课堂我做主。

主持人甲：对老师来说，上一堂课很容易，但是，对于我们来说，自主课堂是一个新的起点，每前进一小步都迈得艰难，每一个脚印里都充满着好奇与担忧，我们走过了一个怎样的努力过程，请听苏洋洋为我们讲述策划的过程。

主持人乙：今天，一堂新奇、有趣的课将呈现在我们面前，我们的“家长助教”课现在开始。

主持人甲：请苏洋洋讲述本次策划过程中的故事；请林懿讲述策划过程的艰难。（主持人即兴评价并过渡）

主持人乙：请林婉敏介绍本次策划的活动内容。（主持人即兴评价并过渡）

【设计意图】让学生用语言描述自己的经历，锻炼学生的胆量及口语能力。

主持人甲：请策划小组代表读写给嘉宾的邀请函，请嘉宾的孩子读写给听课老师的邀请函。（主持人即兴评价并过渡）

【设计意图】让学生读邀请函，一是锻炼学生在这种场合的朗读能力与胆量；二是让学生更进一步体验到写作是很有用的，写作是生活中必须具备的一项本领。

主持人乙：下面请我的爸爸给大家上课，课的主题是“电厂发电与环境保护”。有请，大家欢迎！

（受邀请的嘉宾上课，学生听课互动并记录。教师听课并思考怎么针对本次活动与本次主题引导学生写作文。）

（生 1 代表班级向家长即兴说感谢的话语。）

主持人：（即兴评价并过渡）下面请语文老师为大家指导怎么写作文。

（三）教师指导学生写作

1. 分配不同的写作内容。

让邀请的嘉宾的孩子写《给爸爸的感谢信》，再选一位学生代表班级给家长写感谢信。其他学生写与本课内容相关的作文。

【设计意图】让学生写感谢信，是对家长上课的尊重。公开课上一般可请写得不错的学生写，一来可以较好地展示，二来可以给不太会写的学生做一个示范；在一般课上，可以选择基础较弱的学生写，因为这是平时常常用到的写作，掌握好这项本领对生活有好处。

2. 作文指导。

（1）先请几位学生说一说自己打算怎么写本次作文，教师根据学生表达的主旨、选材和表达方法，进行针对性的引导或提示。

【设计意图】让学生先说，主要是考查学生的写作思维，看学生选材的角度、提炼的主题、使用的表达法等是否恰当。依学生的思路进行指导，可以避免教师没有了解学生就进行指导，以致限制学生的思路，使学生失去自己独立思考的能力。有现场材料的写作指导，最重要的是看学生是否打开思路，是否有自己的观察视角，能否表达自己独特的观点。

（2）预先设想。

想表达什么、选择什么进行表达、怎样表达，这三个方面是现场写作指导的关键，由此而引出不同的思路。

① 表达获得新知识。选取嘉宾讲课内容的知识点来写。按嘉宾授课的知识体系表达。

② 表达本课的特殊性。选本课的形式、对象写。按课堂的内容流程来写。

③ 表达对嘉宾和部分同学的敬佩。选主持人的大方、嘉宾的讲课艺术，用对比法或细节描写法写。

④ 表达对实践活动的向往。选取嘉宾上课的内容，突出自己最感兴趣的内容，由此引出自己想到实地去参观、考察的愿望。用联想法写。

⑤ 表达对这种课的喜爱。选择本课的特殊处写，与以往的实践课、平时的语文课作比较。采用比较法写。

⑥ 表达自己当下的情绪情感。选取让自己动情的环节与细节写。用心理描写法表达。

⑦ 比较家长上课与老师上课的异同。选择最能体现嘉宾特点的课堂细节和印象中老师平时上课的情况写。用比较法或细节描写法写。

⑧ 表达课堂的特殊氛围。选取课堂的两个不同场面写，一个是讲课者，一个是听课者。用先抑后扬法写。

【设计意图】通过这样的引导，可以打开学生的思路，让学生体会到写作文并不是只写自己看到的，而是要写自己想到的。只写看到的是不够的，要在这个基础上学会分析、思考，突出自己最有感触的关注点，写作最重要的是心悟。

3. 学生在教师的启发下写作文。

（略。）

（四）听评作文

学生先读感谢信，再读课堂作文。师生一起评议。

（五）教师小结

对本课策划学生进行评价，对主持学生进行评价，感谢嘉宾的辛苦，指出今后同学们的努力方向。

【设计意图】本课有两个亮点：一是学生自导课堂，前期准备的故事与过程对其他同学有启发。二是家长上课的主题对整合学科内容起到了很好的作用。这两点实践了语文新课标中的“听说读写整合，语文学科与其他学科整合”的综合课要求，让学生在一堂作文课里有口语交际练习，有应用文写作练习，将语文知识、物理知识、社会学知识、环保知识等整合为一体并统一于习作中。这堂课有着学生大量实践操作的过程，实实在在地让学生进行综合性学习，在实践中提高语文素养。

第九章　家长助教语文综合实践课课堂简录

第一节　“采掘光明”助教课堂简录

主讲人：李想的爸爸

师：感谢李想同学邀请到他的爸爸来给大家上课，也感谢李想的爸爸能抽空准备上课内容，今天来到教室为大家讲述他早期的生活故事。下面有请我们的小主持李想同学。

李想：老师、同学们，上午好！非常高兴，今天我的爸爸能接受我的邀请来到教室里给大家上课，这是爸爸的骄傲，也是我的骄傲。下面先请班长给大家读班级邀请函。

（班长读班级邀请函。）

李想：下面有请我的爸爸给大家上课。

家长：谢谢李想，谢谢老师和同学们。我小时候一直梦想当一名老师，可惜大学毕业后却当了工人，现在是企业的管理者，离教师梦越来越远。感谢大家今天给了我一个当老师的机会，让我圆了小时候的梦想。

（生鼓掌。）

家长：今天要给大家讲课的内容是我刚毕业时的生活所见、工作所见。我还从网上下载了一些图片，可以让大家更形象地感受到煤炭在生活中的作用和采煤的艰辛。正好上一周大家都在看《穹顶之下》，都在议论这个话题，今天讲这部分内容，你们一定会感受更深。

家长：我把题目定为“采掘光明”，猜一猜，我为什么用这个题目？

秦远：因为煤可以燃烧，会发出光。

华淳：因为煤可以卖钱，给人希望。

李想：因为煤能发电，让光亮驱走黑暗，给黑暗中的人带来光明。煤又隐藏在地下，需要采掘，所以就以“采掘光明”为题，有象征意义。

家长：都说得很好。煤确实隐藏在地下，全身乌黑的煤炭被人们誉为“黑色的金子”“工业的食粮”，它是18世纪以来人类使用的主要能源之一。虽然它的重要位置已被石油所代替，但在今后相当长的一段时间内，由于石油日渐枯竭，必然走向衰败，而煤炭因为储量巨大，加上科学技术的飞速发展，煤炭气化等新技术日趋成熟，并得到广泛应用，煤炭必将成为人类生产生活中无法替代的能源之一。

家长：据目前的探测，美国的煤储量最高，俄罗斯排名第二，中国排名第三。但是就年开采量而言，中国远远超出排名第一的美国，占全世界年开采量的48.3%。中国是世界上最大的煤炭开采国，也是世界最大的能源消费国，而70%的能源供给需要依赖煤炭。据估计，中国有500万人从事煤炭开采行业。煤炭在中国贵州储量最高。

家长：煤是如何形成的?

生：是古代植物埋在地底下经过地壳运动，沧海桑田后慢慢形成的。

家长：说得好。煤炭是千百万年来植物的枝叶和根茎在地面上堆积而成的一层极厚的黑色的腐殖质，由于地壳的运动不断地埋入地下，长期与空气隔绝，并在高温高压下，经过一系列复杂的物理、化学变化等因素，形成的黑色可燃沉积岩，这就是煤炭的形成过程。这种黑色的可燃化石，约0.3亿年才能形成。煤的种类，按变质程度可分为炼焦煤和非炼焦煤。我们平常所说的气煤、肥煤、主焦煤、瘦煤，都属于炼焦煤；而无烟煤、贫煤、弱碱煤、长焰煤、褐煤、天然焦等则属于非炼焦煤。

1. 关于煤炭的开采

家长：煤炭的开采形式有两种，一种是露天开采，一种是矿井开采。

露天开采——移去煤层上面的表土和岩石（覆盖层），开采显露的煤层。这种采煤方法，习惯上叫剥离法开采，这是因为露出地面的煤已开采殆尽，有必要剥离表土，使煤层显露出来。此法在煤层埋藏不深的地方应用最为合适，许多现代化露天矿使用设备足以剥除厚达60余米的覆盖层。

矿井开采——对埋藏过深不适于露天开采的煤层，可用3种方法取得通向煤层的通道，即竖井、斜井、平硐。

家长：竖井是一种从地面开掘以提供到达某一煤层或某几个煤层通道

的垂直井。从一个煤层下掘到另一个煤层的竖井称盲井。在井下，开采出的煤倒入竖井旁侧位于煤层水平以下的煤仓中，再装入竖井箕斗，从井下提升上来。

（1）开采程序。

地质勘探—规划矿区—开凿井巷—巷道布置。（出示图片，并讲解开采过程中的危险）

（2）开采方法的进步。

① 纯手工开采。（出示图片，看工人开采的艰辛）

② 先进煤车开采。（播放视频）

③ 机械化采煤割煤机。（播放视频）

（3）下井开采生活讲解。

（生观看下井前后的照片，对比人与物的变化。）

家长：在井下工作的工人最大的愿望就是傍晚能安全上来。采煤面临的危险有井塌、渗水、瓦丝爆炸、煤尘爆炸等。最怕的是钻井钻到水库下面，而突然发生水喷冒顶事故。（出示图片）

（生观看采煤生活照）

家长：我想问一下大家，井下生活这么危险，这么艰苦，为什么还要做这个工作？

家长：现在井下工作安全性提高了一些，比如，瓦斯爆炸主要是瓦斯气体，以前用金丝雀测试——人称“救命的金丝雀”。这种方法不够敏感，有时发现时再逃离就太晚了。现在有瓦斯测量仪。

2. 关于洗煤

家长：这段时间有多少同学关注了《穹顶之下》？有多少同学还记得里面的内容？

家长：其中有一节内容是洗煤。煤分优质煤和劣质煤，欧洲95%的煤都要洗，洗煤是为了剔除煤炭中的杂质。从电视节目中你知道了哪些有关洗煤的知识？

家长：洗煤是煤炭深加工的一道不可缺少的工序。从矿井中直接开采出来的煤炭叫原煤，原煤在开采过程中混入了许多杂质，而且煤炭的品质也不同，内在灰分小和内在灰分大的煤混杂在一起。洗煤就是将原煤中的杂质剔除，或将优质煤和劣质煤进行分门别类的一种工业工艺。洗煤后所产生的产品一般有矸石、中煤、乙级精煤、甲级精煤。经过洗煤过程后的成品煤通常叫精煤。通过洗煤，可以降低煤炭运输成本，提高煤炭的利用率。精煤是一般可做燃料用的能源，烟煤的精煤一般主要用于炼焦。

家长：给大家讲了这么多，那我们能为煤炭事业做些什么？

生：节约能源。

生：探索更好的能源。

生：设计更好的采煤方法。

家长：对，答得很好。比如，现在正与俄罗斯合作的天然气，还有可燃冰、页岩气等。

家长：现在请大家再说说：我为什么用这个主题？

生：有这么一群人，像黑色的精灵，他们把黑暗留给自己，把光明送给别人。

生：他们承受着艰难，却给了我们希望。

家长：回答得太棒了！看来今天的课给同学们的启发还是很大的。谢谢！

李想：刚才我们在听课中都很受感动。接下来请副班长读感谢信。

李想：下面请黄老师给大家指导写作。

师：同学们好！老师先谈一谈自己的感受。生活中我们都很怕也很恨“黑手”，为什么？因为“下黑手”“幕后黑手”都是很恐怖的词。可是今天这堂课，却让我看到了一双双美丽的“黑手”，正是这些“黑手”采掘出光明，让世界变得美丽，让生活变得亮堂。我想问一问同学们，如果让你们来写作，就这节课内容，你会从哪个角度去写？写什么内容？

生：我会写煤的作用、价值。

生：我会写煤是怎么形成的，让大家节约用煤。

生：我会写工人采煤的艰苦。

师：有没有人想到其他的内容，或变换写作思路？

生：我会写煤的自述，把自己当煤写。

师：思路有变化了，还可以是刚才老师提示的，从感受着眼，如“黑手”。

生：我写黑鸡蛋。

生：我写光明使者。

生：早白晚黑，工人早晨手脸都是白色的，晚上就黑不溜秋了。

生：我写节约能源，力所能及。

生：我写祈祷采煤工人平安归来。

师：好，大家就按照自己的写作思路来写，我们下课。

第二节 “努力做一个内心强大的人”助教课堂简录

主讲人：曹家瑞的妈妈

家长：讲这个主题，缘于一个优秀孩子的自杀。他成绩优秀，但内心脆弱。

家长：我在人力资源部工作，接触过许多优秀的人物，他们都是意志力强、内心也强大的人。在我们班，你们觉得谁的内心最强大？

生：侯乐乐。

家长：为什么？

生：因为他每天都过得很开心。

生：他虽然成绩很差，每次考试都垫底，却总是笑嘻嘻的。

生：上次期中考试他考得特别差，被老师批评，可是一下课他就乐得什么都忘记了。

家长：喔！看来侯乐乐确实是一个内心强大的人。（出示图片）我们来比较一下，一个是泰森，一个是霍金，你们觉得哪个强大？

生：外表强大的是泰森，而内心强大的是霍金。

家长：说得真好。泰森，虽然是外表强大的拳王，后来却犯罪了。霍金虽然身体残疾，却是一位伟大的科学家，他是一个内心非常强大的人。

一、什么样的人内心强大

家长：先分享几个小故事。

故事一：有一位著名的网球运动员。有一次她跟母亲去看牙医，母亲因患有心脏病而在拔牙过程中心脏病突发去世，这给她带来了极大的心理阴影。后来，这位网球运动员在自己牙痛去看牙医时吓死了。外表如此健康强大的人，内心却不够强大。

故事二：有一个女孩子因为家里穷，一直生活在自卑中。有一次去买头饰，戴在头上照镜子，才发现自己非常漂亮，于是心花怒放。后来头饰丢了，她在不知情下依然自信、开心。有一天她发现头饰丢了，立刻又陷入自卑中。

故事三：日本江户时期有一个著名的茶师。有一天，茶师不小心触犯了一名武士，武士向茶师下了战书。茶师跟武士根本就不是一个级别上的对手。茶师在恐惧中度过了几天，后来想起本市最厉害的武师，决定跟他学习剑道。武师让茶师给自己表演茶道，把一切看在眼里，喝过茶之后说："你什么招式都不用学，你只要用刚才投入茶道的精神状态就可以打败对手。"得到武师的指教和鼓励后，茶师像吃了定心丸，吃得下，睡得香。到了比武那天。茶师在武士面前临时换上武士的衣服。他用茶道的专注神情，表演了穿上武士衣服的全过程，把武士给镇住了。武士吓得跪下求饶，请求取消比武。这就是勇者不惧的精神。茶师的专注展现出强大的内心，让武士不寒而栗。

家长：自信者清醒，成功率高。每个人心理都有磁场，都有能量，自信的人就能充分发挥。

二、怎样成为内心强大的人

家长：承认自己身上的缺憾，不怨天忧人。（讲了一个日本独臂武士的故事）

家长：不管在哪里，生活都是有喜有悲的，得到与付出通常是对等的。要充满自信，乐观生活。要相信生活中的任何困难都会有解决的办法。

家长：不管别人怎么看你，都要多关注自身，做好自己。

三、内心强大的人要具备什么素质

（1）要有目标。有了目标，在任何境遇里都不会迷失方向。

（2）要乐观。乐观的人有着勇往直前的动力。

（3）学会与人分享。会分享的人永远都有朋友。

（4）乐于助人。帮助别人就是帮助自己，多个朋友多条路。

四、讲《爱之链》的故事

爱之链

在一条乡间公路上，乔依开着那辆破汽车慢慢地颠簸着往前走。已是黄昏了，伴随着寒风，雪花纷纷扬扬地飘落下来。飞舞的雪花钻进破旧的汽车，他不禁打了几个寒战。这条路上几乎看不见汽车，更没有人影。乔依工作的工厂在前不久倒闭了，他的心里很是凄凉。

前面的路边上好像有什么。乔依定睛一看，是一辆车。走近时，乔依才发现车旁还有一位身材矮小的老妇人，她满脸皱纹，在冷风中微微发抖。看见脸上带着微笑的乔依，她反倒紧张地闭上了眼睛。

乔依很理解她的感受，赶紧安慰她说："请别害怕，夫人，您怎么不待在车里？里面暖和些。对了，我叫乔依。"

原来她的车胎瘪了，乔依让她坐进车里，自己爬进她的车底下找了一块地方放置千斤顶。他的脚腕被蹭破了，因为他没穿袜子。为了干活方便，他摘下了破手套，两只手冻得几乎没有知觉。他喘着粗气，清水鼻涕也流下来了，呼出的一点点热气才使脸没被冻僵。他的手蹭破了，也顾不上擦流出的血。当他干完活时，两只手上沾满了油污，衣服也更脏了。

乔依扣上那车的后备箱时，老妇女摇下车窗，满脸感激地告诉他说，她在这个荒无人烟的地方已经等了一个多小时了，她又冷又怕，几乎完全绝望了。老妇人一边打开钱包一边问："我该给你多少钱？"

乔依愣住了，他从没想到他应该得到钱的回报。他以前在困难的时候也常常得到别人的帮助，所以他从来就认为帮助有困难的人是一件天经地义的事，他一直就是这么做的。

乔依笑着对老妇人说："如果您遇上一个需要帮助的人，就请您给他一点帮助吧。"

乔依看着老妇人的车开走以后，才启动了自己的破汽车。

老妇人沿着山路开了几公里，来到了一个小餐馆，她打算先吃点东西，然后回家。

餐馆里面十分破旧，光线昏暗。店主是一位年轻的女人，她热情地送上一条雪白的毛巾，让老妇人擦干头发上的雪水。老妇人感到心里很舒服。她发现这位女店主的脸上虽然带着甜甜的微笑，可掩盖不住她极度的疲劳。更重要的是，她怀孕至少有8个月了。尽管如此，她还是忙来忙去地为老妇人端茶送饭。老妇人突然想起了乔依。

老妇人用完餐，付了钱。当女店主把找回的钱交给她时，发现她已经不在了。只见餐桌上有一个小纸包，打开纸包，里面装着一些钱。餐桌上还留有一张纸条，上面写着："在我困难的时候，有人帮助了我。现在我也想帮帮你。"女店主不禁潸然泪下。

她关上店门，走进里屋，发现丈夫不知什么时候已经倒在床上睡着了。她不忍心叫醒他。他为了找工作，已经快急疯了。她轻轻地亲吻着丈夫那粗糙的脸颊，喃喃地说："一切都会好起来的，亲爱的，乔依……"

第三节　"旅游知识分享"助教课堂简录

主讲人：周榆翔的妈妈

一、学生读邀请函

周榆翔读邀请妈妈的邀请函，班长读邀请听课老师的邀请函。

二、家长上课

家长：我想知道这次国庆节有哪些同学会外出旅游，只要超过本区范围的都算。

（生纷纷举手，大约超过80%。）

家长：我每到一处都喜欢吃当地的美食。喜欢吃当地美食的同学请举手。去国外旅游过的同学请举手。

生：我去过新加坡。

家长：新加坡有什么特色?

生：非常干净，不堵车，人人都很有礼貌。

家长：说得对。新加坡是一个花园国家，随手丢纸屑会受到重罚，曾经还有鞭刑，知道什么是鞭刑吗？

生：不知道。

（家长解释鞭刑。）

家长：华人总督李光耀与马来西亚有何关系？

生：新加坡原来属于马来西亚。

生：早在 1996 年，李光耀就曾提出过重返马来西亚联邦的建议，前提是马来西亚放弃偏袒马来人的政策。但当时的马来西亚总理马哈蒂尔认为“时机还未成熟”，拒绝了李光耀的这一请求。

家长：看来你没有白去。

家长：去过香港的同学请举手。

家长：香港的特点是什么？

生：干净，没人随地吐痰。

生：街道窄，司机位在右边。

生：车头位没人坐。

家长：香港的公交车有专位，通常是空的，有需要的人才坐，它上面的提示语是这么写的——“让座于别人，你更有爱心”。

家长：在旅游过程中，你不仅看了景色特点，还会交到不同的朋友，有同学有外地的笔友吗？

生：有。

家长：笔友的英文怎么写？

（生回答。）

家长：旅游有利有弊，有弊的地方有哪些？

（生思考。）

家长：是否浪费时间？是否浪费金钱？比如，在香港买冰棒，1 根要 8 港元。

生：导游会要求买东西，不买会被导游冷落甚至责难。

家长：是啊，如果买些便宜的东西，通常都是假货。

生：耗体力，有时还会生病……

家长：那我们是不是应该尽量少去旅游呢？我给大家讲一个小故事。

一个小孩和一个水手聊天。小孩问水手："大海那么恐怖，你怎么敢到海上去呢？"水手说："大海也有很美丽的时候。"

小孩问："你爷爷死在哪儿？"水手说："我爷爷死在海上。"

小孩问："你父亲死在哪儿？"水手说："我父亲也死在海上。"

小孩接着说："那你怎么还敢到海上去呢？"

水手反问小孩："你爷爷在哪儿死的？"小孩说："我爷爷是在床上死的。"

水手问："你父亲在哪儿死的？"小孩说："我父亲也是在床上死的。"

水手问："那你怎么还敢到床上去呢？"

家长：知道这个故事讲的是什么意思吗？

家长：如果你去韩国，会发现中文、英文、韩文的路牌。韩国人说中国人到韩国留下了巨额的利润，同时也留下一大堆的垃圾。

（生列举了不少当下旅游中的不文明现象。）

家长：有人说旅游是花钱买罪受。你同意这个说法吗？

生：不同意。因为可以看到不同的风景。

生：不同意。因为有付出才有收获。

生：不同意。因为还会交到不同地方的朋友。

生：不同意。虽然很累，但是吃了亏，也是吃一堑，长一智。

……

家长：人们也说，人一生都在路上，人在路上，灵魂也在路上，人在路上是旅游，灵魂在路上是读书。所以就算是花钱买罪受，还是有许多人愿意。

三、欣赏旅游照片

家长：上海最高的大厦是什么？

生：金融大厦。香格里拉也是相当高的一座大厦。

（家长出示很多自己外出旅游时的照片，让学生欣赏。）

四、风土人情文化之差异

家长：（出示照片）"Carpool"的意思是什么？

生：相当于绿色通道，再堵都是通畅之道。

家长：（出示图片）再看欧洲的酒店。

（从图中顺便教育学生，有中国人的地方便有提示：小声，不要大声喧哗。）

家长：（出示德国景观图片）看到慕尼黑，你会想到什么？

生：啤酒。

家长：对，慕尼黑啤酒很有名，也称巴伐利亚啤酒，是一种颜色不太深的黑啤酒。这种啤酒麦芽香味突出，酒体稍醇厚。慕尼黑生产的 Octoberfest 或 Marzen 啤酒和慕尼黑啤酒工艺相同，但原麦汁浓度稍高，颜色更深。

家长：中国有一个城市很像慕尼黑，是哪儿？

生：青岛。

家长：（出示图片）猜猜看这是什么地方，非常漂亮。

生：监狱。

家长：你是怎么知道的？

生：我看到了图上的字。

家长：（出示图片）洛杉矶与厦门有什么相似之处？

生：都是海滨城市。

生：都是卫生城市。

生：都是环球影城。

生：都是大港口。

……

第四节　“鲱鱼的孵化”助教课堂简录

主讲人：赵思维的妈妈

【百科知识】

鲱　鱼

鲱鱼属银汉鱼目科，广义上包括卵生鲱鱼和卵胎生鲱鱼。

鲱鱼的寿命一般为一年，人们一般称这样的鲱鱼为一年生鲱鱼。在干旱季来临前，它们把卵产出来后埋在泥土里，等第二年雨季来临时孵化。在东非的热带草原气候中，分为雨季和旱季，雨季少则三四天，多则两三个月。随着旱季的到来，在雨季中由雨水汇集而成的小水塘迅速干涸，其中喜欢雨季的鳉鱼也随之走向了生命的尽头，但它们的鱼卵完好地保存在了干燥的泥层中，经过数月漫长的等待。当甘霖再次浸润大地的时候，幼鱼就会纷纷破土而出。

鳉鱼广泛分布于世界各地的半咸水、咸水和淡水中，包括沙漠地区的温泉。有些品种能长到15厘米长，以水面上的动物、植物为食，常被人养在家庭水族馆里，也可作钓饵及控制蚊子。鳉鱼栖息于加利福尼亚州和某些西部盐水湖岸边。有些内华达鳉已被列入濒临物种，特科帕鳉已于1981年宣布灭绝。

绝大多数鳉鱼都生活在弱酸性的水质中，有些对水质较敏感的南美洲品种需要用草泥丸或泥炭来降低pH值。鳉鱼适应的水温环境在18℃～26℃，一般不超过30℃，虽然有些品种可忍耐接近40℃的高温，但过高的温度会导致鳉鱼寿命缩短和驼背症等问题。

鳉鱼与恐龙同时代，能繁衍下来是靠适者生存和优胜劣汰。

鳉鱼的适应方法：鱼卵多，以量取胜。

【教学过程】

家长：营养丰富的鳉鱼颜色会变得美丽鲜艳，因此有一个好听的名字——彩虹美人，也称霓红燕子。

生：颜色鲜艳不是容易被大鱼发现而被吃掉吗？

家长：有时也是警告色，让其他鱼不要碰自己。

家长：鳉鱼是一种看上去毫不起眼，体长一般只有几厘米的小型鱼类。它们中的很多种类有着非常鲜艳的色彩，常常会被作为观赏鱼放置在水族箱里，但更多的种类非常普通，毫不起眼。然而，它们中的一些成员却足以称得上是这个星球上奇特的鱼类。

家长：鳉鱼不会长到很老，或者说不是传统概念上理解的那种“老”——它们不会像其他鱼类那样长到发育成熟，事实上很多种类的鳉鱼会在一年内死去。其中有一类鳉鱼的寿命甚至不到3个月，这让它们成为脊椎动物中存活时间最短的种类。

家长：一些种类的鳉鱼的繁殖方式与其他鱼类完全不同，事实上有一类鳉鱼的繁殖方式与世界上其他脊椎动物都不同。红树林鳉鱼取了雌雄同体策略，即在单独个体上同时拥有雌性和雄性的器官，让鱼卵在体内发育。这种情况在鱼类的身上极其罕见。

家长：除了使用鱼鳃，它们还有其他的呼吸方式。还有，游泳并不是它们最喜爱的生活方式，它们反倒更喜欢生活在小水塘里。有些种类的鳉鱼可以在没有水的条件下存活超过两个月，它们会离开水体，甚至在陆地上捕食。还有一些种类的鳉鱼甚至能在树上生活。

家长：2008年10月，有十三粒鳉鱼卵进入太空，后来孵化，这些鳉鱼又被称为太空鱼。太空鱼身体硕大、强壮，抵抗力强，比在地面上孵化的鱼所产的卵更多。

生：怎么养鳉鱼？

家长：大概有四个步骤。

（1）孵化虾。

俗话说“大鱼吃小鱼，小鱼吃虾米”。娇小的鳉鱼也有食物，名叫“丰年虾”。丰年虾的孵化时间约为48小时，而鳉鱼的孵化时间最少是30分钟，所以一定要在孵化鳉鱼之前提前两天孵化丰年虾。

首先取少量盐倒入器皿，再倒入水（将自来水放置12小时以上，让氯气挥发）。搅拌均匀后放入丰年虾，放入后不能搅动，放置24小时以上。

（2）在同样的杯子中不放盐，用吸有鳉鱼卵的管子插入杯中，半小时就可以孵化出来。

（3）等小鱼身体强壮后，用吸管从小杯中吸出来，放入大器皿中。

（4）鳉鱼会慢慢变颜色。三个月成年，可以繁衍后代。

生：丰年虾吃什么？

家长：吃微生物。

家长：以后就可以用吸管吸出一些丰年虾喂食。鳉鱼会有一些排泄物，两三天就要用吸管吸走这些排泄物，以净化环境。如果换水，每次只能换一半，喂虾时也要适量。

家长：刚出生的小鳉鱼是透明的，随着身体的长大会有颜色（肚子先大，先有颜色）。两个月后较好看，肚子有颜色，背部也有颜色。

家长：大家在养殖的过程中，要小心，稍有不慎都很可能让鳉鱼夭折。要学会观察与记录过程。

家长：请赵思维读在家中养鱼的日记。

家长：巴西鳉鱼品种比中国鳉鱼品种更优秀，成活率高出30%。中国鳉鱼与巴西鳉鱼杂交，雄鳉鱼比雌鳉鱼漂亮，成活率也高很多。

第五节 “旅游能带来啥”助教课堂简录

主讲人：周榆翔的妈妈

家长：今天继续给同学们讲旅游。旅游能够带来什么？

生：好心情。

生：经济效益。

生：增进交流。

家长：厦门是什么城市？

生：旅游城市。

生：文明城市。

家长：现在到厦门来，应当到哪些景点去旅游？

生：鼓浪屿。

生：胡里山炮台。

生：厦门大学、环岛路、同安梦幻城。

……

一、旅游的定义

家长：“旅游”，从字意上很好理解。“旅”是旅行，外出，即为了实现某一目的而在空间上从甲地到乙地的行进过程；“游”是外出游览、观光、娱乐，即为达到这些目的所作的旅行。二者合起来即为“旅游”。所以，旅行偏重于行，旅游不但有“行”，且有观光、娱乐的含义。概而言之，旅游是人们为寻求精神上的愉快感受而进行的非定居性旅行和在游览过程中所发生的一切关系和现象的总和。

家长：旅游，简单地说就是看世界，开眼界。

家长：旅游涉及政治、经济、文化、历史、地理、法律等社会各领域。由于涉及的内容不一样，有时说法也不同，如观光旅游、文化旅游、蜜月旅游、探亲旅游等。

二、你最想旅游的地方

家长：你最想去什么地方旅游？

赵思维：澳大利亚的墨尔本。因为皇家墨尔本理工大学是一所在澳大利亚处于领先地位的高等学府，培养了大批优秀的毕业生，是一所规模很大、善于创新、久负盛名的大学，具有很高的国际声誉，所以很想去感受一下。

曾楚朝：美国的洛杉矶，NBA 球队和迪士尼乐园。我特别喜欢篮球，喜欢 NBA。

朱诗涵：日本的富士山。

张施一：德国的慕尼黑。上节课您给我们讲了慕尼黑，让我很向往。

家长：奔驰、宝马的总部都在慕尼黑。

家长：（出示图片）请看这张图。看得出来这是哪里吗？

（生回答。）

家长：这是停车场，这里能停 10 万辆车。

家长：谁对蝴蝶最感兴趣？

（生回答。）

家长：德国有一个永斯多夫蝴蝶馆，可谓蝴蝶的家园。

……

三、请说说“条条大路通罗马”的典故

说法一：罗马作为当时世界上最强大的罗马帝国的中心，交通四通八达，每个行省到罗马都有大路相通，非常方便，所以有此说。后来就引申为达到目的的途径是多种多样的。

说法二：当时罗马非常强大，统治着欧洲许多地区，为方便各国进贡，修了很多的路，就叫“条条大路通罗马”。

说法三："条条大路通罗马"是著名的英语谚语，出自罗马典故。古罗马原是意大利的一个小城邦，公元前3世纪，罗马统一了整个亚平宁半岛。公元前1世纪，罗马城成为地跨欧、亚、非三大洲的罗马帝国的政治、经济和文化中心。罗马帝国为了加强其统治，修建了以罗马为中心，通向四面八方的大道。

家长：说法很多，大概都是那个意思。有没有想去参观国内景点的？

（生回答。）

家长：去过新疆的同学请举手。

（李书祺讲述跟父母去新疆的故事，说骆驼的作用与故事。）

（罗凯茜讲述月牙湾。）

月牙湾又称半月湾，坐落于山东烟台长岛县北长山岛最北端，自然形成长约2000米的月牙长滩，因湾形似半月而得名。它背依青山绿野，环抱碧海清波，一袭银白球石的遥遥长滩，镶嵌在青山碧水之间，犹如深邃夜空中的一弯新月。

同名歌曲《月牙湾》，取材自敦煌月牙泉（即月牙湾），月牙泉因为形状酷似一弯新月而得名，地处敦煌沙漠之中，千年不被流沙所埋，成为沙漠中的一大奇观。另有同名游戏地图、电视剧。

胡泽宏：月牙湾有三个。烟台长岛县月牙湾、威海乳山市月牙湾、营口月牙湾。

家长：哇！不交流不知道，可见交流多好。

家长：有没有同学去过岳麓山？

（生回答。）

家长：那里有人文书院——岳麓书院。

（侯加硕讲述从书中看来的"爱晚亭"的传说。）

家长：可见读书多么重要。

四、讨论"穷游"好还是"富游"好

家长：出去旅游时，该不该买当地的特产？

生：不买吃的，买纪念品。

生：要吃当地小吃。

家长：买吃的要注意什么？

生：买卫生产品，不买三无产品。

生：只吃小吃，不买内服药。

生：要看产品标签，注意厂家和生产日期。

生：不能在外面吃不干净的东西。

家长：对，购买时要注意收好有效票据，还要注意坐飞机时携带的物品会不会超重。

（家长讲了一个坐飞机携带的物品超重的故事。）

家长：旅游过程中要注意些什么呢？

生：不要炫富，但也不要太小气。

生：可以适当买点纪念品。

生：要多拍照片，回来后可就是最好的留念，也是最好的回忆材料。

……

家长：大家都说得很好。出门旅游时要注意身体、安全，可以从以下几个方面思考。

1. 吃

要吃得清淡些，根据自己的饮食习惯去品尝当地的美味小吃。尽量避免吃自己平时不能吃的东西。否则，可能会吃坏肚子。除了备好治疗肠道疾病的药物外，最好能带上一小瓶盐，洗水果时加点盐，可溶解水果表面的农药，能有效杀菌消毒。如果出现便秘，应多喝水，多摄入膳食纤维，如鲜橙汁、麦片等。

2. 住

带齐证件、洗涮用品，住宿时要注意卫生和安全，注意保管好自己的财物、证件及其他物品，贵重的要随身携带，一般行李可交旅行社寄存起来。睡觉时注意关好门，外出时锁好门。如果有不认识的人同住一间房，既要注意文明礼貌，热情大方，又要提高警惕，不要轻信他人。

3. 行

要事先制订旅行计划，确定乘车路线，先到哪里，后到哪里，要有周密的日程安排。事先要了解你要去的地方的地理情况，包括地形、地貌等，并根据季节气候等因素准备好用品、衣服、钱款。

4. 观赏

观赏美景时要注意，不大声喧哗、乱涂乱画、断枝摘花、垃圾胡抛、随地小便等，这些行为会搅了好心情。传递正能量，勿需高大上，小事做稳妥，处处树榜样。希望大家都能成为文明游客！

5. 旅游购物

切忌贪便宜。对于景区内及路边小店的土特产、纪念品，应货比三家，讨价还价，才不致于吃亏。以小型、轻便为首选。有些特色商品，体积笨重庞大，随身携带很不方便，不宜购买。人在旅途，游山玩水、乘车坐船并不轻松，行李越少越好。现在的旅游市场经过整治，大部分导游都能遵守职业道德，但出门在外，切莫轻信天花乱坠或闪烁其辞的广告宣传，随团出游必须选择透明度高、信誉佳、服务好的旅行社。这样，你的行程就有保障。

家长：下面请继续欣赏我与周榆翔上个暑假外出旅游的照片。

（学生欣赏，讨论。）

第六节 “走近万吨油轮”助教课堂简录

主讲人：黄铭翰的家长

一、课前准备描述

家长会上，教师与家长初步商定好上课时间，家长将在半年后出海归来时到班级上课。

半年后，家长出海回来，来电说有空可以来上课。

教师组织学生开始准备工作，由几位学生策划本次活动，写出策划书，制作邀请函，然后按策划书开展前期工作。

（1）由教师电话联系，具体商定沟通时间。

（2）负责策划活动的学生和教师一起前往学生黄铭翰家。

（3）学生与黄铭翰的家长共商上课内容。

黄铭翰的父亲介绍了自己上课的初步设想——初步确定介绍各种油轮的结构，已准备了好多轮船和海洋的照片，做了几张 PPT。

学生提出了自己想听的内容——轮船到不同的国家，沿途看到的各国美景和风情。

最后确定，家长在原来准备介绍的内容基础上，再增加学生要求的内容。

（4）确定上课的时间、地点，和大家要准备的相关知识。

（5）教师带队的原本任务是观察学生口语交际的情况，负责拍照。可是与家长面对面交流时，学生有些怯场，使教师不得不参与到与家长沟通交流的过程中。

二、课堂助教简录

（一）策划活动的学生指定同学去校门口迎接家长

（二）家长进校后由教师负责接待、交流

（三）家长上课

1. 开场

由黄铭翰主持课堂，主持人开场白后，张施一宣读邀请函，请家长正式上课。

2. 家长上课

（1）传看货轮照片，所有照片都是在海洋上拍的，很美丽，让学生很震撼。

家长：同学们平时看海只是在岸边，恐怕很少见到一望无际的海洋吧？可以这么说，大家是见海不见洋。（播放幻灯片，一望无际的海洋以及行驶在海洋上的货轮）

家长：你们看货轮是不是觉得它很小？其实它很大。只是因为以大洋作为背景，就显得货轮很小了。这艘货轮长有 333 米，宽 60 米，潜深 30 米，吃水 21 米，住处有 7 层楼高，生活区下是电动机。想想看，你们学校的操场全长才 100 米，宽 60 米，教学楼高才 5 层，这艘船的长是你们操场的3倍长，宽度一样，比你们学校的教学楼高得多。

（学生感叹。）

家长：我从事的工作是给中石化运油，每年有半年多时间在海上，特殊时期整年都在海上，在家的时间很少。

学生：为什么装油罐都是圆柱体形状的？

家长：这是为了最大限度地减小油罐晃动所产生的静电，每一次油罐车中的油碰撞油罐壁，都会产生静电，撞击力度越大，产生静电越多。罐体造成圆柱形，可有效减缓撞击力度，减小累积静电产生爆炸的可能性。

（2）船舶的分类。

家长：同学们平时都见过哪些船舶？

学生：看到过倒梯形的船。

学生：看过油轮，还看过游轮。

家长：对，船可以分为货船、客轮、渔船等，请看视频。（播放视频）

家长：视频里的杂货船中有吊杆，可以自己上货、卸货。还有一种是集装箱船。

家长：这是中国远洋运输集团公司（缩写COSCO）的散货船，可以装大宗固体货物，可以自行装卸。油船，可装大宗石油产品，石油从波斯湾运过来，给中石化提炼。这是化学品船、液化气船，这是运人的客船就像宾馆一样。还有专门设计的专运船，用于拖网捕捞海产的渔船，等等。

家长：可以说，船是流动的国土。

（家长播放视图《船的结构》——锚机、绞缆机、主甲板、雷达、桅杆、扫舱泵……）

……

（家长讲述船上的生活。）

家长：只要与中国有外交关系的国家都可以免费旅游。

家长：船从太平洋进入大西洋会像爬楼梯一样，海平面高度不一样……

家长：由于时间有限，有关异国风情的介绍等有时间了再继续讲。

（四）读感谢信

主持人黄铭翰请班长黄奇懿现场读感谢信，请教师指导，布置本次习作。

第七节 “民用飞机知识分享”助教课堂简录

主讲人：张睿健的妈妈

一、开场

主持人张睿健开场白后，由黄铭翰上台宣读邀请函，邀请张睿健的妈妈给大家上课

二、家长上课，与学生分享有关飞机的知识

家长：坐过飞机的同学请举手。

（学生举手。）

家长：大家坐飞机是从哪里到哪里？

（学生回答。）

家长：哪位同学来分享一下坐在飞机里的感受？

（学生发言。）

家长：是啊，飞机的发明给我们带来了很多不一样的东西。

1. 飞机的发明

在 1903 年，莱特兄弟制造出了第一架依靠自身动力进行载人飞行的飞机“飞行者”1 号，并且获得试飞成功。他们因此于 1909 年获得美国国会荣誉奖。同年，他们创办了“莱特飞机公司”。这是人类在飞机发展的历史上取得的巨大成功。

2. 民航机

世界上第一架民航飞机是 1919 年德国鲁姆普勒公司用“鸽”式侦察机改装的鲁姆普勒飞机。第二次世界大战结束初期，美国开始把大量的运输机改装成为客机。

3. 飞机的各组成部分

大多数飞机由五个主要部分组成：机翼、机身、尾翼、起落装置和动

力装置。

机翼：主要功用是为飞机提供升力，以支持飞机在空中飞行，也起一定的稳定和操纵作用。

机身：主要功用是装载乘员、旅客、武器、货物和各种设备，还可将飞机的其他部件如尾翼、机翼及发动机等连接成一个整体。

尾翼：包括水平尾翼（平尾）和垂直尾翼（垂尾）。尾翼的主要功用是用来操纵飞机俯仰和偏转，以及保证飞机能平稳地飞行。

起落架：用来支撑飞机并使它能在地面和其他水平面起落和停放。

动力装置：主要用来产生拉力或推力，使飞机前进，还可以为飞机上的用电设备提供电力，为空调设备等用气设备提供气源。

飞机除了上述五个主要部分之外，还装有各种仪表、通讯设备、领航设备、安全设备等。

4. 飞机改变世界

（1）飞机改变了生活方式。

飞机的超高速度和较高运载能力，使得整个地球变成了一个哪里都可以朝发夕至的村落，无论身处何地，只要有飞机，就不用担心千山万水，远隔重洋。这使得人们的生活节奏更加快速，工作效率更高，交往更方便快捷，从相当程度上解决了因距离而产生的生活或交往上的困难。

（2）飞机改变了工业模式。

（3）飞机改变了战争模式。

5. 乘坐飞机的流程

买好机票，比登机时间提前一个小时到机场，找到航班的行李托运处托运行李。把身份证和机票提供给工作人员办理登机手续。拿到登机卡后找到安全检查入口，将身份证和登机牌交给工作人员审核，过安检后，找到候机室（登机牌上有显示），等候登机。登机后找到自己的座位，坐下就行了。

6. 目前国际上大的航空公司

（1）波音公司。

40 多年来，波音公司一直是世界民用飞机市场的领导者。随着 1997 年波音与麦道的合并，波音在民用飞机领域的传统优势因麦道系列飞机的加入而进一步加强，也使合并后的波音公司拥有了在民用航空领域70年的领先历史。波音现有的主要民机产品包括717、737、747、757、767、777系列飞机和波音公务机。新产品开发的重点是波音7E7，这是一种效率极高的机型，预计2008年投入运营。全球现役的波音民用飞机达14000多架，约占全球机队总量的75%。

（2）空客公司。

空中客车公司是世界著名的大型民用飞机制造商。其产品包括12种机型，从100座单通道客机到目前全球最大民用客机——双层的A380，充分体现了该公司核心业务的庞大规模。

7. 世界上最大的飞机

一般国内小型飞机可容纳100多人，正常的大飞机也就容纳300多人。

8. 当前世界比较著名的机场

（1）新加坡樟宜国际机场。

（2）韩国仁川国际机场。

（3）德国慕尼黑机场。

（4）中国香港国际机场。

（5）日本东京羽田国际机场。

（6）瑞士苏黎世机场。

（7）名古屋中部国际机场。

（8）英国伦敦希斯洛机场。

（9）荷兰阿姆斯特丹史基浦机场。

（10）中国北京首都国际机场。

第八节　“钱从哪里来”助教课堂简录

主讲人：四（1）班学生家长

一、开场

学生读推荐书，读邀请函。

二、家长上课

1. 钱的形式

家长：钱总是随着社会发展而变化的。

家长：各个国家都有自己的钱，请看图，你能认出这是哪个国家的钱吗？

（学生回答。）

家长：钱有不同的形式。比如，比特币——不可无限生产，越来越值钱；纸币——可重复使用，但越来越复杂。

家长：钱还有一个名字——货币。

2. 货币的分类

（1）实物货币。

实物货币是商品价值和货币价值相等的货币。实物货币是人类最早的货币形态。在人类经济发展史上，各种商品，如米、布、木材、贝壳等，都在不同时期扮演过货币的角色。但这些实物货币都有其缺点，如体积笨重、不能分割、携带不方便等，无法充当理想的货币。

实物货币是与原始的、落后的生产方式相适应的。随着商品生产和商品流通速度的扩大，商品交换的发展，货币材料逐渐转到那些适合充当一般等价物的金属身上，于是出现了金属货币。

（2）金属货币。

金属货币是指以金属作为货币材料，充当一般等价物的货币。

由于金属矿藏的发现、开采以及手工业的发展和熔炼技术的发明，金属在交换中逐步成为主要对象，从而使金属成为货币材料。金属货币的演化经历了由贱金属到贵金属、由称量货币到铸币、由私人铸币到国家铸币的演变过程。

（3）代用货币。

代用货币是在贵金属货币流通的制度下，代替金属货币流通的货币符号。代用货币的本身价值低于其货币价值。

（4）信用货币。

代用货币的进一步发展就出现了信用货币。信用货币是以信用作为保证、通过一定信用程序发行、充当流通手段和支付手段的货币形态，是货币发展中的现代形态。

（5）电子货币。

电子货币是以电子计算机系统储存和处理的存款。它以银行的电子划拨系统记录和转移存款货币，以电汇的方式替代处理大量纸张的手续，以无支票的自动清算替代现钞和票据的支付。

3. 小调查

家长：现在有等值的纸币和黄金，你更愿意拥有哪个？

学生：纸币，因为使用方便，易携带。

学生：纸币，因为通用，常用。

（绝大多数学生都喜欢拥有纸币。少数学生喜爱黄金，认为黄金更稳定，不易贬值。）

家长：说得都有道理，这里没有谁对谁错，只是你个人的喜好而已。

4. 钱从哪里来

家长：不知道大家想没想过，钱是从哪里来的？

生：纸币是印出来的。

生：黄金是挖出来的。

家长：所以黄金的量是一定的，不可再生，对吗？

家长：我今天要跟大家讲的是——钱从时间中来。

家长：你是要今天的 100 元还是明年的 101 元？

生：要现在的 100 元，明年的 101 元还要等一年，太难等了。

生：要现在的 100 元，因为到明年可能 101 元比现在的 100 元小多了。

家长：什么是小多了？

（学生发言。）

家长：对。就是现在用 100 元买的东西可能比明年用 101 元买的东西要多得多。

家长：这说明钱有时间价值。那大家知道通货膨胀是怎么回事吗？

生：知道，就是钱不值钱了。

生：就是要用很多的钱才能买一点点东西。

生：就是本来五元可以买到的东西，变成要用五十元才能买到。

生：就是物价上涨快。

家长：说得好，通货膨胀就是流通中的钱的数量超过了实际使用的数量，而引起的钱贬值。

家长：通货膨胀是经常会发生的事，我们该怎么办？你有什么主意？

生：买房、买黄金。

生：把钱变成物质。

生：去理财。

生：去囤货。

家长：鸡会下蛋，钱可生钱。金钱总是追逐利息，就如水流入大海才不会枯竭。

家长：我们的收入怎么来？

(学生回答。)

家长：对，包括工资收入、利息收入、借贷。

家长：那么钱花哪里去了？

(学生回答。)

家长：对，交税、买日用品、改善自身生活所依赖的环境。

家长：平时生活中收入大于支出好，还是支出大于收入好？

(学生回答。)

家长：对，收入要略大于支出，生活才能感到安心。

5. 钱来源于价值

家长：一个产品价值多少就应值多少钱的价格。

（1）从产业链来看价值的创造。

如矿（石油）—炼钢半成品—成品—销售，因为有了这个产业链，才有了价值的产生，也才能真正盈利。

（2）垄断竞争。

商品在流通中可能出现垄断竞争。垄断竞争是指许多厂商生产并出售相近但不同质商品的市场现象。它是旧经济中最常见的一个特征，同时这一特征在新经济（又称知识经济）时代表现得更为明显，是经济学中比较典型的市场形式之一。

家长：进行垄断性竞争的企业在短期具有垄断性质，而在长期则是零利润和生产能力过剩的。

6. 看当今世界富豪

家长展示世界富豪的图片，包括乔布斯、比尔·盖茨、马云、李嘉诚等。）

家长：为什么他们有钱?

生：因为他们开公司，而且是大公司。

生：因为他们拥有资源和高端产品。

生：因为他们是团队赚钱。

生：书上说他们拥有与别人不一样的思维。

家长：说得非常好。因为钱从知识中来，他们拥有了那些可以赚钱的知识。真正的钱是知识与自由。

第九节　“家庭养花活动”助教课堂简录

主讲人：张恺、张彦的家长

一、活动策划书

（一）课前流程

1. 学生撰写推荐书，推荐张恺、张彦的家长前来上课。

2. 派策划人员代表当面诚挚邀请张恺、张彦的父亲，同时带上学生写的推荐书。

3. 家长同意参加活动后，学生撰写活动邀请函。

4. 再次派策划人员代表将邀请函交付给家长，并定好活动日期，且告明被邀请人具体地址。

（二）课上流程

1. 于约定时间派两名学生代表前去迎接家长。

2. 待家长抵达六（5）班后，多媒体管理员打开多媒体设备，张恺、张彦的父亲准备教学器材。

3. 全班学生进教室，做好上课准备，进行课前礼仪。

4. 张恺、张彦做主持人（可轮流，或任选其一人）报幕。

5. 学生代表上台朗读推荐信。

6. 学生代表上台朗读邀请函。

7. 家长开始正式授课，此课可分为听讲与实践两部分。

8. 待本课结束后，同学们热情地送走家长。

（三）课后流程

1. 授课结束后，须继续完成课堂任务。

2. 学生撰写感谢信，收齐后由张恺、张彦代转。

3. 学生撰写活动感想。

4. （可选）收集整理学生的作文（包括推荐信、邀请函、感谢信及活动感想），出一张活动报。

（四）注意事项

1. 本次活动只能邀请家长，不允许强求，被邀请人可自愿选择。

2. 在活动过程中所有活动参与者都须使用文明用语，保持友好的态度。

3. 策划人员代表在与张恺、张彦的父亲见面时须用热情的语气、礼貌的用语。

4. 在活动进行过程中，所有人须服从被邀请人指令。

5. 在授课过程中，所有学生须遵守纪律，认真听讲，不开小差。

总负责人：黄瑞夷老师

策划人员：张恺、张彦、黄琦懿、张施一等人

授课人（被邀请人）：张恺、张彦的父亲

二、家长进课堂教学

家长：今天刚好是 3 月 12 日——植树节，也是孙中山先生去世的纪念日。我们先来看个短片——《美丽的海沧》。

家长：植物也有喜好，不同的植物喜爱不同的土壤。

家长：花木的土壤酸碱度的适应性是经过长期栽培摸索出来的，因此，应根据某种花卉原生环境的土壤条件及伴生植物的种类来判断其对酸碱的适应性。

家长：绝大部分观赏花卉都是喜欢酸性至微酸性土壤条件的，但也有一些花卉适宜中性或微碱性的土壤条件。

家长：喜酸性的花卉种类常见的有杜鹃、山茶、茶梅、红枫、白兰、米兰、栀子、珠兰、海棠类、秋海棠类、珙桐、金花茶、盆橘、樱花、五针松、罗汉松，以及绝大部分观叶类植物。

家长：喜碱性的花卉则不是很多，有一定抗盐碱能力的花木主要有石榴、榆叶梅、夹竹桃、连翘、木香、枸杞、木槿、海滨木槿、紫藤、迎春、丁香、杜梨、合欢、泡桐、无花果、柽柳、黑松、杏、梨、月季、龙柏、周柏、侧柏、火炬树等。

家长：今天我们一起来学习一些有关家庭养花的知识。

（一）栽培技术

1. 有土栽培技术

有土栽培就是一般的沿续了几千年的种植方式。这种栽培方式投资小，植物主要吸收的营养物质来自于土壤中。这种种植方式虽然产量赶不上无土栽培，但适用种植的面非常广，所以仍然是目前最主要的种植方式，大宗粮油作物、树木、果树全部采用有土栽培。

2. 无土栽培技术

无土栽培植物利用的营养物质是人工配入营养液中的各种肥料，有的不用基质，只用水培就可以，有的用基质培，但基质并不为植物提供任何养分。这种种植方式成本比较高，但因为可以为植物提供最适宜的养分条件，所以产量非常高。无土栽培对资本、设备、技术等的要求都比较高，所以目前只有少数蔬菜、瓜果和名贵花卉是用这种种植方式种出来的。

（二）有土栽培实践

家长：今天我们以罗汉松种植过程为例，现场实践一下。（边说边动手准备）

1. 种植罗汉松

准备：土、植株、盆、铲、剪刀。

第一步，上盆。在盆底放入陶粒，以能盖住盆底即可，然后放入少许的土。

第二步，种植。放入罗汉松，再盖上土压紧，上面再铺上一些小白石，防止浇水时泥土溅出来。

第三步，浇水。

家长：请回忆刚才的种植过程，推广到种植其他的花，这个过程可以怎么概括？

2. 种植过程推而广之

①选材。（选植株和花盆）

②盆底垫上小石子或泡沫或小陶粒。

③在石子上放一层营养土。

④放入植株。

⑤把土夯实。

⑥铺上小白石、小彩石或细沙。

⑦浇透水。

家长：为什么不用担心植株的根会向上长？

生：因为地球的引力使植物的根往下伸，茎往上长。

3. 种种子与种植株的区别

（家长演示种种子的过程。）

家长：（提醒学生）浇水要浇透，未干时不可以再浇。

（学生现场操作种万寿菊。）

（家长给学生分组，请组长上台领盆、营养土、种子、小石子。）

（组长领完后，回到组上。）

（家长先提问几组学生种植过程，再让组长分配工作，分工好后开始种植。）

（生动手实践。）

（家长巡视，帮助。）

家长：请大家把种好的花盆统一放到走廊的一角，统一浇水。大家知道为什么吗?

生：因为浇水时水会渗出，把班级地面弄脏。

家长：对，所以我们可以统一放到教室外，等水滴干后再拿进来。

家长：每一个盆都标好号码，以后这盆花就由你们相应的小组管理，看哪个小组的万寿菊最先开花，哪组的万寿菊开得最盛！注意写好观察日记。

（三）认识几种常见的花卉

家长一边放图片，一边讲解几种常见花卉的相关知识，并不定时提问。

（四）植物趣闻

家长：这是你们策划小组在策划过程中给我提出的讲课内容要求，我们一起来看一下。

1. 最长寿的树

世界上最长寿的树是龙血树，有五六千岁。

2. 最长寿的叶子

百岁兰又称为百岁叶、千岁兰、奇想天外、二叶树。1859 年 9 月 3 日，由奥地利探险家发现于安哥拉的沙漠之中。其叶片呈带状。

3. 长得最快的树

长得最快的树是毛竹。毛竹的竹笋经 40～50 天就能长成幼竹，高度达 12 米。

4. 食人花

世界上有一种花叫食人花，它生长在美洲亚马孙河的原始森林和沼泽地带，长得十分骄艳，花行似日轮。有兰花般的诱人香味，叶片有三四十厘米长。

5. 醉人草

埃塞俄比亚人称之为卡瓦。多年生的草本植物，茎高 3 米多，叶子形状像心脏。花开的很多，小小的，黄绿色。其体内含有一种树脂，这种树脂有很奇特的作用——它能使人麻醉。卡瓦的麻醉性能很像鸦片，但二者成分不一样。

6. 胸有成竹树

分布于我省的屏南县。这种树在树的中间会长竹子。

7. 眼睛树

俄罗斯南部生长着一种“眼睛树”。只要你把树皮剥掉后，剥皮后的树干上就立即显露出一只只大“眼睛”，在这些奇妙的“眼睛”里还会流出悲伤的“泪水”。这些眼睛流出的“眼泪”带有黏性，是一种天然胶粘剂，能作为胶水。

8. 产盐树

在黑龙江和吉林交界的地方，生长着一种能产盐的树，叫“木盐树”。每年春天，树上都凝结一层雪白的盐霜，人们用刀轻轻刮下来就可当盐食用。

三、主持人读感谢信

（略。）

四、学生的养花日记

（一）黄琦懿的日记

植物种植阶段观察记

为了较好地记录下本人种植的植物的情况，特做此观察记录。

2014年3月12日　星期三　晴

今天，是我们小组的植物播种日。

能够有这个“播种日”，得益于我们同学的家长——张恺、张彦的父亲（后文简称张老师）。

张老师在今天——植树节，为我们带来了一堂植物种植课，并且给我们准备了花盆、土壤、种子等物品，让我们在课堂上进行实践。

种植步骤如下：

（1）在花盆底部垫上一层陶粒。

(2) 填入八分满的土。

(3) 埋入种子。

(4) 装饰植株。

(5) 浇水。

我们将植株放到窗台“晒太阳”，接下来就满心期待地等着它破土发芽吧。

小记：

看见不少同学的苗儿破土而出，我们是心急如焚。

难道是我们的种植方法出了什么问题吗？

在苦苦思索良久后，我终于意识到：在刚开始种植时，我们曾按照课文《桃花心木》中的说法，给我们的种子实施了“不确定”的方法，莫非是在这儿出了问题？

我们立刻规规矩矩地给种子浇水，可土壤依旧纹丝不动。

在对植株进行了一番细致的观察后，我们终于得出了一个全新的结论：我们的植株装饰品太多，反而成了种子成长的累赘。

于是我们清理了植株里过多的装饰用的石子、七彩石。但种子依然毫无动静。我们对这盆种子失去了信心。

2014 年 3 月 19 日　星期三　晴

一周的时间过去了，我们的种子终于破土而出了。

刚出土的芽显得娇滴滴的，很难让人想象这是由一颗朴实无华的种子蜕变而来的。两株成功存活下来的苗身高分别为 0.5 cm 和 0.7 cm，每株都还只有两片叶子。

几天后，这盆种子戏剧性地发芽了。

真是有意思，短短的一个发芽过程，竟让我们懂了对症下药、因材施教、做事不应讲究外在美、要有耐心的道理。

2014 年 3 月 26 日　星期三　晴

在这一周里，花苗的生长速度较为缓慢，除了叶数的增多、高度的增长外，并没有太大变化。如今两棵苗的身高已达到 1.2 cm 和 1.3 cm。

2014 年 4 月 2 日　星期三　晴

这一周的生长速度与上周基本相同，高度为 2 cm 和 2.1 cm。

小记：

在这三周的时间里，我们组的花苗出现了一大奇观——叶面上竟然莫名其妙地长出了黑斑。我们的脑海中冒出了两种想法：莫非这是从外星球来的植物？还是这盆植株出了问题、生病了？我们怀揣着这种矛盾心理悉心地呵护着这盆植株，终于，黑斑逐渐消失了，这盆植株又回归正常了。

2014 年 4 月 16 日　星期三　晴

可以说，从上周三到这周三，我们组的这盆植株有了一个巨大的变化——长出了花苞。

花苞刚从整棵苗的中间冒出，还很小，藏于枝叶当中，合得很紧。

如今的叶子也较为茂盛了，只是身高还较为矮，仅有 3.9 cm 和 4 cm。

2014 年 4 月 18 日　星期五　晴

似乎从昨天开始，植株就像进入“青春期”一样，开始飞速成长。短短两天时间，分别就达到了 4.5 cm 和 5.5 cm，着实令我们吃惊，也令我们欣喜。

2014 年 4 月 22 日　星期二　晴

由于一个星期没有浇水，所以昨天两棵苗在我们眼前已是奄奄一息、无精打采的了。幸亏我们进行了及时的“补水抢救”，我们的植株在今天才恢复了生机。

短短的一个周末时间，苗儿疯狂地生长，如今的苗身高已达 6.1 cm 和 8.7 cm。

2014 年 4 月 24 日　星期四　晴

这段时间花苗的疯狂生长已达到了令我讶异的阶段，两棵苗都已摆脱了从前的那种稚气。最近花苗之所以会“疯长”，完全得益于越长越大的花苞。此时的花苞已经一扫曾经的那种娇滴滴、怯生生，平添了几分神气，竟有了一种“欲与天公试比高”的气势。苗身高度也已达 8.5 cm 和 9.2 cm。

2014 年 4 月 25 日　星期五　晴

今天在测量数据时发生了一件令我吃惊的事：两棵苗的身高皆为 9 cm，对比昨天的数据，发现一棵苗竟然变矮了！

昨天是 9.2 cm，今天怎么成了 9 cm？我拿着尺子比画了很久，数据并没有出错。难不成植物还可以倒着长？

观察了片刻，我终于找到了问题所在。原来原先较大的那棵花的花苞过于巨大，沉甸甸的，压弯了枝干，所以变矮了。

其实人又何尝不是如此呢？在追求成功的道路上，身上的包袱逐渐加重。但能欣赏到自己辛苦获得的果实时，心中何尝不是幸福的呢？

小记：

在前几天，我们班对植物进行了一轮淘汰，把没有长出花苗的小组的花盆，全部清理。我回想起了我们小组曾经的盆栽，不知是不是因为土壤营养过剩的原因，竟然疯狂长出杂草，所幸的是，最终还是成功存活下来两棵苗。回到“淘汰”这件事上来，自然中，其实本就存在着优胜劣汰、适者生存的规则，这件事，其实也不过遵循自然法则罢了。

2014 年 4 月 28 日　星期一　晴

又过一个周末，再次见到两棵花苗的时候，又是曾经那萎靡不振、近乎颓废的模样。再次抢救后，它们终于“起死回生”，真不知日后天气炎热了，它们还怎么存活下去。

下午的时候，两个花苞都已咧开，我们种的都是黄菊，所以花苞里透露出的是富有生机的黄色。但其他不少小组的植株早已是鲜花灿烂。此时花的生长速度也渐渐慢下步子来，我们的植株现已达 10 cm 和 10.1 cm。

（二）田馨宇的日记

2014 年 3 月 14 日　星期五　多云

新播种，新希望

心情：激动的心情难以平复！

总体来说，今天还是蛮开心的。因为张彦和张恺又给了我们组 3 颗种子。我和王露露怀着激动的心情把它们种了下去——但愿下个星期一来的时候它们发芽了！

2014年3月17日　星期一　阴

等待需要耐心

心情：生活多姿多彩，平平淡淡才是真。

早上到学校时，第一件事就是去看看花盆，希望能得到一个惊喜。但是不看不知道，一看“吓一跳”：“喜”是没有了，倒是有“惊”的存在——花盆里的土比原来少了三分之一（求原来花盆里的土有多少），而且种子也还没有发芽……

唉，慢慢等吧，等待是需要耐心的……

2014年3月18日—26日

等待是需要耐心，但等久了就没耐心了

心情：烦躁＋郁闷。

啊啊啊啊，怎么还不发芽？明明已经很用心地养了……

但，为什么别人家的种子已钻出地面，在花盆里有了一席之地，而我的还是光秃秃的一片？

如果再这么等下去，我就没耐心了！

2014年3月27日　星期四　晴

奇迹……诞生了！

心情：激动得语无伦次。

今天可是个好日子！

有同学告诉我：“你们的种子发芽了！”听了这话，我立刻飞奔到窗台旁，找了老半天，终于发现了藏在角落的一丝绿意！

奇迹是存在的，因为它就诞生于这个朴素的花盆！

2014年3月28日　星期五　阴

厄运降临

心情：怒。

有一个坏消息，小苗被折了！

（三）朱诗涵的日记

已经过去两天了，一盆土还是一盆土，毫无生机地摆着。我知道，种子总会发芽的，接着就会长出花苞，开出鲜艳的菊花。但是，在此之前，只不过是一盆土罢了，就算将来这颗种子会长成参天大树，在它还未发芽前，人们看到的也只不过是一盆土而已。

怀才不遇者抱怨自己没有贵人相助，那是因为，在贵人眼里，他只不过是一盆土罢了。种子不努力，永远只能是颗种子，随时面临着被鸡刨出来吃掉的命运。不思进取者便如不努力的种子一样，一天一天悠哉悠哉地过去了，一盆土还是一盆土，没有任何长进，别人眼中的你毫无变化，自然也会认为你没有这个能力。就算你拥有巨大的潜力，不努力，又有谁知道呢？

努力发芽的种子都不一定最终会开花结果，更何况是不努力的呢？

你只是一颗小小的种子，可能是成功的种子，也可能是失败的种子，你不努力，又有谁知道呢？

你，听见了吗

啊！埋在土中的种子，你听见了吗？和你一同种下的种子有的已经发芽，你是否还在沉睡呢？

或许，你属于默默无闻型的。你此时或许在努力扎根，准备一鸣惊人吧。可只靠根部吸收养分，而不利用叶片吸取能量，是否有些本末倒置了呢？哦，或许你属于宅家型的，奉行着“家可爱，家最好，我从不到别处凑热闹”的理念。或许你不知道，有阳光的世界是多么美妙，而且你身处四楼可以鸟瞰操场的风景。外面的世界如此多娇，种子啊，你是否愿意出来旅游一番呢？

你，听见了吗？许许多多的种子都发芽了，长着两片椭圆形的叶子，红红的小短茎从土里抽出来，很可爱。种子啊，何时我才能看见在16号盆中有这般生机啊？

种子，你听见了吗？在春天这个充满生机的季节里，你能否给我带来一个大大的惊喜呢？

悼亡诗

——致未曾发芽的种子们

哀

你为何

迟迟不展现

富有朝气的身姿

你可知我日日的等待

曾看穿秋水，望透了那云霞

你却淡然在土中，做着千年美梦

我不怨你，在你死后，土上有了新客时

我的心中对你泛起了那无穷无尽的悲哀

我相信你努力拼搏过，努力生长并生根发芽过

你奋斗的汗水浸湿了每一寸土地，你咬牙坚持

却只能不甘地死去，你努力的痕迹腐烂了

我却感受到土地中坚持不懈的力量

既然你已努力，我便不在意结果

土地接纳了你，你无需遗憾

努力，是枚永存的勋章

泪水会侮辱你的

我想告诉你

你的死

痛

从植物看人

其实，想看清一个人并不难。只听他的语言是不准的，就如生活中有许多“说话的巨人，行动的矮子”一样，一个人的行为最能说明他的一切。

就如对待一盆花的态度。天空黑压压的一片，大风将树叶卷到了半空中，我们的小盆子里刚刚才有一星半点的绿意。大家种的花不属于风刮得

越猛烈、雨下得越大，就开得越灿烂的那种，相反，我们种的花都需精心呵护，此时，每个人的行为就有差别了。

有的同学一下课，就急急忙忙地跑到窗台前，搬的搬，移的移，忙得不可开交。而有些同学，或是下课后悠哉悠哉地在教室里闲逛，或是三五成群地聊着天。总之，他们对窗台上的一盆盆植物采取无视的态度。不过，在大部分同学把花盆移下来之后，剩下的同学也不情愿地把“打眼”的盆子搬了下来。

一个人，如果对待植物都如此，那他对待别人呢？

（四）郑瑞楠的日记

养花日记

有生以来，能养花如此之久而不枯萎，还是首例。

感谢张恺爸爸给我送来的这盆小生命，不过它挺难伺候的。早晨我去看它的时候，它常常耷拉着叶子，软绵绵的，弄得我手忙脚乱，赶紧给它浇水，想尽各种办法照顾它。有一次浇水太多，差点把它浇死。

我度日如年地盼它长大，终于在第二周，它艰难地破土而出。然而这时发生了一件不应该发生的事，班上很多同学的花苗被莫名其妙地掐死了！这种行为是不道德的，幸好，我的花没有被掐。它生长得很快，我记录的数据在一天天地变化，那小而淡绿的叶片让人感受到了勃勃生机。再大一点儿，叶子的形状变化了，它的外围展现出了锯齿状。这个时候，我必须一两天就得给它喝一次水了。时光如梭，它已经长出了细长的花苞，现在它已经开花了，黄色的花瓣夺人眼球，现在它的叶子大约有 3 厘米长，而花瓣的面积也有 20 cm^2 了，虽然花养好了，但是它的根却有一部分裸露在土壤之外，看来还得找点土遮盖一下。

绚丽多彩的花草以其独特的风姿给我们带来精神生活的美好享受，使我们的人生更加充实愉快。

（五）张施一的日记

2014 年 3 月 12 日　星期三　雨

领取盆栽

今天，是植树节，也是孙中山先生的纪念日。我们开展了期盼已久的家长进课堂活动，主讲人是初中生物老师——张彦、张恺的爸爸。这次活动，也少不了植物。

我们种的是一种叫作“万寿菊”的植物，它又名臭芙蓉，为菊科万寿菊属的植物。

万寿菊原产墨西哥，在中国各地都有人栽培，用于观赏，可生长在海拔 1150 米至 1480 米的地区，多生在路边草甸。万寿菊常于春天播种，因其花大、花期长，故常用于花坛布景。多用于提取叶黄素，用在食品工业上。

接下来就是种植环节，取一个花盆放入陶粒（铺满，起到透气作用）和少量的土，放入种子并用土掩埋，在表层撒上细沙或石头。

一个小生命，一个活泼可爱的小生命，从今日踏上征程，扬帆远航……

2014 年 3 月 13 日　星期四　霾

好奇的眼光别样多

今天，是小生命的第二天，其中，100 号是我培育的。

一下课，全班同学蜂拥而至，围着花盆爱不释手，我百思不得其解，嘟囔道：“有这么好看吗?”万寿菊 2～3 天浇一次水，可同学们手中的那壶水早已转瞬即逝地到了地上、墙上、土里……

2014 年 3 月 19 号　星期三　阵雨

VIP　17 号

经过测量，有盆花的“房子”异常的大，我们的花盆高 7 cm，半径 3 cm，而 17 号花盆高 10 cm，半径 4 cm。13 号盆栽发芽了，我十分羡慕、嫉妒，便自己编造了一个理由安慰自己：万寿菊要 10 天以上才能发芽，而今天才第 7 天，改变命运的是埋种子的环节，土薄出土快，土厚出土慢。先出土的，根不扎实，一吹就摇摇欲坠；而后出土的，根扎实，坚贞不屈，坚定不移。

2014年3月28号　星期五　晴

第一盆花死了，第二盆相继死去

6号花盆的主人是沈新铭，事发时我也在场。100号迟迟不长，我认为土太厚了，便挑去了一些；见6号的土很少，便帮它补上了一部分土。沈新铭目睹这个过程，便拿石头砸100号，可100号一动不动地屹立在那儿，6号狠狠地被摔在了地上，狼狈不堪……

第十章　从学生的活动策划书看语文综合性学习

第一节　“暑假漫谈”活动策划

——学生的第一次活动策划书

一、策划书

说说暑假中的快乐事

——2011年9月延奎小学五（3）班活动策划书

（第一稿）

一、活动主题与目标

1. 主题

让同学讲讲暑假里发生的快乐事。

2. 目标

让同学们提高写作、朗读水平，也让同学们互相了解。

二、活动前准备

写作文、筛选。

三、活动过程

1. 导入。一个暑假过去了，同学们想必有许多快乐的事，让我们交流一下吧！

2. 引出主题。“说说暑假中的快乐事”主题班会现在开始！

3. 朗读。同学朗读作文，可以是竞赛的形式，也可以时不时穿插如“我的事比你的快乐”“你那个算什么”等台词。

4. 总结。同学们的事情很丰富呀！同学们的快乐大家都体会到了，希望以后多多交流，让我们更加快乐！

暑假快乐大比拼

——2011年9月延奎小学五（3）班活动策划书

（第二稿）

一、活动主题与目标

让同学们说一说暑假里发生的快乐的事情，和大家分享快乐，增加彼此之间的了解。

二、活动前准备

请写作好的同学用优美的语言写作文，仔细筛选作文，选同学当主持人，排练台词、站位、设计台词等。

三、活动过程

1. 先由主持人上台问好，铺垫并导入，引出主题。主持人可选用有一定经验的同学。

2. 同学们分成两列斜队站立，每列选一名队长。首先由队长说明自己的“门派”并开始进行类似于比赛的PK。

3. PK结束后，主持人上台宣布比赛结果（平局），并总结这次比赛的收获等，说结束语。

用优美的语言表达自己好玩的事

——2011年9月延奎小学五（3）班活动策划书

（第四稿）

一、活动项目

由暑假布置的任务——用优美的语言表达自己觉得好玩的事，结合第一单元教学主题，策划一次综合实践活动。

二、活动目的

让同学们用优美的词句来描叙自己觉得暑假里好玩的事，丰富同学的语言，提高作文水平；同时结合第一单元的课文，提高同学们热爱读书的积极性，提高读写能力。

三、活动时间

准备时间：9月5日—9月20日之间。

活动时间：9月15日上午第二节课。

四、活动地点

五（3）班教室。

五、负责人（策划人）

林懿、苏洋洋、曹家瑞、钟菁菁。

六、活动流程

（请出主持人，两人诵读《神奇的书》。）

曹：同学们在暑假里都读了许多好书，有的同学还边读边记录好句。现在请欣赏好句好段。有请吴婕琳、侯乐乐、陈雅楠、陈卢煜、宋璐瑶、赵亚宏、杨俊、李南鹏与大家分享他们的好句好段。

林：同学们学习了第一单元，在第一课后面的综合性学习与园地里的口语交际的学习中，一定会有所感悟，也产生了许多丰富好玩的想象吧？有请蓝炎翔、柯智健、刘正源、郑秋玲、郑琦妍、张慧等6人与大家一起分享他们的收获。

曹：过了一个暑假，大家对看过的课外书应该还有印象吧。每一本书都有一个书名、一个主题，下面有请曹家瑞、林婉敏、侯璐雅、罗汉鹏、陈卢煜、苏蓉蓉、钟菁菁、王宇向大家推荐介绍。

林：暑假里一定经历过许多好玩的事情，这是大家最想听的，请先用讲述、再用读述法跟大家分享一下你经历的好玩的事情，让我们感受一番“说”与“读”的差异吧。有请文思凯、吴婕琳、郑皖闽、陈诺、陈卓恒、颜泽杰、钟菁菁、林懿、施义榕。

曹：读了那么多好书，一定有了许多收获，对名人也会更加了解，当然，名言警句也积累了不少吧？有请林欣怡、阙鑫伟、薛森宇、杨俊、陈小枰、张霄、汪艺霖、刘云驰、葛鲁艺、曾俊翔、侯乐乐11人给大家介绍名人或赠送名言给大家。

林：第一课后的综合性学习中提到，“访问周围爱看书的人或常去图书馆的人，请他们谈谈读书的体会”。有请采访者苏蓉蓉、林懿、吴静怡，有请被采访者苏洋洋、黄老师、黄渭清。

曹、林：我们读书，我们也写作，读写是我们立足生活的本领，请听我们读自己的“名言”。有请曹家瑞、苏洋洋、林懿、颜泽杰、薛森宇、裴若槟、黄毓玲。

曹：最后请老师给我们做简单的点评并布置新的任务。

二、学生随笔

那几天

林懿

四年的步伐，在那几天结束，第五年的旅程在那几天开始。不知不觉，时间已催我进入“奋斗状态”。

“啊!”我悲惨地叫到，也许这不是我人生中最惨的一次大叫，也应该排第二了吧。

我是个口是心非的家伙，虽然嘴上不怎么希望有这个任务，但心里却是巴不得多接几个任务。

“作文的表达方式是怎样的呢？写真事、写好事、写好句……”我有头无尾地喃喃着，差点睡着了，回忆今天的事，有点……

“我已经在暑假时布置下去了，用优美的语言表达好玩的事……我要提高你们大家的策划能力……第一次活动策划人：林懿、苏洋洋、曹家瑞、陈诺……”在模糊的记忆中，我也只记住了黄老师的话。从那刻起，我就已经明白自己会像孙悟空一样被压在“五指责任山下”。“下周二交第一稿……”我的脑海一片混乱，又如同海啸般在翻腾，找到能用的东西的概率微乎其微。没办法，只能向电脑求救。准备第一稿，我翻出了几百篇例文，只有几个提到时间、负责人、主题、准备、地点等。我杂乱无序地写着，说实在的，我一点把握也没有，但我也无能为力。

第一稿，写得……嗯，不及格！唉，人生的最大失败之一。我的记忆力不好，只能记得这些了。写的策划书不合格给了我很大的打击，可我也只能悻悻地接受。第二稿，有了时间，有了活动，我写时很不放心，每天都往黄老师办公室跑，现在连我问了什么都忘得一干二净了，因为实在太多了，没有记录。黄老师给我们的指导、评价也是不少的，现在回忆起来，最感谢的人还是黄老师，要是没有黄老师，这篇文章也不会有。当然最对不起的也是黄老师，因为这个活动的结果简直就是惨不忍睹。

第二稿，又是以失败告终。这不免让我对自己失望了。黄老师的苦心，我们辜负了。我不想接这个任务了，每天强打着精神来到学校，多么希望能避开黄老师失望的神情。事实证明，我错了。

“林懿，待会儿你们几个来我办公室一下！”看着黄老师，我心里很忐忑。黄老师要我们几个人一起写第三稿。很快，四个人中已有人被替代。对这样的安排，我没什么异议，我害怕自己也是如此下场。但看着老师对我们的信任，我暗自鼓励自己一定要完成！大致安排好工作了，趁着黄老师不注意，我们还记下了老师的QQ号。就这样，活动课也进入倒计时了。抱着深深的歉意度过前几天，后几天我便精神振奋起来。审稿、批稿使原来总是失眠的我睡得很香。我很开心，终于能为这次活动添点“色彩”了。这几天，嗓子都喊哑了，但我还要感谢配合我的同学。看到大家，我又有精神了……

回忆，只能回忆。要是能重来，我一定……

那几天虽然不能重来，演义出来的却是快乐，是精品。那几天，我将终生难忘。

后记：公开课上完了。下午放学，站在二楼的走廊里，吹着风，看着落日，感到轻松、愉悦。一个多星期的日落，唯独这次的，最令人愉快。要是要分别时也会有这样一次真正动人心扉的活动，那么活动带来的愉快一定会伴随自己一生！

加油！努力！不只为成绩，更为一辈子的幸福！

三、教师随笔

学生的第一次策划活动记录

周三

刚布置完策划任务，学生紧张起来，真是有人高兴有人愁。高兴的同学笑着接受任务；愁的同学并非真愁，是愁中有喜。喜的是觉得被老师选中是一件很荣耀的事，愁的是策划书自己从未写过，怕写不出来。但是新的挑战就是新的长进，所以总体而言，他们还是明愁暗开心。

一下课，林懿开心地问这问那，大有一次就把任务出色完成好的决心。而苏洋洋的微笑中则露出一脸的疑惑。我想了想，决定让他们上网查找，临摹着写。

周五

询问是否写出了第一稿，回答没底气，四个策划者只交上三份策划稿。我仔细一看，都非常简短，两份没有具体内容，一份有内容但却要求不少的活动经费，很显然不符合实际。不管怎么样，这是他们写的第一份策划书。没写的陈诺充满歉意地说："老师，我家没电脑。"噢！我只好让别人先顶上。于是，安排了文思凯，她没说什么，我想应该是接受了。

周日 20:10

接到两个未接电话，都是文思凯的。又收到短信："老师，为什么把我调整到第一组，我没时间写，还是让我调回第二组吧。"我一看有点生气，心想：不想写应该早点说，我好安排别人，现在说，真让我为难。于是，我回复短信说："不是没时间而是不会写吧！"她回复说："不会写？那我第二次也要完成任务啊，第一次写跟第二次写不都是一样的吗？当然不是不会写，而是没时间写。"我回复问："那你现在在做什么？"很快收到回复："整理明天要上课的书，然后洗澡，睡觉。"我一看表，8：30，心想也该是孩子休息的时间了，于是我回复说："那你早点休息吧！我明天换个同学。"接着收到的回复就是"谢谢"二字。

周一

之前的三位学生交上了第二稿，似乎比第一次好点儿，但不是不能执行，或者说不好执行，因为缺少具体分工及细节安排。我又重新安排了另一个同学钟菁菁加入策划组，由于她介入活动迟，又从来没有写过策划书，完成任务有困难。于是我让她上网模仿，想不到第二天她交上来的竟是网上下载的内容。虽然她还打电话询问了一次，依然没能理解策划是怎么回事。最终我只能让四个策划者聚在一起，把前面写的内容看一看，然后四份整合为一份，成为可以执行使用的第三稿。

前方有四稿出来后，我让他们赶快布置任务，时间只有四天，第五天就要开公开课。这回，四个人倒是很积极，不时地往我办公室跑，不断地汇报活动准备的进展情况，还拿着同学们准备的内容来让我审阅。我说让他们全权处理。孩子们总不放心，还是时常来"骚扰"我，我还真有点烦了。我故意用冷冷的态度对待他们，逼着她们尽力依靠自己的能力来解决问题，培养他们的自信心和处理困难的能力。

第二节　“亲子助学”活动策划

——学生的第二次活动策划书

一、策划书

“亲子助学”活动策划书（第一稿）

策划人：苏洋洋

一、活动目的

开展本次活动，目的是促进父母与孩子的感情。通过多次的配合与合作活动，在父母与孩子之间架起一座沟通的桥梁。另外，增强同学们之间的友谊及班集体的团结，丰富同学们的知识。

二、活动策划人

苏洋洋、曹家瑞、钟菁菁、林懿、文思凯、侯璐雅、蓝炎翔、刘正源。

三、活动时间

10 月 10 日之前。

四、活动地点

厦门海沧延奎小学五（3）班教室。

五、活动流程

主持人先上台讲开场白，请出要为我们上课的家长，并请家长和他的孩子合作表演一个小节目，家长再做自我介绍。主持人在上课途中配合家长提一些问题，并引入下一个环节的活动。还可以和家长做一些小互动，使课堂显得更生动、更有趣。

“亲子助学”活动策划书整合（第三稿）

策划人：苏洋洋

一、活动主题

油画的基本常识与需要的工具；有关风景画欣赏。

二、活动目的

促进大人与孩子的亲子关系，让家长也能体会做老师的感受，使老师、学生与家长实现互动交流。在家长上课的过程中，让大家都能有所感悟，有自己的作品诞生。

三、活动时间

2011年10月9日上午。

四、活动地点

厦门海沧延奎小学五（3）班教室。

五、活动负责人

林懿、曹家瑞、文思凯、苏洋洋、钟菁菁、蓝炎翔、刘正源、侯璐雅。

六、活动嘉宾

汪艺霖的父亲。

七、活动流程

1. 请黄老师宣布本次活动开始，说明本次活动的开展意图，介绍嘉宾，然后请出两位主持人。

2. 主持人自我介绍，一起朗读开场语。

3. 主持人请苏洋洋简要介绍这次活动的策划过程。

4. 主持人请林懿读课堂协议书，主持人读邀请函。

5. 主持人请出嘉宾，介绍嘉宾，开始上课。

6. 主持人先请林懿来问同学们一些关于艺术的问题，并请嘉宾来判断对与错。然后，请嘉宾讲一些关于艺术绘画方面的基本常识。配合嘉宾，引入下一阶段的活动。

7. 主持人请同学们讲出自己的感想，现场快速读感谢信。

8. 主持人请老师总结。

八、课前准备

1. 主持人的开头语撰写。

2. 林懿的协议书撰写。

3. 苏洋洋的策划过程简介。

4. 主持人对嘉宾的介绍（请两位同学写邀请函）。

5. 主持人每一步骤的开始与结束过渡语撰写。

二、课前准备内容

主持人的开场、过渡、结束语

一、开场白

合：老师、同学们，大家早上（下午）好！今天我们家长进课堂的主题是有关油画的知识与需要的材料。大家掌声欢迎汪艺霖的父亲——我们的主讲人讲话！

二、过渡语

（家长讲完话后）侯：汪叔叔，我们都知道您是名画家，油画画得非常好，那么，画油画前需要准备些什么呢？

（家长说完后）蓝：哦，原来有这么多要做的呀！那画油画时要怎么画才能画得生动呢？

（家长说完后）侯：还有什么需要注意的吗？

（家长说完后）蓝：有这么多要注意的啊！再请问，画油画要准备什么材料呢？

（家长说完后）侯：原来如此，我真没想到要带这么多的东西！

三、结束语

蓝：时间过得真快呀！经历了这次课程，相信同学们一定对油画有了不少的认识吧？你们说这是谁的功劳？

生：汪叔叔的。

蓝：再让他上一节课好不好？

生：好！

蓝：嘻嘻，那也得下次了。

侯：好了，言归正传，现在我们该欢送嘉宾和老师了。

生（齐）：再见！

三、教师随笔

学生策划记录

9月19日

给学生下达写第二次活动策划书的指令，并让8位学生讨论要邀请的对象。8位学生整整讨论了一节课的时间，期间两次询问我，我只说多定两个，联系看家长有没有时间，这样不至于落空。最终结果如何，也不得而知。

第二天一早，林懿一见我就先诉苦："这次与第一次的策划不一样，我写不来。"

"这正是要你们继续做的缘故，你以为写一次策划书你就会策划了啊?"我这么回答，毫无表情。

她接着道："那写不好不能怪我哦。"

我笑笑："上次怪你了吗?"她无语。

9月24日

任务已布置了5天了，可是最关键的上课嘉宾却迟迟未能定下来，在我的再三催促下，林懿和苏洋洋有些急了。

两个小家伙有些生气地向我汇报："很多同学都不喜欢家长来上课，不是家长不想来，而是他们不想让家长来。一问就说没空，怎么会这个样子啊?"

我笑笑说："这很正常啊，说明你们的工作还没做到家嘛。"一听我这么说，她俩更生气了，有点埋怨班上的同学故意不配合自己的工作。

我看了她俩的表情，趁机又将一次军："他们不肯让父母来，那就先从你俩开始吧，林懿叫你爸来好不好?要不就叫苏洋洋的妈妈来给大家上一节煮菜课?"

她俩立刻面有难色，回答说："不。"

我笑着反问说："你们就说别人，你看，自己不也一样吗?将心比心嘛。"

两人沉默不说话了，我劝他们：“可不要埋怨同学哦，关键是要动脑去想办法”，并传授了他们一些动员同学的技巧。

9月26日

又是新的一周，我刚到办公室，几个策划者就兴奋地追过来，交上了他们写的第二稿策划书，今天这么主动，有点出乎我的预料。

我忙问：“最关键的嘉宾确定了吗?”

林懿抢先答：“定了，是艺霖的爸爸。”

“哦，太好了。”我悬着的心总算放下些。心想，这些孩子如此兴奋地来，是不是就是想让我知道这消息啊?

打开他们的U盘一看：呀！原来策划书也写得不错，总算有点样子了。看着他们的成果，我暗自乐了。

9月27日

学生得到表扬后，很是得意，他们终于能进行简单的活动策划了。兴奋的心情促使他们更急于开始下一步的工作。我想训练一下他们的主持能力，就随口说：“还需要培养几个主持人。”

苏洋洋立刻插嘴说：“不要叫我喔。”

我顺水推舟说：“好的，那你就不要参加训练了。”

她立刻急了：“不要啊，我要参加。”边说边双手掩面，一脸羞涩。

学生可认真了，追着我问什么时候开始训练。看来，他们一门心思地想当一个出色的主持人了。

9月28日

晚上9点多，苏洋洋打来电话问过渡语怎么写，策划过程怎么写。

她说：“每个人都要写，我可不可以写得差一点，然后读林懿的稿子?”

我听了觉得好笑，还有故意写差点的，这又不是什么别的事，读书学习是自己的事，孩子的想法真好玩。

10月9日

林懿忧心忡忡地对我说："怎么办？计划没法完成，艺霖爸爸出差没空，时间一直定不下来。还有，班上很多同学不签协议书怎么办？"

是啊，这些都是问题，怎么解决呢？我似乎给了答案，但似乎没给方法。

10月11日

训练学生当主持人。6位学生，只有两个男生稍微大方一点，能偶尔抬头看一看同学，其他四位就是低头读稿，而且声音很小，完全没有主持人的样子。这还是班上没有听课老师的情形下，如果有老师听课，那还不知会紧张到什么程度呢。

10月13日

为了让学生得到锻炼，我以选拔主持人的名义，让全班同学都当一次主持人，事先给他们时间准备，我也帮助学生写一点开场白，并列出活动过程中的六大项目，让学生针对六大活动项目自己先写好过渡语，然后请学生以同桌为单位，轮流上台主持。用了两个课时的时间才让每个学生（四个学生弃权）都锻炼了一次。我发现，男生总体来说比女生强，女生的声音太小，不够大方。有些学生经过两次锻炼，明显有进步。

10月13日

学校要检查作业批改情况，我让学生把策划书抄好上交。我想少部分学生已写过多次应该会写得比较好，而大部分学生也写过一次并且批改过，写得不好的我已指出并让他们及时订正了。把这样的作文抄到要上交的作文本上，应当是很好批改的。

想不到，收到学生的作业时，发现有10人没交，而上交的学生大部分也是乱写应付，总共不到100字，连基本的格式也没有。第一次上交的还有基本格式，第二次抄的反而没有了. 这让我糊涂了，是什么原因造成的呢？找几个学生来问，都说写不来。

课本中有写什么的介绍，我在班上也讲过具体格式，怎么会写不来呢？好多学生是把上次训练主持人的主持语抄来给我！最后有一个学生说了实话：第一次，大家当成作文写更认真些，第二次当成作业抄来交，为了省事就把主持语抄来。难怪第二次写得反而比第一次差。

不得已，我又花了一节课时间来指导学生具体怎么写策划书。希望这次全班都能写好，下次策划能顺利一些。

10 月 27 日

最近很忙，顾不上学生，学生却主动来问："这样下去怎么办啊？上课嘉宾一直没空，同学们又没训练，他们也不积极，又不会即兴发挥，那天的课可怎么上？"想想是挺让人焦急的，可是我实在抽不出时间，只好暂时放放，以后再说。结果我走过教室偶然看到有三四个学生自己在那演练，还真让人有些感动。

10 月 28 日

一周了，都没时间提起这事，似乎忘了，一想起来，心里不免有些紧张，学生也是这样。他们着急着，不过我没时间，他们也没法儿，他们必须要学会独立啊。

第三节　家长助教社团活动策划

——学生的第三次活动策划书

一、策划书

策划书

策划人：黄渭清

（策划时间：2011 年 11 月 11 日）

一、策划主题

家长助教社团活动。

二、活动时间

2011 年 11 月 11 日 8：00～8：40。

三、活动内容

由家长给社团上“电厂发电与环保”主题课，由社团成员配合回答相关问题。

四、活动过程

1. 确定联系家长。

(1) 邀请钟菁菁的爸爸来讲课。

(2) 钟菁菁和她爸爸商量上课内容。

(3) 让钟菁菁提醒她爸爸准备上课的相关材料。

2. 分配写邀请书的同学、负责招待的同学。

(1) 由黄渭清写一封邀请信给钟菁菁的爸爸。

(2) 如有需要布置教室，由侯璐雅来布置。

3. 上课过程。

(1) 由钟菁菁和曹家瑞当主持人。

(2) 上课前先请主持人读邀请信，然后上课。

4. 写感谢信，表达感受。

(1) 大部分同学可在上完课立刻写好感谢信，写完感谢信的同学把感谢信交给主持人，让主持人念。

(2) 有一些同学可以直接上台发表感想。

二、教师的记录

第三次活动记录

由于第二次活动没有按预定计划举行，影响了第三次活动的举办，加上正好与期中考试时间有冲突，本次活动在计划上出现问题。而这次活动又是区级教研，这让学生有些措手不及。10 月 28 日才下达写策划书的任务，又刚好轮到能力相对较弱的第四策划组，这给本次活动带来不少的麻烦。

10 月 29 日

今天虽然是周六，但是为了保证公开课能顺利开展，不得不打电话给班长，让她带着两位策划组成员去与嘉宾联系，了解嘉宾所讲主题、上课形式等，以便让策划组成员更好地写出计划，同时也为我写好教学设计做准备。之所以让班长去联系，是为了锻炼她的交际能力，提高她与人交往的胆量。沟通完毕后，班长向我汇报，感觉蛮兴奋的，对自己的表现比较满意，可见有进步了。

11 月 3 日

马上就到开课时间了，我想把策划组的几个学生找来提前训练一下，结果总是被各种各样的事耽搁了，不是这个没空，就是那个有新的任务，一周都无法找到一个合适的时间进行训练，真是让我感到无奈，这应试教育忙的不只是老师，连学生也忙得吓人。

11 月 7 日

周末，苏洋洋给我打了三次电话，都是汇报活动过程中同学任务的安排与执行情况，主要是谈困难——同学要补习，没空，同学的父母也不支持同学开展实践活动，认为补习、学习更重要。不管她汇报什么，我都很高兴，其实把这些记录下来，就是好材料。

11 月 7 日

今天上午，叫几位策划者到办公室排练，发现他们的口语表达能力十分欠缺，语言的组织能力也非常弱。很显然，语文知识学习了却不能应用，那就是白学。能力需要反复应用与训练才能逐渐培养出来，所以，这让我更加觉得学生应用语文的重要性。

第四节　实践活动成品展览及社区活动策划

——学生的第九次活动策划书

一、策划书

展览策划书

一、活动主题

六（3）班学生在四、五年级时实践活动成品展览。

二、活动目的

(1) 展示六(3)班学生在这两年来的综合实践成果，分享学习成果。

(2) 提升学生自主策划的能力。

(3) 提升学生的解说能力。

三、活动时间

11月×日至11月×日。

四、活动地点

厦门海沧延奎小学风雨操场。

五、活动负责人

学生林懿和黄瑞夷老师。

六、活动准备

综合实践的成品(包括策划书、照片、作文、邀请函、感谢信、班报等)、解说员、保卫员等。

七、活动流程

(一) 前期安排

1. 人员安排。

(1) 活动负责人：林懿、黄老师。

(2) 安排人：林懿。

(3) 接待员：苏蓉蓉、林婉敏、裴若槟、黄渭清。

备注：在迎接老师时，接待员需面带微笑，并向老师敬礼；在迎接同学时，接待员需面带微笑。

(4) 解说员：林懿、曹家瑞、苏洋洋、蓝炎翔、颜泽杰。

备注：为了解说时语句连贯、不停顿，解说员需提前准备演讲稿。

(5) 保卫员：陈卓恒、施义榕、李南鹏、罗汗鹏、赵亚宏。

备注：保卫员应提醒各年段的同学不要破坏成品材料和展览的秩序。但在提醒时应面带微笑，细声劝说，不要过于粗鲁。

(6) 摄影员(待定)。

2. 场地布置。

(1) 所需物品：成品材料、一张桌子。

(2) 成品摆放形式：作文、策划书等夹在线上，挂在两根柱子间(分五个板块)。将少许立体物放在桌上。

3. 人员站岗之处。

(1) 接待员：在大道上接待老师和同学。

(2) 解说员：站在各自负责的板块前为老师解说。

(3) 保卫员：站在一边，保护展品的安全。

4. 服装安排。

为了美观统一，一律穿校服。

备注：接待员、解说员、保卫员一律佩戴红领巾。

(二) 活动进行时

(1) 先由接待员将老师和同学带到会场。

(2) 黄老师发言。(针对这次展览和以往的活动)

(3) 再由各个版块的解说员来为老师解说。(解说时要针对各自负责的版块抓住一个重点讲)

(4) 保卫员应注意保护展品不被破坏。

(5) 摄影员应在黄老师发言、解说员解说和保卫员勘察时，拍下有意义的照片。(要拍老师发言、各个解说员解说和保卫员精心保护展品的照片至少各10张)

(6) 每天上午放学时将展品回收，下午再摆上；下午放学时，也要将展品回收，第二天再摆上去。

(三) 活动结束后的安排

(1) 展品回收交到黄老师处。

(2) 总结这次展览的不足，以便下次展览做得更好。

(3) 参与展览安排的同学写一篇感想。(包括接待员、解说员、保卫员、摄影员，不少于450字)

关于社区活动的策划书

策划人：张施一

一、准备工作

(1) 时间拟定于2014年3月19日，人员待定，到海达社区进行交流，并求得批准。

(2) 时间、人员待定，到海翔社区进行二次交流，请求给予批准。

二、活动注意事项

(1) 保持纪律，以免影响工作人员工作。

(2) 排队过程有序，不脱离集体。

(3) 不乱跑、打闹，维护学校形象。

(4) 上次被点名批评的同学在班级做保安工作。

三、经费结算待定

(略。)

四、感谢信

(1) 海达社区感谢信由上次活动中写邀请函的同学完成。

(2) 海翔社区感谢信由上次活动中写感谢信的同学完成。

(3) 上次活动未写的同学两者皆写。

五、管理人员安排

(1) 带队人员：黄老师以及当天带操人员。

(2) 队形：早操队形。

(3) 管理纪律：班长、副班长及值日班长。

六、安全问题

由安全委员曾楚朝负责。

七、损坏器材问题

若有器材被同学损坏，赔偿金由该同学负责。

八、未参加人员事项

(1) 在班级自主学习时，若打闹，即免除参加下一次活动的机会。

(2) 管理人员由未参加人员中选一员担任。

九、活动后作文安排

(1) 没写作文者免除下次活动的参与权。

(2) 写得好的同学可奖励一颗星。

十、奖励与惩罚

(1) 表现好的同学奖励纪律星。

(2) 表现不好者免去下次活动参与权或者撕星代替（星数待定）。

十一、返程事项

与去的时候一样。

十二、活动时间、地点

具体时间、地点待协商后确认。

十三、做活动小报

由黄老师负责，个别同学进行编辑。

二、活动申请

关于社区实践活动的申请

尊敬的易校长：

您好！

自从我校开展“家长进课堂”活动以来，我们六（5）班已经陆续有多位家长来校为同学们上课，同学们普遍认为应该多组织类似的活动。为了丰富同学们的社会生活经验、增进同学之间的友谊，我班一致决定开展一次走进社区的活动。

本次活动的场所已经与海达居委会商议妥当，定于海达社区（乐海旁边）活动室、阅览室，活动室内有一张乒乓球桌、两张象棋桌、一个绿色网吧（12 台计算机），相信在这里开展活动一定会给大家留下一段既美好又难忘的回忆。

这次活动，路上来回安全我们会加倍注意，交通法规也已向同学们宣传过，我们一定会在黄老师的带队下安全地开展活动。本次活动的全过程我们也已完成策划安排，所以您尽可放心。

时间拟定于 2014 年 3 月 26 日（下周三）上午第四节课。

在此，我们恳请您能批准我们的申请。

敬礼！

申请单位：延奎小学六（5）班

2014 年 3 月 21 日

第十一章　语文综合性学习过程记录

第一节　语文综合性学习之教师记录

一、作文课记录

再吵，我就不上作文课啦

凡事做久了都会腻，正如农民厌种田、教师烦教学、学生怕读书。天天面对一样的事，想到就烦，更不必说力行了。可是，我真没想到，“不上作文课”居然也能成为我管理班级纪律的“杀手锏”。

告别了17年的教研员生活，重新回到一线教学，让我在管理学生上显得特别温柔——微笑进课堂，笑脸批评违纪学生，上课语调随课文情节而变化……一开始，学生对我很友好，下课围着我转，问长问短；上课专心，大方、无拘无束地回答我的提问。但在这友好中，我也有疑问：这样的师生关系能维系多久啊？早年的教学经验告诉我，对小学生必须要严格，否则局面将难以控制。可是，我真的舍不得拉下脸来训他们。当他们不守纪律时，我便点他们的名字，提醒他们注意；有时，我会微笑看着说话的学生，让他觉得老师在注视自己。开始，这些方法都很有效，可是一个月后就不行了，我的课堂总是有很多杂音，我讲课时常常要停下来调整一下才能继续，真是应了那句——小孩子是谁对他们好，他们就“欺负”谁。

在教学上我有一手绝活——作文课上得特别好。上了几节作文课后，学生的兴趣被调动起来了，时常问我：“老师，什么时候再上作文课？”那渴望的神情真让我骄傲，也让我觉得他们越发可爱。可孩子就是孩子，他们在我的课堂上越来越放肆，一节课会吵好几次，整顿完没几分钟又吵闹了。这让我非常头痛，真生气了，我会来个河东狮吼。然而，我给这帮孩子的印象太温柔了，就是吼似乎也带着笑意，所以他们也不“怕”，不到5分钟，课堂又杂声鹊起，这让我感到很无力。渐渐地，我有点不太喜欢这些孩子了。

一次上课，一个调皮的男生跑上讲台说：“老师，上作文课吧!”我没理他。没多久，班级里又吵吵嚷嚷的了，我拉下脸看着学生，好久才控制自己的情绪平静下来。我叹了口气说：“你们再吵，我就不上作文课了。”我只是随口说的，没想到效果却很好。那节课一直到下课，也没有学生捣乱。这让我受宠若惊。

这招还这么有用？后来，我常常用这一招，只要学生一吵，我就抛出这句话，学生就会规矩起来。好景不长，两个月后，学生似乎摸到规律了——作文课不可能不上的，只是要隔一段时间才会上一次作文课。于是，我的这个“杀手锏”不灵了。每次抛出这句话，只能维持5分钟的纪律，这让我又头疼起来。好在我在班里还上一门特殊的课——作文综合实践课，这课是请家长来一同上课，有时还可以外出参观。我想，作文课一定要上，骗不了学生，但作文综合实践课未必要上，而学生又特别喜欢作文综合实践课，我可以用这个来“要挟”学生。当学生吵闹时，我就说：“再吵闹，我就取消作文综合实践课，反正这课也是额外上的，纪律好就上，纪律不好就不上。”这一说，又奏效了，班里很快就能安静下来，上课也轻松了。

但没多久，学生又摸出规律了，作文综合实践课本身课时就不多，老师计划好了不会不上的，所以，课堂又开始乱了。我很生气，真是没招了，这样下去准会被人笑话：一个男老师居然管不了学生，比起女教师来还要逊色得多……真是越想越生气。班级纪律成了我的一大难题。后来我突然想到，不是有外出参观吗？这可是学生的最爱啊，我可以让上课专心的学生去，而不专心的学生只能在教室里。于是，第二天上课前，我就郑重宣布：“凡是上课不守纪律的同学，外出参观的活动都不许参加，因为外出要注意安全问题，课堂上管不住自己的人，到外面更管不住自己，出了问题老师可担不起。所以，从今天开始老师观察，凡是上课管不住自己的同学，都取消外出作文写生的资格，老师只带守纪律的学生出去。”结果，这一节课都静悄悄的，上得我心花怒放。

一个学年我都用这招，总算把班级纪律控制住了。真想不到，不让学生上他们喜欢的课竟有这样的功效。

二、邀请黄铭瀚家长的口语交际记录

邀请人：黄琦懿、黄铭瀚、叶小亭、秦睿琪

地点：黄铭瀚家中

老师成了主角

经过多次电话联系之后，终于定下邀请家长的时间，选了几名学生前往邀请。

到达黄铭瀚家之前，我们在楼下小区的观赏亭排练邀请进程，大家你一言我一语，显得激动而又有一点儿紧张，准备了好几种开场白，又商讨了好多个问题。

黄铭瀚敲了敲自家的门，开门的正是他的爸爸。进了门，大家就先坐在沙发上，显得有些拘束。为了缓和气氛，我便同家长寒暄着。

不知是紧张还是出来得太急，这些孩子都不说话，而是一个接一个地轮流上厕所，家长切好的水果也没人吃。只有我和铭瀚爸爸不停地聊教育。等大家都坐定，我闭了嘴，用眼神暗示他们，让他们开始。小亭刚要开口，铭瀚爸爸又问我家教问题，刚到嘴的话，她又吞了回去。

接下来好长一段时间，学生都沉默着。没办法，我只好开口："大家说说，这次来主要是你们聊，我只是陪同的，主角是你们。"

大家面面相觑，最终叶小亭总算开口说："叔叔，这次你准备给我们讲什么？"

"轮船的种类、结构，船员的组织构成等，我还会准备一些照片给大家观赏，如果大家回答问题好，就奖励一张照片……"

铭瀚爸爸讲了不少，但一会儿，又把话题引向了我，我说了几句，把话题抛还给孩子们。黄琦懿憋了半天，总算找到一个开口的机会，问了一些海上的问题，并和家长提到同学们想了解一些异国风情，这是我事先跟大家说的，最好是讲这些内容。

结果铭瀚爸爸回答两句后，询问我怎么讲合适。我只好又大概说了几句，我让孩子们接着往下聊。本来我是想让孩子们多交际，结果话题总是被抛到我这边，整个邀请过程倒成了我在唱主角。

最后，孩子们连上课的具体时间都忘了定，以什么为课题也没弄清，我只好再次提示。

对话大多数是在老师和家长之间进行的。眼看时间已经过了晚上 7 点了，大家都该回家了，我不得不中断了这次谈话，最后由我确定了上课的具体时间和上课内容。

三、讲座邀请

家庭养花知识讲座邀请

吸取了上次口语交际的教训，这次我重新强调了要求并讲了一些沟通技巧，邀请成员也加了一些，而且增加了平时说话比较大方的同学。

这次邀请的是学生张彦、张恺的爸爸，他的职业是教师，所以有一定的和学生沟通的技巧，学生也表现得比上次大方多了。大家围绕主题讨论，家长准备了两套讲课方案，一套是讲座，一套是边讲边让学生动手操作，都准备了 PPT，让学生选择一套他们感兴趣的。学生代表们意见有不同，所以大家一边观看电脑上的内容，一边提出自己的意见。

黄铭瀚为展示自己平日所读，特别是关于植物的知识，时常打岔，总把话题引向关于世界新奇植物的，反客为主，快成他的小讲座了。朱诗涵不满，便用她所读的课外知识反驳黄铭瀚讲述中的不足或补充遗漏，并把话题引向大家所要讨论的内容。

这次朱诗涵和黄铭瀚成了主角，特别是黄铭瀚展示了自己的平时所学，讲了许多关于花的知识，虽然总打岔，但是也体现了他的知识面比较广；朱诗涵说话很有分寸，而且能切中主题。这一次家长和孩子们聊了大概有两个多小时。不过孩子们还是把最重要的事给忘记了，经我提醒后才确定了讲座的时间和主题，以及要用到什么工具等。

第二节　语文综合性学习之学生记录

一、策划记录

（一）第一次“家长进课堂”活动策划

第一次担当策划人

六（5）班　黄琦懿

这次的“家长进课堂”果真被我们这些菜鸟策划得乱七八糟，因为我们是第一次担当策划人，所以在策划的每个环节上都出了差错。

在上课前，我们便碰上了始料不及的难题：主讲人的笔记本电脑连不上我们班的大屏幕。不愿承认失误的我们开始不懂装懂地捣鼓起了多媒体设备的总机，但“不知为不知”，最终还是没有起效。直到电脑老师到来才真正“扭转乾坤”，我们的课在拖延了近20分钟后，终于开始。但由于时间不足，这堂课草草收场。

如果说这次活动上课时状况百出，那么在去主讲人家开展口语交际时，就可以说是非常糟糕了。

在主讲人的家中，我们失误连连。一开始时是毫无头绪，理不清思路，抓不住重点；找到点后，又没有勇气开口；好不容易开口了，又结结巴巴、吞吞吐吐，想象中的铁齿铜牙更是无影无踪。经过一番极致的紧张、焦虑的考验之后，我们终于淡定下来，找回了平常的状态，开始与主讲人进行短暂的交流。我们的口语交际也是马马虎虎地就结束了。这次口语交际足足用了40多分钟，但实际交流的内容没多少，那么其他时间都做什么了呢？呵呵，这些时间都被用在了黄老师和主讲人帮助我们整理思绪上。

看见我们如此糟糕的表现，你可能会认为是我们没有准备好。这正是让我们更感丢人的地方，因为我们在此之前就已经在小区的亭子里进行过讨论了。只不过这次讨论完全不像讨论，也谈不上有什么效果。我们所做的事也仅是拍几张合影，有所谈及的，也只是对活动的复述，一些无关紧要的话题。总之这次可以算是我失误次数最多、最失败的一次了。但无论怎么说，我们终究是成功前进了。透过这件事，我看到了自己的不足，同时也提升了自己的能力。或许这个“第一次”会被时间之浪冲淡，但它给予我的收获，是我很难淡忘的。

（二）家庭养花活动策划

关于家庭养花活动的策划书

开展有关家庭养花活动，是为了让同学们初步了解一些种植技术，通过动手实践种植花草，形成热爱植物、热爱自然的情感，懂得团结合作，提高写作水平。

经过商讨，我们决定于本学期第三周的周三（3月12日）上午10:05邀请张恺的爸爸来校给我们上一堂为时80分钟的关于家庭养花的课。届时，同学们实践种植花草的活动将在操场上完成。

本次活动需要的花盆、塑料泡沫、培养土、种子等，皆由张恺的爸爸负责提供。种植时要用的铲子由同学们自带，每组一把。若有不便，请同学们相互借用。

此次活动以两人为一组，由同桌或前后桌的两个同学组成。活动涉及的诸多问题，如种植课结束后栽培花草的保管、培养，植物日记的编写，请每组同学自行协商解决。

为了追踪植物的生长情况，每组要完成一份植物日记。考虑到春季植物生长较快，植物日记每一天或每两天写一次。每隔一天，老师要组织同学们于午休、早读或活动课时交流植物日记。为了让同学们热爱植物、增强团结，将在上完“家庭养花”两周后，同学们于第五周星期五早读时，将种植的植物带回校并评选出种植最用心的同学。

本次活动的重点是让同学们动手实践栽种花草，具体活动安排如下。

10:05—10:35　由张恺的爸爸介绍植物栽培知识以及与植物相关的信息。

10:35—10:50　由张恺的爸爸讲解并演示如何栽种植物种子。

10:50—11:35　由同学实践种植技术。

经历：同学们排队，装土、领种子；各组同学埋种种子、浇水；同学们听张恺的爸爸介绍种子的品种、生长周期、生长条件、花期；同学们对张恺的爸爸提问，张恺的爸爸一一解答。

11:35—11:40　排队回班级教室。

希望本次活动能够圆满结束。

二、口语交际记录

（一）第一次口语交际记录

第一次口语交际

朱诗涵

今天是我第一次参与口语交际活动，虽然之前有所耳闻，但没想到气氛竟会那样紧张。

到了张恺同学家，我们和他的妈妈打了招呼后就沉默不言。不是不懂礼貌，而是实在不知道该说些什么，只能坐在客厅里等张恺的爸爸下班回家。气氛实在让人感觉沉闷，我有些后悔，本以为这样的活动比较轻松，只要积极发言，定会得到老师的夸奖，谁知竟然无话可说。黄老师说口语交际的目的是通过我们和家长的交谈来锻炼我们的胆识，可是我行吗?

张恺的爸爸回来了。他从房间里搬来电脑，准备让我们观看他准备的课件。张恺的妈妈热心地为我们每人倒了一杯温水，可这时的我没有心思喝水。张凯的爸爸是老师呢，让我们对他做的课件提意见，这跟在鸡蛋里找骨头没什么区别，况且我的知识面也很窄。

课件打开了，围绕着“家庭养花”的课题，里面准备了栽培方法、主要工具、栽种过程、花卉图片等内容，非常丰富，让我大开眼界，一时之间觉得没什么可提的意见啊。再看看黄老师，一脸微笑地坐在那里，分明是在等我们“出丑”嘛!

我正有点愤愤不平，突然察觉到已经有男生发言了。他们似乎没有紧张感，提出了增加植物之最啊、把动植物联系到一起啊等建议，颇有些滔滔不绝的味道。正当我打算把思路转回到“该提什么建议”时，忽然听到张恺的爸爸谈起关于追踪植物生长表格的事情。表格?!如果换成观察日记不更好吗?既达到了黄老师让我们多写作文的目的，又让我想到了一条建议。

很快我又想到一条建议：植物所需的基本环境也该介绍一下。

时间过得真快，该轮到黄老师总结我们今天的表现了。回顾我今天的发言，应该还算积极。可黄老师的话顿时浇灭了我们刚刚冒出来的自信的火花：“今天的口语交际活动总体而言是失败的，讨论到最后连课题都没有定下来。”什么？我们还要定课题？我怎么不知道？好在张恺的爸爸立刻出来打圆场：“我原定的课题是‘家庭养花’，不知道黄老师觉得这个课题怎么样？”噢耶！黄老师，这回你该无话可说，得表扬我们一下了吧？正想着，黄老师又说：“你们也没把时间定下来。”定时间不是黄老师的事吗？

顿时，我们都变得垂头丧气了。

第一次口语交际

黄琦懿

人生的每个第一次，都是场充满不确定的挑战。

小学阶段最后一学期的第一次“家长进课堂”活动，老师交给我们负责，活动的全部流程由我们安排、完成。其间需要登门与本次“进课堂”的家长——黄铭瀚的父亲进行一场“口语交际”，确定上课的内容、方式，活动的时间、地点。这不，周五放学后，我们四位策划人员代表与黄老师一起，“浩浩荡荡”地向黄铭瀚家前进。

毕竟是第一次口语交际，我们四人在小区亭子里还进行了一番商议和准备。只不过，我们的商议并没有起到多大的作用，所议的也只是些形式上的小条小例，没有什么个人意见及方法，每个人的心中或多或少都有些紧张。你可能会想：不就是跟同学的父亲聊聊天吗？就算出洋相了，不还有老师在吗？但实际上，黄老师事先就表示，这个流程他的责任在于拍摄，没有帮助我们交流的义务，一切都看我们自己。肩负着重任，我们终究还是慢吞吞地走进了黄铭瀚的家里。

黄老师虽说是将任务交给我们完成，他不干涉，实际上却帮了我们大忙——一开始便与黄铭瀚的父亲（后文简称主讲人）侃起了大山，喝起了茶。虽说确实没有插手活动之事，但是为我们争取到了思考及舒缓心情的时间。他们聊了近20分钟后，终于回到“正题”上。主讲人问我们：“我做了个PPT，主要是有关于船舶的结构、操作……那么，你们觉得还要讲什么?”看着我们说话语无伦次、结结巴巴，主讲人似乎明白我们还未准备好，于是又开始与黄老师聊起了“教育”。大概又过了10分钟，主讲人再次回到活动的话题上，组织好语言的我们开始发表自己的见解：“我觉得您还可以讲讲海上比较特殊的经历。” “我觉得您可以说些外国的事。”……坐在一旁的黄老师给了我们提示：“讲课方式。”我们顺着这个思路，又发表了看法。原来与人交际并没有想象中的那么难啊。我仿佛卸下了之前的种种顾虑，开始轻松起来。最后我又补充了关键的一问：“那么叔叔您什么时候有空呢?”在确定好时间后，这场口语交际也活动就“马马虎虎”地结束了。

这场口语交际，充分锻炼了我们的交际能力、语言能力，让我们看到了自己身上的不足。它或许会被时光冲淡，但它为我带来的收获、给予我的教训，却是我很难淡忘的。

（二）第二次口语交际记录

第二次口语交际

黄铭瀚

（2014年3月3日）

今天是周二，距上一次口语交际才过去短短的9天。今天，第二次的口语交际在我们不知情的情况下就悄悄来临了。

下午午休时，黄老师宣布了一个出乎意料的消息：“放学时黄琦懿、黄铭瀚、秦睿琪、朱诗涵、叶小婷去张彦、张恺家与他们的爸爸交谈‘家长进课堂’活动。”“啊?”我不由自主地叫出声来，这才相隔几天啊，又一次?

第三节课数学考试，放学后还没考完。黄老师来我们班叫我们准备出发了，于是，我们先交了卷，出去了。我们分成两批走，一批是张彦、张恺坐公交车，另一批是其他人和黄老师坐段长的车去。段长的车有点窄，五个人坐后面一排有点挤，导致两个坐在窗边的男生不得不像壁虎一样几乎贴在内车门上，这才坐了下去。

到达目的地，我们等了十几分钟才等到张彦、张恺。这两人下车后最初还没看到我们，看着两人轻松的样子，我们的心情放松了不少。

张彦、张恺的妈妈给我们开的门，进门才发现张彦、张恺的爸爸不在，只能先等了。

几分钟后，张彦、张凯的爸爸回来了，进门看到我们打了声招呼之后，就进书房把笔记本电脑拿了出来，打开他做的课件，对我们说："这节课主要是讲家庭养花的知识，先说水培和土培，然后讲一些种花的工具和步骤，然后是一些花的图片……"说完后，黄老师说先给女生看课件，我们俩男生先说。我想了想，说："叔叔，您可以说一些植物之最吗？如最坚强的植物、最奇怪的植物等。""好的，我记一下。"接着叔叔拿了笔和纸，"你是说关于这类的知识，这我可以在课件中加入，这还只是最初的课件，可以改。"然后，几个女生看完了课件给我们，然后我听见叶小婷说："叔叔，我认为您的课件里一些花的习性和花期是什么没有说，这些资料可以加。"叔叔说："好的，这我会去改。"然后，我们又问了一些问题，叔叔都一一回答了。

……

最后，黄老师对今天的活动做了总结："今天虽然比上次进步了，可还是没有说到课题，现在你们连课题是什么都不知道，还有你们连时间都没定。""啊？时间不是最后定吗？""可现在不是结束了吗？所以以后还是要明确主题，不要只谈内容，今天的目的还是没有达到。"之后，张彦、张恺的爸爸把我们送回去了。此时，天已蒙上了黑幕……

这次口语交际虽比上次好，但还是没有达到目的。但令人高兴的是，又积累了一次接近成功的经验！

第二次口语交际

黄琦懿

本学期的第二次"家长进课堂"的主讲人是张恺、张彦的父亲。我再一次担任策划人，这第二次的口语交际又会表现得怎么样呢？

由于主讲人家距离学校太远，我们乘车前往的。待我们一行人到达主讲人小区——天心岛时，却迟迟不见两位乘公交车的策划人的身影，而这两位策划人，正好是张恺、张彦。约莫过了十几分钟，两位同学终于到了，为我们带路。

到达主讲人家后，口语交际的过程比我想象的顺利得多。主讲人是位老师，自然经验十足。一见到我们便开门见山，直接开始讨论活动之事。首先他向我们展示了他做的课件，本次的课堂主题是“家庭种花”，不愧是老师！幻灯片制作得精彩生动，并且内容丰富，令人眼前一亮。看到了如此充分的准备，我们在短时间内激动得手足无措、一时语塞、甚至大脑空白，不过我们也算是过来人了，很快就稳定了情绪，开始提出我们的个人意见。主讲人不愧是名老师，他拿出了笔和本子，就记录起来。不知是否是因为我们的些许激动及感动，此时的我们思维活跃，提出了一条条为课堂增光添彩的建议；而主讲人埋头记着，全然没有一丝身为老师的架子，这样一来，更增添了我们对主讲人的敬佩。很快我们就聊到了确定时间等项目的时候，当讲到物品准备的时候，主讲人又让我吃了一惊。我们的主讲人早已提前准备好花盆、土壤、石子等物品，不愧是生物老师，准备得如此全面。这或许是我目前见过的最完美的口语交际了。

为什么这次的交际要比第一次好得多？我认为这与主讲人的态度及准备有很大关系。我们这些“菜鸟”固然略有所进，但这还远远不够，我们还有着巨大的进步空间。或许正如黄老师所说的——下次的“交际”会更难。

三、拉票行动记录

拉票行动

郑瑞楠

上周六，我起了个大早，因为延奎小学进入了“2014 为马拉松喝彩”拉拉操大赛的四强，老师布置有时间的同学去海沧大摩阿罗海拉票，我也是其中的一员。

还没到指定时间，我就风驰电掣般地赶到了阿罗海。未曾料到，已经有一群同学到达了。既然同学们差不多都到了，那就开工吧。老师把阿罗海划分为四个区域，让同学们分成四个小组分别进行拉票。很快，我们的组长、记录员和队员都分配好了。

拉票行动开始了，我们到自己的区域内拉票，目标是带着孩子的妈妈。很快，我们找到了目标。

“阿姨，您好。我们是延奎小学的学生。我们学校进入了‘2014 为马拉松喝彩’拉拉操大赛的四强，请您为我们投上一票吧!”廖志新拿着宣传单一马当先，小跑到那位阿姨的面前说。那位阿姨好像没听清楚，说：“我看看。”阿姨接过宣传单，仔细地看起来，“哦，你们说要投票是吧?”我们附和着说：“是。”阿姨好像不信任地说：“投几票啊?”我们耐心地解释：每个电话卡可以投15票，最好是上午投，下午投的人可能比较多。阿姨又问：“是通过短信投吧？投到哪个电话号码去?”我指着宣传单上面写着的号码，回答她的问题。“哦，是这样啊，那我就先投五票好了。”我们十只眼睛盯着阿姨的电话，阿姨笑着说：“是要现场发吗?”我们不约而同地回答：“是的。”组长从人堆里挤出来，跟我说：“5票，记录。”

我们在自己的区域内寻找合适的人，我看到一位阿姨带着两个孩子，急匆匆地走过去，便追上去说：“阿姨，您好，我是延奎小学的学生，您能给我们学校的拉拉操比赛投上宝贵的一票吗?”没想到阿姨说了一句“没空”就快步走开了。组长叫我们集合，向下一个目标迈进。这时又是廖志新一马当先，向几位阿姨询问是不是可以帮忙发短信，得到的都是无情的拒绝，所以我们转移阵地，决定去沃尔玛拉票。

票不是好拉的。除了一位店员发了15票以外，都没有人有空投票，几次拉票后，我们只拉到了32票，比其他组少很多。但是我们的爸爸、妈妈和亲戚朋友至少投了910多票。

从这次行动中我知道了：做每一行都不容易，爸爸妈妈的工资也是很难挣的。

拉票记

朱诗涵

延奎小学代表海沧区参加了“2014为马拉松喝彩”拉拉队比赛，与其他三个队一起进入总决赛。比赛前一天，当黄老师在班会课上给我们介绍本次总决赛拉票活动时，我们个个都摩拳擦掌，渴望在明天的拉票活动中取得好成绩。

我把目标瞄准了海沧的大型地下商场——沃尔玛。

第二天，我一早来到沃尔玛。因为还早，还没什么顾客，但这里的服务人员多，她们大都三五成群地聚在一起聊天。在我眼中，她们很可能就是我可以挖掘的"第一桶金"。

我深吸一口气，走向一位服务员姐姐，把宣传单拿到她眼前，向她介绍："姐姐您好，这次我们延奎小学参加了'2014 为马拉松喝彩'拉拉队比赛，真心希望得到您的支持。"看到姐姐的目光渐渐被宣传单吸引，我心中不由一阵暗喜，但还是默默地注视着她的一举一动。真是振奋人心，只见她从口袋里拿出手机，记下了宣传单上投票热线号码。姐姐朝我笑了笑："号码记下了，等会儿我发短信。"哈哈，初战告捷，我按捺不住激动地笑出声来。我临走时还不忘说上一句："一个手机可以发 15 条短信哦!"我又走向一位带着小孩的的阿姨，很顺利地也获得了她的支持。

我细心观察周围的人，不断地走向可能支持我的目标，几乎没有空手而归。

在拉票过程中，让我印象最深的是一位老爷爷。在宣传过程中，他很配合，但他不大会使用他的触屏手机，他最后仍向我要了一份宣传单，说是回家后要让他的儿媳帮忙投票。这让我倍受感动，也给了我极大的鼓舞。

沃尔玛简直是我的幸运地，在这里，我与同伴的拉票数达到三位数。走出沃尔玛，我又在人来人往的商场前，收获了好多票。

面对许多支持拉票的叔叔阿姨，我拉到的票数上升极快，一个上午就拉了 275 票。老师说得对，拉票不在于票的数量，而在于参与，在于为学校出一份力。我也从这次活动中感受到，能获得别人的支持是多么高兴的一件事。

面　对

黄琦懿

12 月 21 日，是"2014 为马拉松喝彩"拉拉操比赛小学组决赛的日子，我们延奎小学是进入决赛四强的队伍之一，而比赛还设有一个"观众支持奖"，是由手机投票票数来决定最终胜负的。但组委会规定每部手机最多只能发 15 条短信，因此，我们延奎学子集体出动，在海沧的大型广场——阿罗海城市广场，开展了拉票活动。

然而，面对着一张张陌生的面孔，对我来说这无异于就是一场挑战。

晌午，正值大好晴天，骄阳也像是在为我们助威鼓劲，下午队的同学们两点时全部到齐了，我们两两一组，便分头行动。

一张张面孔与我擦肩而过，我知道这每一个人都是不容错过的大好机会，然而作为新手，原先那信誓旦旦、昂首挺胸的气势，却被心里的一种莫名其妙的情绪瞬间瓦解了。我们如无头苍蝇般漫无目的地穿梭于阿罗海之中，看着从自己身边走过的一个个人影，才意识到自己已经浪费了很多机会。可因为不服气而瞬间点燃的勇气之火很快又被心中的纠结情绪淹没了。怎么办？一想起上午的同学那骄人的成绩，我不由得心急如焚。在浪费了十多分钟后，我终于按捺不住，鼓起勇气径直地朝“第一笔生意”走去……

“叔叔您好，打扰……”毕竟是第一次，我讲得略有些结结巴巴，在我介绍完后，用企盼的眼神看着那位叔叔，谁知他却冷冷地抛给我一句：“对不起，我没带手机。”什么！我一脸惊愕，就像被石化般僵在那里。

不行！必须努力！不能轻易放弃。面对着第一次的挫折，心中的熊熊烈焰将它们焚烧成灰烬。这是一次沉重的打击，但也是一次极好的经验，我从中获得了足够的勇气进行再一次的拉票。这次，我提高了工作效率，很快就又开始了新一轮拉票。第一个人说：“对不起小朋友，手机没电了。”没关系，这点挫折，淹没不了我心中那团激情的火。第二个人回答：“不好意思，我今天没带手机。”又是这个理由，但是没什么。第三个人回答：“我有急事。”说完就匆匆地走了。“怎么状况百出啊？”我嘟囔了一句。第四个人回答：“不好意思啊，我不会发短信。”怎么连短信都不会发啊？我心想。第五个，头不回，嘴不说，手一挥，很明显就赶我走。第六个……这一次又一次的打击，终于一次次将我的信心、勇气打落到了低谷。

就在我濒临绝望边缘，毫无生气地又一次做完介绍后，希望竟眷顾了我们。“那我帮你们投 5 票好了。”什么？“谢谢您。”我忙不迭地谢道。本无神的双眼里刹那间闪出了灵光，心中可谓是死灰复燃，高兴得连声欢呼。有了第一次成功，很快，我们又拉到了许多票。两个半小时过去，我们俩共拉到了几十票，整组下午拉到约 300 票。

事后，上午队的同学得意扬扬地问我：“怎么样，你们赢我们了吗？”虽然我们的票数确实比他们逊色，但是他们的人数是我们的几倍。我们战胜了心中的紧张与恐惧，我们勇敢地面对着各类人群，不论成功与否。更重要的是，我们面对了自己，挑战了自己，战胜了自己，我们成长了。因此，我们可以骄傲地说："是的，我们赢了。"

三、谈话记录

与社区领导谈话记

周榆翔

周三的下午，我们来到了海达社区。下周三的户外实践活动我们准备在这里进行，今天我们是来申请批准的。海达社区不是很大，在新乐海（国美电器）附近。上四楼，一进社区门，就被里面的气氛给吓到了：明明里面有不少人，却十分安静。这种气氛让我感到有些不安。

我们被接到了图书室，负责接待我们的是一位阿姨。她似乎看出了我们的不安，特意问我们要不要看书，想让我们放松点。或许是因为原计划来 6 人而现在只来 4 人的缘故，我们的心情不可扼制地有些紧张。我们静默了半天，都知道必须得开口说话了，可是谁先呢？你看看我，我看看你。朱诗涵用手轻轻碰了我一下，我又盯了王一卓一眼，王一卓则用胳膊肘顶了顶张施一，谁都不敢先开口。最后还是我先开口了。我询问这里有多大，张施一也跟着我问能不能容纳 46 人。

有点可惜，因为她说社区有点小，算上绿色网吧也只能容下 40 余人，后面又说绿色网吧的电脑又不能用，又要少来很多人。经我提议加两张桌子，但也不够 44 人，最多 30 余人。讲着讲着我忽然发现，只有我和张施一在讲，朱诗涵与王一卓几乎没讲什么，朱诗涵一直盯着乒乓球桌看，而王一卓一直在那儿玩象棋盘。

阿姨看我们这么紧张，也没多为难我们，连忙叫主任过来，与黄老师交流了几句话就同意了我们的申请。一出社区门，我们的心情立刻就放松了下来，开始有说有笑地讨论刚才的事情。走在路上，黄老师跟我们讲了一下刚刚我们的不足——我讲话时应该看着对方，张施一不要那么紧张，朱诗涵和王一卓要说话，不能一句话都不说就当一个摆设。

今天的经历让我很激动，毕竟是第一次跟领导谈话，以后还得多练练啊！

第十二章　协调家、社实践活动班报展示

作文综合实践报

家社——助教

主编：黄瑞elif
编辑：沈艾琪 彭天成 林锐豪 李想
出版日期：2015年6月10日

第九期　本期主题：社会实践活动　01

本期导读

社会实践活动

■ 彭天成

一听到要去实践活动，我顿时乐开了花，这么难得的机会可不能错过啊。黄老师继续说道：“这次实践活动，我们要到海达社区，跟那里的工作人员谈一谈，我们下学期可以帮助他们做些什么，我们也可以在社区的图书馆看看书、在绿色网吧上上网、在乒乓球室打打球。”我越听越兴奋、越高兴，觉得黄老师一定会选我的。看到这儿，你肯定会问为什么黄老师一定选你呀？想知道原因就接着看吧。

要说原因，我还得王婆卖瓜——自卖自夸一下。第一，口才肯定要好，这对我肯定没话说了，要知道，我可是当了三四年的主持和小记者了，口才怎么能不好呢？第二，谈完回来，肯定是要写作文的，文笔肯定也要好的，当小记者的肯定文笔好才能当小记者的。虽然我至今还没有在小记者报社发表过一篇文章，但是我写的征文可是拿过各类大奖呢。那还有什么理由不让我去呢？果不其然，老师第一个叫到的就是我，时间就定在今天下午的第三节课。

我盼星星，盼月亮，终于盼到了第三节课。一出校门，我就一马当先，当了一个“开路先锋”成了老师的“护卫”，走在队伍的最前面。后面的几个同学有说有笑的，开心极了！虽然天空中下起了小雨，但是仍然浇灭不了我们那火热的热情。

到了海达社区的门口，我突然感觉被一股巨大的压力压得动弹不得。爬楼梯时，竟成了一只“乌龟”在最后面压阵。当我们踏入海达社区的图书馆时，顿时，我感到全身的压力都没有了，沉浸在书的海洋里。正当我看到最精彩的部分时，老师却说要走了，真是让我不知是喜还是忧。因为我们要找的工作人员有事去开会了，所以我们不得不返回学校，在众人的谈论和欢笑声中结束了这次实践活动。

这次的任务没有完成，有点小小的遗憾。希望下次能接着完成。

海达社区玩耍记

■ 周浏嘉

这周五，黄老师带上我们班的二十几名同学去海达社区玩。

说是海达社区，其实只是海达社区的一个工作处。那里离学校很近，只要步行，左转右拐的一会儿就到了。我们刚刚告别车声、人声嘈杂的大马路，就到了安静的海达社区。

海达社区里的娱乐设施很丰富，棋类的有围棋、象棋、五子棋等，还有电脑、乒乓球桌和许许多多的图书。我来到图书室，里面有许多图书和益智动脑的玩具，我扫视了一遍，马上被一本名叫《吃的学问》的书吸引住了。平时，我们都在吃，吃的东西五花八门，可是吃能有什么学问呢？我迫不及待地翻开了书，啊！原来是这样！当你在某种大场合或者高级餐厅吃饭的时候，你吃得快，别人会说你没见过世面，没教养；你吃得慢别人又会说你装腔作势，假得很。那么，吃饭到底要怎么吃呢？这本书就一个“吃”字，列出了所有问题，一一解答。

书刚刚看了一半，我就想，我得充分利用时间，玩玩别的项目。于是，我来到电脑室，在那里，大多人都在玩电脑游戏，我扫视了一遍，很多人在玩奥拉星、奥奇传说等。我也找了个位置坐下，跟着他们热火朝天地玩上了奥奇，去捕抓猎物，去和别人PK，玩儿了一会，觉得没意思，就撤了。

刚才一直在玩玩玩，感觉没啥意思，我拉上蔡梓涵、王姝红，商量一会儿，决定走走看看，绕了一圈，感觉这里很安静，丝毫不受外面的影响。叔叔阿姨们看到我们都很有礼貌地点头微笑，我们也跟他们问好。找不到水喝，叔叔阿姨们还帮我们打水，把我们当成大人了。

“走了，周浏嘉。”“咦？谁在叫我？”原来是同学们。哎，这么快就要回去了！真失望！告别了热情的叔叔阿姨们，我们留恋地看看这里，依依不舍地走了。

“失败”的社会实践

■ 沈艾琪

现在社会天天呼吁“小学生要多多锻炼，要多了解社会”。简而言之，就是要去“社会实践”。这不，周四下午第三节课，黄老师就带上5个“领导干部”去海达社区做社会实践——采访社区领导，并与社区领导讨论未来的社区规划和合作。

伴随着连绵不断的小雨，我们踏上了前往海达社区的路程。在女生眼里“高大壮硕得像头牛”

的彭天成和和蔼可亲、在年段中赫赫有名的黄老师一路遥遥领先走在最前面；我们几个女生跟在后头不紧不慢地走，三三两两地“窃窃私语”，对周边的景物指指点点。绵绵细雨一直伴随着我们，在一旁寂寂地轻唱。

10分钟左右后，我们打打闹闹的终于到了海达社区。虽然我们一路走得兴高采烈，在身后抛下了一连串的欢声笑语，但是一上楼，立刻噤声，大气都不敢喘。这可是“重要场合”，要是惹了什么麻烦可怎么办？就算不会有什么麻烦，和别人不同似乎也不大好。或许是基于这个原因，所有人都静悄悄的，楼道间只听得到“啪啪”的脚步声。即使有人说话，也是小小声的悄悄话，顶多只有两个人能听到。寂静的楼道中，只有我们几个小学生和一位老师，显得空荡荡的。来时一直领先的彭天成，上楼时反而变成最后一个了。

历经 “千辛万苦”，我们“终于”爬上了“高不可攀”的“摩天大楼”（ 对李想来说）。映人眼帘的，是一派肃穆的景象。

一位中年阿姨热情洋溢地带领我们来到了一个角落里的阅览室：明亮、柔和的灯光；宽大、美轮美奂的实木桌子；轻便的折叠椅；精致小巧但为数不多的书架；或古色古香纸质泛黄或制作精美的、令人爱不释手的一本本书；光线昏暗的小房间；简单的一些小玩具……这个阅览室可比教室好多了！我们几个学生进了阅览室可谓是如鱼得水，一只脚刚跨进“阅览室”的大门，便迫不及待地冲了进去，兴致勃勃地跑到书架前，急切地寻找着自己喜欢的书。一找到自己爱看的书，便立即坐下来，津津有味地看了起来。至于老师交代的任务，早就抛在脑后十万八千里的地方啦！

学生在看书，黄老师就在和领导谈天说地。我们做学生的也没去管——老师和领导聊天，我们也不敢去插一杠。更何况，我们也不想去插一杠。看书看得好好的，何必要“狗拿耗子——多管闲事”去“干扰”老师和社区领导的谈话呢？社区领导可惹不起啊！

就这么看了10分钟的书，黄老师招呼我们“打道回府”。恋恋不舍地把书放回书架，然后鱼贯而出。彭天成这个家伙，来的时候走得最快，进来的时候是最后一个，要出去时又第一个溜了出去……——他到底是想来社区还是不想来社区啊！好奇怪。

在回程的路上，老师抱怨我们根本没去“执行任务”，全是他在和领导谈话。李想奋起反抗，认为“老师一直在跟社区领导谈话，我们哪里有机会插进去”。后面，女生们在回程讲悄悄话时，李想告诉我们，社区领导可能并不欢迎我们。这话说得有那么一点点对。换作我，在上班时间有一群小学生“闯进来”，也会不高兴，不欢迎那些孩子。雨一直在下着，仿佛永远不会停。

这次社会实践虽然没有成功，但是看书也看得蛮开心的，也没亏。黄老师说得对，这次社会实践的确有题材写。

02 作文综合实践报 家社——助教
第九期 本期主题：社会实践活动
主编：黄瑞亮 编辑：沈艾琪 彭天成 林锐豪 李想 出版日期：2015年6月10日

不是社会实践的“社会实践”

■沈艾琪

不上课，去社区“社会实践”，对于大多数寒窗苦读的莘莘学子来说，是一件多么美好的事啊！

当然，这种天上掉馅饼的好运，可不是每一个人都能碰上的。但是，只付出一点点的努力，便获得大大的回报的事，还是挺常见的。我们班就有一个活生生的例子——全班一共41只调皮捣蛋的小崽子，一半以上（23人）都去社会实践了。因为他（她）们，或是上次画了手抄报（这占了23人里的绝大多数）的；或是作文写得极好或有着质的飞跃的；或前两次社会实践就参加过的“老兵”……

扯远了……

言归正传。当我们这群要去“社会实践”的小崽子们排着歪歪扭扭的、不能称之为队伍的“队伍”吵吵嚷嚷、浩浩荡荡地朝着海达社区的方向前进时，引来了无数路人惊诧的目光。

在一阵喧嚣之后，我们终于来到了海达社区大楼的大门前。一进大楼，同学们立即噤声，蹑手蹑脚地上楼，一副乖宝宝的模样；可一旦到了顶层，就剥下了外表的那层“羊皮”，露出了“狼”的本质——爱玩游戏的一颗心原形毕露，一个个卯足了劲往活动室冲。那速度，拿到校运会上绝对得第一。

冲到活动室里，便展开了一场“世纪大战”——抢计算机。说得难听点，就是在抢玩电脑的机会。

这时候，速度排在第一位，灵活度排在第二位，身材排在第三位。不然，想在人群中穿过，可能都被挤死。

历尽千辛万苦，第一轮使用计算机的人确定了下来。绝大多数有电脑玩的同学 两眼放光，短短几秒的时间里，就完成了以下几个动作：A开机→B打开浏览器→C打开4399小游戏→D打开《奥奇传说》或其他小游戏。同学们原本在教室里无神放空的双眼在到社区的瞬间变得炯炯有神；那双写作业慢腾腾的手，在玩电脑、下棋、打乒乓球时变得格外灵活；在教室里生锈的大脑，在打游戏、下棋时变得运转自如……

正当玩电脑的同学们玩到兴头上时，黄老师一声令下，让两拨同学互换。不然，长时间对着电脑眼睛不好。一拨同学灰心丧气，而另一拨则高兴得发狂。那些原来在打球、下棋的同学，一下子冲了过来，跟那些原本在玩电脑的同学互换。而那些原本在玩电脑的同学则磨磨蹭蹭、苦苦哀求着那些“摩拳擦掌”、兴致勃勃准备用电脑的同学再多给他们几分钟……

在快要回学校的时候，黄老师往玩电脑的这边瞟了一眼，感叹说，难怪我们那么爱玩电脑，原来不是在查资料，都是在玩游戏。我们只是“嘿嘿”一笑，又专心地玩电脑去了。

回学校时，我一直在思考一个问题：这到底是不是社会实践呐！

记心理学讲座中的开心游戏

■李锦丹

班主任黄老师通知我们说，今天晚上有一个心理学讲座，时间是晚上7点半至9点，地点在海达居委会的三楼会议室。

放学后，我就打电话跟爸爸约好晚上一块去听讲座。等爸爸一下班回来，我们抓紧时间先吃些东西，就提前来到了居委会楼下，正好碰上前来听课的同学李想与她爸爸，于是我就高兴地与李想一起往三楼的会议室走去。

来到会议室，现场很温馨，到的人也较多，每人还发了学习用的笔与本子，爸爸还直夸这里学习环境真好！这时我看到黄老师在等我们，我们向黄老师问好后，老师安排我与李想坐在一起并特地为我们拍了合影照。

很快，一位女老师就正式给我们讲课了。老师讲解的很多内容是面对家长的，因此那些内容我都没仔细记住，但印象最深刻的是讲课中的两个小游戏。

第一个游戏是异掌同声，方法是老师喊口令，我们再统一拍手掌，动作虽然很简单，但是喊的节奏不一样，开始大家还真拍得不整齐。经过三次认真练习，后来我们能统一拍出同一节奏，老师直夸我们真厉害！

第二个游戏叫乌鸦与乌龟，方法是两人一组，一人充当乌鸦，另一人充当乌龟，双方都伸出手掌，老师读一篇文章，当说到乌鸦时，即由充当乌鸦的人去拍充当乌龟的人的手掌，而充当乌龟的人要借机躲开手以免被拍到，反之，当说到乌龟时，即由充当乌龟的人去拍充当乌鸦的人的手掌，另一人要借机躲开手，若提前拍或乱拍等都算不合格。我和李想正好分在一组，我扮乌鸦，李想扮乌龟，在开始玩的时候，我们一听到“乌”字，就都迫不及待地去拍对方的手，而不懂得去躲开自己的手，两人违反规则好多次，连手掌都拍痛了，后来我们才慢慢跟上老师念的要求进行，原来这个游戏主要是训练我们注意力的。

这次讲座上学习并经历过的小游戏，真是太开心了！因此记录下来与大家分享。

社区活动

■刘晶莹

下午第二节课，我既兴奋又激动，因为黄老师要带领20名同学去社区活动呢！听同学说，还可以去网上冲浪！

走出校门，我们就像笼子内的鸟被放出来似的，感觉非常自由，毕竟是第一次在上课期间出校门，而且是去活动的。一路上，我们热烈讨论着：那是一个什么样的地方？真的有电脑吗？一大堆问题在同学的口中绕来绕去。我真想一下子飞到那儿！一会儿，远远地望见了“社区”两个字！哦，原来是在老乐海旁边的一座楼里。我们爬上最高层，眼前一片寂静，同学们互相提醒：“不要讲话！”我跟着大部队走进一个宽敞的房间。哇！我们一个个都张大了嘴巴，里面有十多台电脑，一个乒乓球桌，还有象棋、五子棋，甚至还有跑步机。我玩了会儿电脑，眼睛有点难受！这时看到了那台乒乓球桌，嘿！我正想练练球技呢！于是便招呼陈婧一起过来，我和陈婧“大战”十多回合，打得上气不接下气。转头一看，黄老师正和李想下五子棋，听爷爷奶奶说，下棋可以修身养性。不防去凑个热闹？

哈哈，我看还是先别打扰他们了吧！“我们来下象棋！怎么样？”我笑嘻嘻地对陈婧说。可她说不会，我说：“那我教你下吧，马走日，象走田，车可以横冲直撞，炮翻山，兵只能前进……呼，好不容易下完一盘，我哭笑不得地说：“会下了吧？”她兴致勃勃地说：“我们再来一盘吧？”天啊！我恨不得立马晕过去。

去社区活动的每一分一秒我都珍惜着，虽然时间不长，但我非常的快乐……

03 作文综合实践报 家社——助教
第九期 本期主题：社会实践活动
主编：黄瑞爽 编辑：沈艾琪 彭天成 林锐豪 李想 出版日期：2015年6月10日

失望的合作

■王美懿

今天，黄老师要带我们去社区和那里的领导谈“合作”，并写一篇作文。我激动坏了。下课铃一响，我们就已经聚集在办公室里等待出发。安排就绪后，我们就迫不及待地出发了。

我们雄赳赳气昂昂地大摇大摆地走出校门，虽然和人群融在一起，没啥两样，但我依然认为自己非常引人注目。我们一队人浩浩荡荡地在马路上走着，由黄老师和彭天成带队，其他人则蹦蹦跳跳地跟在后面。很快，我们就到了海达社区的门口。

这是一栋不大起眼的房子，粉刷着普通的油漆，门上钉着一行锈迹斑斑的金字。黄老师严肃地叫我们安静。我们之前还一直七嘴八舌地叽叽喳喳个不停，现在鸦雀无声了。我们轻手轻脚地走上台阶，不知经过了多少个花花绿绿的广告牌之后，却发现走在最前面的彭天成不见了，回头一看，原来领头的他现在缩到队伍的最后面了。怎么？不想领头了吗？

我们走进大厅，大吃一惊，大厅虽不算辉煌，却干干净净，洁净的玻璃窗口、光滑的瓷砖地板，与外面普通老旧的外表截然不同。这时，走来了一个人迎接我们，我的心跳得非常快。她把我们带到一扇大木门前，我隐隐约约可以看见里面的一张大桌子。我的心跳得更快了。我们屏住呼吸，跨进门槛，里面的场景令我拘束——没有等候我们的领导，只有一张张空着的桌子和一柜柜的书，但我还是拘谨。听说领导开会去了，我叹了口气，我知道我们要做什么了。于是我从书柜中抽出了一本书，没精打采地坐下，大家也纷纷入座。

领导不在，我们来干嘛呢？于是，我们很快便打道回府了。在路上，我们发现彭天成又在前面做“领头羊”了。切！一会儿前，一会儿后，不是缩头乌龟吗！我们打打闹闹地回了学校。“不管怎样，还是挺高兴的呗！”我冲同伴们挤挤眼睛。

这是一次失望的合作，准备好的所有材料都白费了，但是它让我明白了万事不是都如意的。生活就像一罐多味糖，你永远不知道下一颗是什么味道的。今天，我有备而来，却从罐里取出了一颗酸糖，被酸得龇牙咧嘴，品尝到了一种前所未有的味道——失望。若生活天天是好的，若糖果次次是甜的，人，也会吃腻。

“逃学”记

■彭天成

随着那清脆的、令人向往的下课铃声响起，一支由24人组成的“逃学”大军，正浩浩荡荡地 “逃”出这个只需要一扇铁门就能将我们牢牢锁住的“鸟笼”。每个人都不由地感叹外面的世界有多么美好，一个个仿佛是刚刚挣脱牢笼的小鸟，尽情投入蓝天的怀抱。

要知道，为了这次的社会实践活动，大家可都是下足了功夫：先是手抄报，后是听讲座，再加上几个月的煎熬，终于迎来了这来之不易的社会实践活动。

一到社区，大家就冲进活动室，十几台电脑在不到一秒钟的时间内，就被抢完了。

另一边，一场乒乓球赛已经开始了。这是一场老少对阵的比赛，由“宝刀未老”的“黄将军”对战乒坛新秀——秦远，不出两个回合，“黄将军”便败下阵来。取而代之的是一场双打比赛。我和秦远对战“黑旋风”林锐豪和“常山”赵梓煊。由于双方实力相差悬殊，对方被我们2：0完胜，而使我们取胜的功臣则是对方的“阻力”——“常山”赵梓煊！

正当我们打得不可开交时，棋牌室却打响了一场没有硝烟的战争——“围棋之战”。黑方黄宏烨，白手的李想，两人可谓是棋逢对手、将遇良才啊！一会儿“黑豹”占领了这块地盘，一会儿“白虎”又抢回一城，两人似乎下定了决心非要打个你死我活才肯罢休。“噼噼叭叭”，瞬间，浓浓的“硝烟”已经盖住了“战场”，两人却都不肯相让，“硝烟”还未散去，却又“打”了起来……

这次社会实践活动，不仅让我们满足了心愿，放飞了心情，还让我们收获了与老师之间的友谊。

网吧半日游

■黄宏烨

“哈哈哈哈……”一路的欢声笑语中，五（1）班的部份同学带着一种兴奋和未知来到了海达社区活动室。

一进入活动室，立马被里面的绿色网吧、棋牌、乒乓球、跑步机等给吸引住了，仿佛进入了运动的海洋。兴奋的我们迫不及待地想去尝试各种新鲜而又刺激的各项运动，想通过这些运动找到我们曾经疑惑过的“为什么”，又得到了“什么”。

活动开始，我先和秦远打了一会儿乒乓球，发现他的技术实在高超，一看就有一种世界冠军范儿，不仅发球很棒，打球过程中各项动作也都很娴熟、到位，像是凌波微步一样，使我一次又一次接球失败，陷入了输球的局面。不过我不气馁，输赢乃兵家常事，只要自己多努力，以他为榜样，我想我在下一次的球赛中一定能有更好的成绩。

打了几局之后，我去跟李想下五子棋。对于女生来讲，可能不太擅长五子棋，所以她一开始老是输，我认为她应该是下棋比较少的缘故，希望下次再有机会与她对决。在与老师的对抗中，我就有些力不从心了，说明了我的棋艺与老师的水平差了一大截，我将努力练好棋艺，这让我懂得了做什么事都不能骄傲，比自己优秀的人多得是……

再后来，我去看了一下电脑组的情况，才发现已经可以换人了！所以我就去玩电脑了。谁能想到，才玩了十几分钟，就被“不讲理”的邓颖珊同学以“时间到了”为由直接把我“轰”出去了！自己霸占了这台电脑！真是传说中的“恶霸”！呵呵……

活动结束了，半天的时间在开心中度过了，大家也完成了自己想玩和想得到的“东西”。通过此次活动，我感受到了人各有所长、取长补短的道理，我也很希望有更多的机会参加类似的活动！

小实践做出的大友情

■秦远

2015年5月8日，我们延奎小学五（1）班的部分同学随班主任黄老师要到联系好久的海达社区三楼进行实践活动。听了黄老师的句句叮嘱，我们排好队，有序出发了。

到了海达社区，我们奔向了活动室，说是实践，不过是网上冲浪，还有下棋、打乒乓球。虽然我觉得有些跑题，不过我还是兴致勃勃地和同学黄宏烨、彭天成、林锐豪、龙梓煊打起了乒乓球——双打。打了一会儿，黄老师走过来对我说：“我来和你过两招！”我平时没怎么看黄老师运动过，不过还是不敢小视，一球一球地认真打。

这时发生了一件对我来说很让我生气的事，有5年同窗之谊的王美懿和王祺儿居然为了争一台电脑而吵了起来。原因是王美懿到了要交换另一个人上网的时间时，不给王祺儿玩，所以两个人吵起来了。这时，李想过去劝她们，叫她们谦让，她们才停下来。很多不让别人玩的同学，也下位走开了，甚至一个该上网的人也让另一个该替换的人继续玩。这种“境界”多么美好，这种你谦让我，我谦让你，不是每个人都该有的美德吗？

实践结束了，我们回到了学校。虽然这是一次小小的社会实践，却体现了延奎小学五（1）班同学5年来一同上课、一同玩耍积累的友情！

特别的下午

■林昕曼

“你觉得那里会是怎样？”“我也不知道！”哈！哈！哈！在一阵欢声笑语中，我们来到期待已久的传说中的绿色网吧。我特别兴奋。

可能有的家长觉得很奇怪，在上学期间怎么去玩电脑呢？其实是我们的班主任黄老师带我们去的，在这个班感觉真幸福。

到了神奇的绿色网吧，同学们奋不顾身地去抢诱惑人的电脑，眼睛瞪得像看到神奇的宝贝一样闪闪发亮。我抢到一台电脑，快速打开电脑，立刻打开QQ，结果网速好慢，慢得像蜗牛爬行，我急得像热锅上的蚂蚁团团转。不知道怎么回事QQ就是打不开，试了几次都不行。唉！我长叹一声，算了，还是玩4399小游戏吧。结果网速还是那么慢，老师要我们查资料啊！这磨蹭半天就轮到下批同学了。

我到处看，叫李想一起玩五子棋。我们玩得津津有味，在玩的过程中，我按我的思路走，不去挡李想的棋，可是她却偏偏挡我的棋，哼！我也不服气去挡她的棋，最终三战两败输给李想。虽然我输了，但玩的过程中我学到很多，一定不要心急，要善于思考，考虑周全，像生活中我们遇到事情一样，需要认真思考怎样去处理才更加圆满。这一点李想胜我一筹，要向她学习。

时间一晃而过，就要放学了，虽然电脑没玩成，可我走五子棋更有进步了，从中领悟到很多道理，让我受益匪浅。

家长一助学 作文综合实践报

策划：练文生　　主编：黄瑞夷
编辑：宋璐瑶　陈卓恒　陈卢煜
侯璐雅　施义榕　曹家瑞

第四期 本期主题：烧烤课

【本期导读】

上课嘉宾介绍→课前版（邀请函）→课堂版（课堂内容作文）→课后版（感谢信）

上课嘉宾简介

侯建涛，中共党员，退伍军人。从部队转业后在厦门海沧经营烧烤生意。军队生活锻炼了他坚强的毅力和锐意进取的品格，工作中坚守“人无我有，人有我精”的格言。

课前版

邀请函

敬爱的爸爸：

您好！

您的烧烤手艺让我骄傲，我常常在同学面前夸您的烧烤技术，班上的同学听了非常向往。所以，趁这次班级助学活动，我代表班级邀请您来给我们上一节烧烤课。时间是本月9日下午2点10分，在我们学校操场的后门边上。相信您一定能给老师和同学样带来一节生动而又有趣的课。在此，我先向您道声谢谢——爸爸，辛苦您了！

邀请人：您的儿子侯泽
2011年5月6日

邀请函

尊敬的练校长：

您好！

我们四（3）班再次举办家长助学活动，这次活动是邀请我的父亲来给同学们上课，主题是“烧烤知识与实践”。我爸爸会在现场一边烧烤，一边给同学们讲授相关知识，同学们还能现场尝到美味的烧烤。如此好事不可错过，所以，我代表班级特邀请您能拨冗前来参加活动，并给我们留下欢愉的影相。活动时间是5月9日下午2：10～3：00，地点：学校后门操场边。期待你的光临。

祝：工作顺利

邀请人：侯璐雅
2011年5月6日

课堂版

能吃东西的课

上过学的都知道，课堂上是严禁吃东西的，但我们却上了一节能吃东西的课。

我们班从上学期开始，开展了“亲子——助学”活动课，上了许许多多有趣的课，如关于恐龙虾、香精与香料、纤维知识等的课。而这次，我们将要上一节最特别的、也是同学们最向往的课，那就是——烧烤课！

我刚开始听到这个消息时，还以为听错了，但这确实是真的。我非常激动，差点儿跳起来！同学们知道以后，也跟我一样，甚至有人大喊大叫，课堂上顿时喧闹无比，乱成了一锅粥。

这堂课的时间定在5月9日，给我们上课的家长是侯璐雅和侯泽的父亲。经过漫长的等待，这一天终于到了！

下午，我们搬了凳子来到学校后门，侯叔叔已等待多时了。

侯叔叔生了火，烟飘散开来，浇上一点油，见火候差不多了，拿起一大把黄瓜放到架子上烤了起来。过了一会儿，香味出来了，飘向四方，刚好碰到写字课下课时间，不少同学被吸引过来。我心里想：怎么样，羡慕吧？想不想吃呀？

这时，撒了调料的黄瓜烤好了。侯璐雅把黄瓜分给了大家。我早就等不及了，拿到黄瓜后马上咬了一口，“真香！”我叫道。我旁边的侯乐乐尝了一口后大叫着：“真好吃！侯叔叔多烤点儿吧！”

侯叔叔又烤了米粿、羊肉串、猪肉串、豆干等，同学们一个个肆无忌惮地笑着、吃着，齿颊留香。我想：要是经常上这样的课，那该多好呀！

飘香的烧烤味刺激着我的嗅觉，享受美味的美好一直在脑海里回荡，真是缭绕不散，这真的叫回味无穷啊！

曹家瑞

有趣的烧烤课

今天中午班级同学异常兴奋地讨论着同一个话题——侯泽爸爸要来给我们上一节烧烤课！

下午，我们把椅子搬到学校后门空地上，在那里上烧烤课比较安全。同学们来到时，叔叔已经把火升了起来，把铁网盖在火上面，把黄瓜摆在架子上边烤边说：“烧烤有几种类型？”有人说：“鸡腿、鸡翅、鸡块。”我想吐了，这个同学这么喜欢鸡，还不如去吃烤鸡！

烤好了黄瓜，大家拿到了就趁热开口大吃，侯乐乐最没吃相，吃得满脸都是油——脏！还是女孩子有吃相，吃得慢！我不想说优雅，如果真说了我就同盟了女生！会被群殴的！男同学吃得雅观一点的只有施大侠。他吃了四分之一时，我们已经吃了四份之四了。再看看大家，很多人边吃边聊可开心了。

叔叔说：“我提问题回答对的人奖给一串！”这一句话给我们带来了极大的诱惑力，大家兴奋起来，问题一出，举手者纷纷，有人答对了七八题，一连吃了七八串……

这堂烧烤课结束后，同学们还是怀念着烧烤的香味，真是让人流连忘返啊！

王宇

烧 烤 课

今天下午，上课铃响了，大家怀着兴奋的心情，搬起椅子，向学校后门跑去。侯璐雅的爸爸今天要给我们上烧烤课。

烧烤课开始了。叔叔先把炉子里的炭搭好，再点火。接着叔叔拿起铁网架子放在炉子上面，再放上要烤的黄瓜串，并熟练地翻起了黄瓜来，先翻一面抹上油，再翻一面撒上芝麻……黄瓜经过漫长的“加工”熟了。侯叔叔发给了我们每人一串黄瓜，大家都狼吞虎咽地吃了起来。没有谁不夸奖侯叔叔烤得好，侯叔叔笑得合不拢嘴。

接着侯叔叔告诉我们烧烤小常识。例如，烧烤不能在草地上或是在人多的地方烤，那样会发生各种各样的事故，烤完了要立刻打扫卫生……

侯璐雅在她爸爸忙活的空隙里，为了不冷场就考我们对烧烤的认识，答对了就奖励一串烧烤，如果答错了，那就对不起了没有烤串了。侯璐雅像是一个小大人一样，站在我们面前问到：“请听题，烧烤的种类有哪些？请抢答？”话音刚落同学们争先恐后地把手举起来，我也不例外。候璐雅快速地看了一遍全班同学，最后把目光落在了秋玲的身上，“郑秋玲，你来回答。”候璐雅说完。大家听了懊丧地放下了手，郑秋玲站了起来，显然掩盖不了心中的兴奋，说“有茄子、羊肉、白粿、豆腐……。”“答对了，奖励一串烧烤。”候璐雅说。接着又出了许多题目，有许多人答对了，美滋滋地享受着奖品，候叔叔有点顾不过来了，已经累得满头大汗了。

这时，下课铃声在我们的耳边响起，我们依依不舍地回到了教室。

郑绮妍

一节生动而有趣的课

今天，我们在学校后门的空地上上了一节有趣的烧烤课。

我搬着沉重的椅子，带着笔记本、水笔来到了学校的后门。随着铃声响起，一节充满着乐趣的课便开始了。侯璐雅的爸爸在早已备好的烤具上升火，开始做烧烤。他先把生的黄瓜串放在烧烤架上面，约烤了三分钟，之后，开始抹油再烤，并给串串翻了好几个身。过了一会儿，叔叔熟练地撒上些芝麻和黑胡椒粉，快要熟了的时候，再撒上些胡椒粉。在这之间，要不停地把黄瓜串移动位置，只有这样才能保持受火均匀。

黄瓜串熟了，便由侯璐雅分发给同学们及各位老师品尝！侯璐雅托着两盘黄瓜串，一盘不辣的，一盘辣的，每一个人都有一串。虽然说每人都会有，可我心里总不踏实，生怕自己得不到。终于分到黄瓜串了，我吃了一口，味道好辣啊！但香味让我克服了辣，而且特别嫩、味真好。太好吃了！没多久，豆腐干又烤好了，接着又是羊肉串，都很鲜嫩，味道真不错。课堂上大家有吃又有玩，快乐无比，让围观的同学羡慕死了。哈哈！

今天我不仅吃到美味的烧烤，还学到了很多烧烤的常识。

林欣怡

“香馋”课

咦，大家一定很疑惑吧！怎么会那么奇怪呢？呵呵，我来告诉你吧！

本次，也就是5月9日，第二次的家长进课堂活动开始了，这次的家长是候洋的爸爸，上的是一次特殊的烧烤课。当同学们知道要上烧烤课，个个都在交头接耳，我想得觉都睡不着，口水都流下来了。

我向往的烧烤课要到了，我在午休时，可开心了。叮铃铃，午休下课了，黄老师走了进来，叫大家把椅子、笔、本子带着到学校后门去，不等黄老师说完，几个男同学已经冲出去了。呀，他们的速度可真快呀！

我也开始行动起来，由于速度太慢了，只抢到第三排。

烧烤可终于开始了，侯璐雅开始提问题了，答对的可有一串烧烤哦！大家便竖起耳朵听着。

“烧烤的种类有什么？”

一眨眼，十几只小手举了起来，“恩¯¯，柯智健。”

“有素的。”

“烧烤最火的季节呢？”

我立刻把手举了起来，“蓉蓉”

“夏季。”

“很好。”

“还有冬季。”周志威说。

“可以。”

我便得到了羊肉串。心里可甜了！好多同学吃了四五串，一些同学只有眼羡的份了，有些同学不服气，可自己也不敢举手，真是自相矛盾呀！

“叮铃铃”下课了，同学们依依不舍地回到教室中，这节课真是给我们留下了深刻的印象呀！

对这节课，我的感受很深，原来一堂课能在我们的心中留下一道灿烂而绚烂的彩虹，在头脑里行成一座桥，希望黄老师继续上这样的课。

这是一节充满快乐的课！我喜欢！！

苏蓉蓉

课后版

感　谢　信

尊敬的侯叔叔：

您好！

感谢您百忙之间抽空为我们上了一节生动的烧烤实践课。虽然我以前也吃过好几次烧烤，但味道都不正宗，油腻味很重，而且香味不足，后来就不爱吃了。但是，自从那天尝了您的烧烤后，才发现原来黄瓜也可以烤得那么香，羊肉串原来是那么的令我们赞不绝口，真的，吃了好过瘾哟！真的好期待可以再次品尝您的手艺。一直以为烧烤是个很平常的事，但是您那娴熟的动作博得了阵阵欢呼声，您那幽默的语言让我们开怀大笑，显示出您直率的性格，您高超的烧烤技术烤出了妙不可言的美味佳品——羊肉串。通过香甜可口的烧烤，我知道您是花了很多功夫的，要经过日积月累才能有这种绝技的。

侯叔叔，您的实践课让我们懂得了做什么事都要有细心有耐心、从小要认真学习，有实实在在的技术做什么事才能做得很好。谢谢您！侯叔叔。

祝：身体健康！工作顺利！！

感谢人：张慧

2011年5月10日

感　谢　信

尊敬的侯叔叔：

您好！

您在四（3）班上的一节烧烤课真是太精彩了！下课的时候，同学们都议论纷纷，赞叹您的手艺是如此的好呢！

您烤出的东西，香味四溢，油而不腻。同学们个个像饿狼似的，拿到烤串就狼吞虎咽地吃起来。

在您精彩的烧烤课上，我不仅享了口福，还开阔了视野呢！

过去我对烧烤的常识可以说是一窍不通。可是，上完了您的课，我的收获很大！如烧烤注意的卫生：1.食材要干；2.烤架也要干净；3.在野外烧烤不要在野草多的地方，烧烤完要清理现场，否则会带来火灾。烧烤最火的季节是夏天和冬天……我还学了许多。

还有，您上课时那亲切的语言、爽朗的笑声，让同学们在课堂上十分放松。

总之，就是一句话：“感谢您为我们做了这么可口的食物，还感谢您教我们烧烤的知识！

祝：万事如意！

感谢人：苏洋洋

2011年5月25日

后　记

家庭、社区助教综合性活动是“三个面向”的深入

学校教学要面向社会、面向家庭、面向生活实践，开放的学校教学要比封闭的学校教学来得更为高效，对学生的发展也更为有利。本书谈的是家庭、社区、生活实践在语文课程中发挥的作用，相对于以往提倡的家长学校、社区学校所开展的管理层面与德育层面的活动而言，前者至少在以下三个方面有了更为深入的探究。

一、家庭、社区合作的学科化

建立家长学校、社区学校似乎已成为一所学校评选文明学校的基本条件，而这些家长学校、社区学校大多数时候只是挂在墙上的牌子，其实质的作用也只限于家委会、社委会为学校出谋献策或提供资助。在共同开展的较大型活动上，家庭、社区、学校鲜有深入合作。

很多时候社区、家庭并没有关于学校活动的具体计划，甚至学校也没有家庭、社区活动的系统计划，不少所谓的合作活动其实都是临时的，或者是在学期计划中只有一两次，这种点缀性的计划最终都不一定能真正落实。所以家校活动、社校活动一般只存在于文字中，实际教学中鲜有。

本课题突破了这一局限，把家长助教、社区助教纳入课程中，深入学科长期合作并实践的精细化上，让家长、社区成员有当老师的机会，到班级中为学生学习和运用语文服务，或者让学生走出校门，到家长办公的地方、到社区基地，在实践中运用语文。

助教活动中，家长与社区成员既引导了学生开阔视野，又给学生提供了思考的素材，同时也能使学生进行多次语文能力（如口语交际能力、应用文写作能力、文学作文写作能力等）的锻炼。由于这些助教活动是由家长个别参与，而非由委员会集体参与，邀请起来就比较方便。家长深入班

级、深入学科，就可以制订长期的系列化助教内容，也可以实现助教作用的最大化。

从学校层面来看，学校领导不可能有太多时间花在这方面，而这样的活动往往规模较大，需要方方面面的配合，各部门的协调也并非易事，所以，这样的家、社、校活动就只能是一学期举办一到两次，而对于活动的具体落实也是困难重重。但如果把活动分解到具体的班级，并使之与学科相整合，则可以构建学科课程，继而以课程的方式实施教学，那就可以落实得具体到位了。如此一来，学科化才能被长期有序地贯彻执行，才能让家长、社区有具体的目标、具体的助教内容、落实具体的助教方法。教师才方便将每次活动效果都细致地反馈给家长、社区和学校，也才能帮助学生更好地总结在各项活动中取得的实践经验。

二、学科整合多样化

以往语文学科整合其他学科的内容，如古诗里涉及历史的内容，科学小品文里涉及科学的知识，说明文里涉及自然的知识等，常常是依据课文内容所涉及的点来加以渗透的，形式较为单一，而且整合其他学科的知识还得时刻注意语文学科本位，要严防“种了别人的田，荒了自家的园”，使整合受到极大的束缚，因此，学科整合有很大的局限性。

但是，如果学生以家长、社区助教形式开展语文学习，所有的内容都是整合后的内容；教师所上的作文课又以其他科的课堂为对象，整合的形式也就多样化了。如果语文学科所有的整合以作文为主线，以运用语文知识、技能为内容，以培养语文素养为目标统整学习过程，那么，即使讲的是书本外的化学知识，语文味一样是非常浓厚的。

比如，学科整合以数学为例，以作文为整合主线，可串出数学作文；以数学课堂为内容，可串出数学课堂观察作文；以学生的体验为内容，可串出数学练习体验作文；以数学实践活动为内容，可串出调查作文等。依据实践活动中的实际情况，在数学作文活动中还可以整合品德教育、心理教育等内容，构成更丰富的课程内容。如果不曾经历此种实践，一般人会觉得这样的课堂是大杂烩。其实不然，如我们设计的“智猪博弈”教学，既有数学内容，又有心理内容，最终统一于习作之中，整堂课始终在“激发学生兴趣、锻炼学生思维、训练学生心理”的宗旨下展开，而全程又以观察、思考、语言表达为学习形式，让学生陶醉于其中，真情实感抒发自然。

如果把家长、社区资源整合进课堂，那么学科整合的形式就更为丰富了。学生的家庭生活看似平常且大同小异，可如果用心去观察，则每日都会有新奇的感受。如父母心情起伏，跟孩子说话的方式与语气就会有变化，就有文章可写了。教师可以引导学生有意识地逗父母，设计各种习作观察情境，让学生在观察与体验中获得认识的提高和语言表达能力的提高。要是家长走进课堂，就可以把各式的综合性学习设计成一个系列，教师可以把语文学习的各项要求与不同学科的内容整合起来，在让学生完成一系列多样化练习的过程中促进学生语文综合能力的提升。

三、语文综合学习的频繁化

按课本的安排，语文综合性学习一个学期最多两次。就当前情况看，由于认识上的差异，很多人还是把语文学习狭隘地理解为单项学习，课本的安排遵循的也是这一思想。一旦把单项学习与综合性学习区分开，综合性学习就没多少教师去执行了，再加上综合性学习本身很难考核，在执行过程中也往往被简化为单项学习。就算一些教师有心，至多也只是一个学期带领学生进行一两次语文综合性学习。把语文综合性学习视为教学的另类，就只能偶尔体验一下，重点不在学习过程，而在体验、在情感感受上。

如果能认识到语文学习的本质就是综合性学习，语文教学就是教学生运用语文的教学，那么教师自然会为学生开辟运用语文的“场”，让学生在实践中运用语文。课堂是运用语文最主要的“场”，在这个“场”中，能够整合学科、整合家庭进行教学，运用语文的教学就能频繁化，语文学习就能跳出单项学习的桎梏，语文综合性学习就能常规化、常态化，学生也就更能接近语文学习的本质。如果再进一步把“场”拓展到社区、工厂、公司、小摊、小店等有一定时间和安全限制的活动场所，则语文综合性学习将更为靓丽。这样一来，单项学习越来越少，语文的本质就会逐渐显露出来。

口语交际、品德教育、心理教育跟写作在同一时间完成，或许不少教师还能想得通，但要是数学或科学知识与口语交际、应用文练习、文学性作文训练交织在一起，大多数教师就觉得无法想象了。其实，如果教师的观念转变了，通过家长或社区助教的课堂活动，很容易就会发现，原来一切皆有可能。

其实早在20世纪，杜威就已对这一教学方式进行过论述，我国在20世纪20年代也流行过这一教学方法。前人的研究经验值得我们后人吸收。这个过程机遇与挑战并存，能否取得成效，关键在于是否有人愿意去学，愿意去尝试，愿意在别人喝茶、打牌、看电影时去翻阅书本、思考可借鉴的条件；是否有人愿意在别人因觉得麻烦、担心安全而故步自封时，迈出自己觉得有意义的步子，展开对学生有益、对自己有益的教学活动，走出一条有自己思想特色的路。

一场活动能带出几堂不同的课，能引导学生写出十几篇涉及各方面的习作，能使“三个面向”深入一门课程，何乐而不为？当家长觉得很有成就感，社区觉得年终汇报多了一项特色时，我们的教学又何尝不是有了新的收获？学生在活动中快乐地学习，语文素养自然能在不知不觉中迅速提升。

非常感谢北京师范大学海沧附属学校，感谢蔡校长的大力支持，才使本书能够出版，才让这五六年的实践与理论探索成果能通过纸质传播。每每想到书将出版，不免激动万分，同时也心存感激，庆幸自己的幸运。

2017年3月16日

江苏凤凰教育出版社
《行知工程》系列丛书目录

系列	序号	书名	作者	定价
创新教学探索系列	1	《构建语文综合课新模式——家庭、社区、学校协同教学》	黄瑞夷	40.00
	2	《学生数学整体思维培养——小学数学结构化教学的探索与实施》	颜春红	45.00
	3	《基于核心素养的体育与健康校本课程建设》	赵卫新	35.00
	4	《把古文教活——激活文言文课堂的教学策略》	刘小华	35.00
	5	《做童年面前最合适的人——我和孩子们的“童化语文”》	曹丽秋	30.00
	6	《品世界名画，学精彩作文——特级教师的“名画”作文教学法》	李日芳	36.00
	7	《玩出精彩作文——张化万活动作文教学经典策略》	张化万	35.00
	8	《〈红楼梦〉里的语文课》	李日芳	30.00
	9	《让学生把母语用精彩——“语用课堂”的探索与实践》	佘小红	30.00
	10	《“备”出课堂精彩——备学式教学的课堂实践与思考》	张旭兰	30.00
	11	《神奇的阅读教室——带学生踏上美妙的阅读之旅》	李祖文	30.00
	12	《打造有生命力的课堂——“两步八环节”教学模式探索与实践》	查联智	30.00
	13	《最能培养学生探究能力的课堂——小学科学与信息技术单元整体课程实施与评价》	李怀源	30.00
	14	《最能激发学生运动天赋的课堂——小学体育单元整体课程实施与评价》	李怀源	30.00
	15	《最能提升学生艺术素养的课堂——小学艺术单元整体课程实施与评价》	李怀源	30.00
	16	《“生命语文”探索——焕发语文生命力的思考与实践》	王自成	30.00
	17	《粘连作文教学：让习作成为有个性的自我建构》	黄瑞夷	30.00
	18	《备学式教学——在体验中建构数学思维》	单广红　范雪梅	30.00
	19	《向着自主进发——自主教育的创新实施智慧》	朱亚红	30.00
	20	《写中学——让学习更有效的学科写作教学》	钟传祎	30.00
	21	《小学科学实验总动员——大科学课堂有效提升学生创新力》	江美华	30.00
	22	《小学语文单元整体课程实施与评价》	李怀源	30.00
	23	《小学英语单元整体课程实施与评价》	李怀源	30.00
	24	《小学数学单元整体课程实施与评价》	李怀源	30.00
	25	《让教学更能激发智慧——“思维碰撞”课堂的建构与实施》	程和方	30.00

系列	序号	书　　名	作者	定价
教育求索系列	26	《关注每一位儿童的发展——语文小班化教学的探索和实践》	何慧玲	40.00
	27	《让经典滋养人生——名著导读教学策略（中学）》	郑建忠	35.00
	28	《让生命诗意地栖居——诗意教育的理念建构与实践探索》	钱丽美	40.00
	29	《怎样上好语文课——时鹏寿解析精彩课例》	时鹏寿	45.00
	30	《让书香浸润生命——时鹏寿伴你品读经典》	时鹏寿	35.00
	31	《开在手心里的花——一位优秀教师的教育情怀》	詹雪莲	40.00
	32	《学科建设与教师发展——中学数学》	杨志文	30.00
	33	《欣说教育那“一亩三分地”——一位一线教师的教育微思考》	王庆欣	30.00
	34	《爱的守望——一位一线教师对教育的坚守》	林卫红	30.00
	35	《思政教学的人文力量》	戴晓华	30.00
	36	《师道新说——给教育者的30条箴言》	徐　卫	30.00
国际教育系列	37	《美国教育面面观——一位特级教师眼中的美国教育》	邵淑红	35.00
教育思想者系列	38	《治校之道——中学名校长的办学智慧(1)》	陶继新	40.00
	39	《品鉴教育文化盛宴——陶继新序跋屯集》	陶继新	45.00
	40	《为什么而出发——一位研究者对教育本质的沉思》	齐　健	35.00
	41	《高效教学的道与术——陶继新教育讲演录》	陶继新	30.00
	42	《铸造一流教育品质——陶继新区域教育巡礼》	陶继新	35.00
	43	《名校之道——陶继新对话名校长（1）》	陶继新	30.00
	44	《名校之道——陶继新对话名校长（2）》	陶继新	35.00
	45	《教育，一切从孩子出发》	黄　俭	30.00
教师软实力系列	46	《教师人际沟通力》	黄爱华　夏丽娟	38.00
	47	《班主任教导力》	黄爱华　戴诗银	38.00
	48	《教师执业道德力》	黄爱华　夏丽娟	38.00
精彩课堂系列	49	《基于核心素养的数学教学》	赵红婷	35.00
	50	《中学生核心写作能力培养》	陶　波	36.00
	51	《给孩子更好的数学课堂》	易增加	30.00
	52	《小学生阅读素养的提升策略》	邵巧治	35.00
	53	《从语文素养走向生命成长——小学语文读写课堂教学密码》	曾海玲	30.00
	54	《真实的品德课》	朱淑秀	30.00
	55	《英语课堂学习共同体——新型的师生交互学习场》	杨延从	30.00
	56	《指导自主学习——初中数学学与教的研究与实践》	刘其武	30.00
	57	《玩出精彩的课堂——小学低年级教与学方式转变研究》	陶红松	30.00
	58	《让生命之花自主绽放——语文个性化教学建构策略》	商德远	30.00
	59	《让学生亲历知识——主体参与下体验式学习的实施策略》	何世祥	30.00

系列	序号	书　名	作者	定价
名校系列	60	《从校本课程走向学校课程——锡山高中课程探索之路》	唐江澎等	35.00
	61	《让每个孩子都成志——清华附小主题阅读课程的实施探索》	窦桂梅	30.00
	62	《让每个孩子都成志——清华附小主题实践课程的实施探索》	窦桂梅	35.00
	63	《向着朝阳走去——清华附小合作办学实践探索》	窦桂梅	30.00
名师成长系列	64	《情怀·智慧·境界——教育名家演讲录（1）》	钟惠河　李韫琬	30.00
校长领导力系列	65	《学校细节管理的执行力》	林文明　王林发	30.00
	66	《校长智慧统筹的领导力》	谢耀丰　蔡丽姗　王林发	30.00
	67	《学校持续发展的研究力》	林文智　宋佳敏　王林发	30.00
	68	《学校和谐融洽的协作力》	陈一平　郭雪莹　王林发	30.00
	69	《学校教育提升的引领力》	谢文东　关敏华　王林发	30.00
	70	《学校团队成长的学习力》	黄纪　蔡美静　王林发	30.00
	71	《学校高效管理的创新力》	张旭	30.00
	72	《学校成功管理的决策力》	邱黎明	30.00
	73	《高品质学校生长要素》	王益民	30.00
	74	《校长高效教学领导力提升策略》	徐世贵　郭文奇	30.00
新思维系列	75	《让后进生学习有后劲之36计》	严育洪	30.00
	76	《教育中的“不一定”——打破教育的19种思维惯式》	严育洪	30.00
教师修炼系列	77	《如何炼就课堂好声音——教师美嗓保健实用宝典》	薛建洲	30.00
	78	《与学生一起成长——90后教师的心路反思》	王　晗	30.00
	79	《教育，爱与宽容——教师心灵礼仪修炼》	许力争	30.00
教育家核心思想系列	80	《叶圣陶论写作》	叶圣陶 著　李怀源 选编	30.00
	81	《叶圣陶谈阅读》	叶圣陶 著　李怀源 选编	30.00
	82	《多元智能理论的本土化应用》	刘治富	30.00
	83	《大教育家最具施教力的教学思想》	白刚勋	30.00
学生心理解码系列	84	《在人生的春天播种——十四岁，写给青春的一封信》	白宏宽	30.00
	85	《孩子问题行为一点通——只有好老师才知道的学生心理谜底》	严育洪	30.00

系列	序号	书　　名	作者	定价
校本研修系列	86	《徜徉语文教研》	肖俊宇	35.00
	87	《校本研修资源的开发与利用》	陈朝林	30.00
	88	《校本研修与教师专业成长》	吴积军	30.00
	89	《卓越教师经典研修成长策略》	刘天宝等	30.00
	90	《特色校本课程开发范例解读》	刘永平　李秀伟 张雪梅	30.00
	91	《高效校本研修模型构建艺术》	刘素雁	30.00
	92	《走向实践的教研——中小学教育科研引领与应用》	江　敏	30.00
教育管理力系列	93	《缔造唯美教育——延奎小学素质教育实施策略》	易增加	30.00
	94	《让普通学校崛起的20个细节 ——“生命为本”教育团队成长密码》	李其玉	30.00
	95	《“走”出教育的精彩：走动式学校管理文化构建》	罗　军	30.00
	96	《校长兵法：学校管理四十六计》	皮大鹏	30.00
班级文化系列	97	《活力班级的文化建设》	胡　珏	30.00
	98	《做幸福的班主任》	吕　丽	26.00
高效能教学系列	99	《高效能教师的10个好习惯（中学卷）》	张　瑾	30.00
	100	《让作文落地生根——提高写作实效的教学策略》	黄桂林	30.00
	101	《高效能作文教学5项修炼》	陈步华	30.00
	102	《高效能校长的10个好习惯》	张　勤	30.00
	103	《高效能教师的10个好习惯（小学卷）》	谢　英	30.00
	104	《高效能语文教学5项修炼》	王其华	30.00
新课程探索系列	105	《语文新课程的批判与重建》	葛桂斌	30.00
美国名师教学译丛	106	《美国名师游戏教学本土化应用：幼儿园》	（美）玛西娅 L. 泰特 著 胡珍　瞿菁　编译	30.00
	107	《美国名师游戏教学本土化应用：小学英语》	（美）玛西娅 L. 泰特 著 杨永华　张心影　编译	30.00
	108	《美国名师游戏教学本土化应用：小学数学》	（美）玛西娅 L. 泰特 著 谢艳红　编译	30.00
	109	《美国名师游戏教学本土化应用：小学科学》	（美）玛西娅 L. 泰特 著 刘丽萍　编译	30.00
	110	《美国名师游戏教学本土化应用：小学社会》	（美）玛西娅 L. 泰特 著 姜梅芳　编译	30.00
	111	《美国名师游戏教学本土化应用：小学音体美》	（美）玛西娅 L. 泰特 著 尹立志　编译	30.00

系列	序号	书　　名	作者	定价
鲁派名师名校·教育探索者系列	112	《悦读立人——校园阅读文化体系构建策略》	杨世臣	30.00
	113	《教育智慧何处来——一位特级教师的思考手记》	付立金	30.00
	114	《和雅文化——校本课程的创新构建》	汤善香	30.00
	115	《让个性绽放精彩——学校课程体系整合与创生》	谢建伟　徐淑萍	30.00
	116	《让每个学生都幸福——最能润泽生命的学校文化建设》	谢建伟　张新喜	30.00
生态化校园系列	117	《文化管理——构建生态和谐校园的必由之路》	付全新	30.00
	118	《点燃学习的激情——构建校园生态化学习型组织》	杨树岳	30.00
	119	《课改突围——构建学校生态化教学体系》	杨树岳	30.00
教育新思考系列	120	《语文教育向何处去》	王　丛	26.00
	121	《教育，就是做好普通的事》	孙志毅	27.00
	122	《走出语文的偏见——让学生体悟文本的原义》	丛智芳	30.00
	123	《让语文教学更高效——批注式阅读教学探索》	韩中凌	30.00
	124	《读写互促——探寻学以致用的语文教学》	曹　龙	30.00
	125	《跳出数学教数学——用文化融通数学教学》	马建秀	27.00
名师感悟系列	126	《让心灵伴着歌声成长——22位音乐名师的教育智慧》	陈　璞	30.00
	127	《超越自我的教师——32位名师的成长感悟》	李卫东　李秀伟	35.00
	128	《心灵的守护者——19位名班主任的教育智慧》	王晓松　曲文弘	30.00
	129	《名师感悟班主任有效工作艺术90例》	符礼科	30.00
	130	《名师感悟有效教学90例》	林高明　徐玉烟	30.00
信息化教学系列	131	《巧用白板教语文——信息技术与语文教学操作指南》	蒋丽清	30.00
	132	《跨越式实现高效课堂——信息技术与课程整合高效教学方案评析》	陈　玲　刘　禹	30.00
教师必读系列	133	《教师必学的16堂修养课》	武宏伟	30.00
	134	《教师不可不知的教学心理效应》	叶勇军	30.00
	135	《班主任不可不知的管理效应》	奚一琴	30.00
	136	《教师不可不知的教育心理效应》	孙　媛	30.00
	137	《校长不可不知的管理效应》	谢申刚　张金豹	30.00
	138	《成为好教师的7项修炼》	王福强　李维华	30.00
	139	《如何让学生会学习》	龙　冰	30.00
	140	《如何让学生爱学习》	周震宇　许小燕	30.00

系列	序号	书　　名	作者	定价
核心教学主张系列	141	《新生代语文名师核心教学主张》	许友兰	30.00
行思讲坛系列	142	《灵动而朴素地教语文——潘文彬的微格教育生活》	潘文彬	30.00
	143	《师爱无疆——润泽学生心灵的教育故事》	侯忠彦	30.00
	144	《怎样反思更有效——促进教师专业发展的反思策略》	诸贝贝	30.00
	145	《成为高度自觉的教育者——写给后课标时代的数学教师》	许卫兵	30.00
	146	《哲思数学课》	刘全祥	30.00
	147	《智慧数学课——黄爱华教学思维的实践策略》	黄爱华	30.00
	148	《童趣数学课》	徐　芳	30.00
	149	《把学生教聪明》	严育洪	30.00
	150	《教师最应该规避的教育误区》	杨坤道	30.00
	151	《用语文的方式教语文——潘文彬教学主张与实践智慧》	潘文彬	30.00
	152	《怎样让阅读教学更有效——提升教学能力的十种读诵模式》	汪秀梅	28.00
	153	《让生命在润泽中起舞——当代小学生最需要的主题班会》	吴联星　罗　琳　冯卫东	30.00
	154	《让生命欢快拔节——当代中学生最需要的主题班会》	冯卫东　吴联星	30.00
	155	《课堂因生成而精彩——高效教学的生成智慧》	张文质	30.00
	156	《回到每一个人的生命化教育——张文质二甲中学教育行动录》	张文质	30.00
中国教育变革之路丛书	157	《百年树人师何为——教师队伍建设困顿与出路》	将丽珠　李玉向	30.00
	158	《入园何时不再难——学前教育困惑与抉择》	曾晓东　范　昕　周　慧	30.00
	159	《三尺书桌何处寻——流动人口子女教育困难与破解》	范先佐	30.00
	160	《苦旅何以得纾解——高考改革困境与突破》	郑若玲	30.00
	161	《择校纠结何时了——择校问题困局与治理》	曾晓东　周文海　曾娅琴	30.00

系列	序号	书　　名	作者	定价
创新教学思想系列	162	《“大问题”教学的形与神》	黄爱华　张文质	30.00
教育漫笔系列	163	《课堂，诗意地栖居》	吴书华	30.00
教学提升系列	164	《有思想地教阅读——让学生学会品读文字真意》	王学东	30.00
教育艺术提升系列	165	《藏在师生体态语言里的教学智慧》	张　宇　廖生波	30.00
教学全手册系列	166	《小学习作教学全手册》	郭家海	30.00
	167	《中学写作教学全手册》	郭家海	30.00
	168	《情境教学操作全手册》	冯卫东	35.00
	169	《合作教学操作全手册》	李春华	35.00
	170	《探究教学操作全手册》	周新桂	35.00
	171	《自主教学操作全手册》	诸葛彪	35.00
	172	《创新教学操作全手册》	王　玮	35.00
	173	《班主任工作全手册》	刘沛华	35.00
	174	《新教师工作全手册》	周震宇	35.00
	175	《学生心理健康教育全手册》	刘海莉　刘春杰	35.00
	176	《高效教学操作全手册》	马友平	35.00
创新人才培养系列	177	《创新人才培养校园科普精品课程开发与指导 ——人大附中创新人才培养》	罗　滨	30.00
	178	《创新人才培养特色校本课程开发与创新人才培养 ——清华附中“国际安全下的科学技术”课程构建与实施》	王殿军　方　研 赵宏雁	30.00
	179	《创新人才培养：学校实验室建设与管理》	刘克文 杨发丽　杨　平	30.00
	180	《创新人才培养：数学探究活动开发与指导》	马云朋　韩继伟	30.00
	181	《创新人才培养：化学研究活动开发与指导》	王　磊	30.00
	182	《创新人才培养：物理探究活动开发与指导》	廖伯琴	30.00
	183	《创新人才培养：地理探究活动开发与指导》	张建珍　陈　澄	30.00
	184	《创新人才培养：生物探究活动开发与指导》	张迎春	30.00
	185	《创新人才培养：理念探索与思维突破》	王晶莹	30.00

系列	序号	书　　　名	作者	定价
新生代通派名师系列	186	《简约数学教学》	许卫兵	30.00
	187	《语文教学的本真——情意课堂展现母语之美》	吴建英	30.00
	188	《语文课堂的理想追求——欢快达成三维目标》	董一红	30.00
	189	《阅读教学的真髓——意象构建读出文学的真美》	祝　禧	30.00
	190	《美术教育的真谛——审美人生教育让生命绚丽成长》	陈铁梅	30.00
	191	《语文教学的理想境界——无痕教学润泽生命》	李　凤	30.00
	192	《儿童作文的本义——嬉乐作文让儿童乐并成长着》	王笑梅	30.00
	193	《名师是怎样炼成的》	王建明　王笑君	35.00
幼师成长系列	194	《幼儿行为背后——教师如何读懂幼儿的心思》	吴亚英	30.00
	195	《最具教育力的 22 种幼儿教育思想》	杨　达	30.00
	196	《幼儿教师必知的安全应急措施》	杨　达	30.00
	197	《幼儿教师必备的教育技能》	李　玲	30.00
	198	《卓越园长 21 条幼儿园管理策略》	周　丹　江东秋	30.00